AI 패권전쟁

챗GPT, 딥시크의 미래와 AI 그 이후

AI 패권 전쟁

이시한 지음

북플레저

프롤로그

딥시크가 쏘아 올린 사라예보 모멘트

딥시크는 압도적인 기술력이나 어마무시한 투자금이 아니더라도 AI를 가질 수 있다는 가능성을 전 세계인들에게 일깨웠습니다. EU는 규제 일변도에서 AI 성장으로 살짝 방향을 틀었고, 인도, 중동 등 곳곳에서 AI 투자에 나서고 있다는 이야기가 들립니다. 한국 역시 딥시크 이후로 AI 경쟁에 다시 본격적으로 나서기 위해 신발끈을 바짝 조이고 있기도 하죠. 이렇게 보면 흔히 딥시크가 스푸트니크 모멘트를 가져왔다고 하지만, 사실은 사라예보 모멘트가 아닐까 싶어요.

인공위성 스푸트니크는 경쟁을 가져왔지만, 사라예보에서 울린 한 발의 총성은 제1차 세계대전의 시발점이 되었죠. AI에 나서는 각국의 마음가짐은 이미 패권 경쟁이 아닌 패권 전쟁입니다. 미국과 중국이라는 양 축만 있었던 AI 전쟁에 세계 각국이 우후죽순 참전의 깃발을 내걸기 시작했습니다.

하지만 이런 겉모습에 속아 본질을 놓쳐서는 안 됩니다. 지금 전개되는 전쟁판의 주도 세력이 과연 국가일까요? 하루걸러 하나씩 신기능을 내놓고, AI가 새로운 영역에 도달하고 있다는 발표를 하는 것은 기업들입니다. 같은 미국 안에서도 이 기업들은 시장 패권을 장악하기 위해서 반목하고 경쟁하고, 때로는 합종연횡도 하고 있어요. 미국과 중국이라는 두 세력의 다툼으로 보이지만 중국의 딥시크를 빠르게 채택한 것은 MS, 엔비디아, 아마존 같은 미국 기업들이에요.

오히려 오픈AI의 샘 올트먼과 xAI의 일론 머스크의 대결이 훨씬 더 치열하고 투쟁적이며, 험악해 보입니다. 실제 패권 전쟁의 주도권은 국가를 넘어 기업이 가지고 있기 때문에, AI 패권 전쟁의 실체를 파악하려면 기업을 중심으로 추적하셔야 합니다. 그리고 AI로 인해 글로벌 기업들의 영향력이 더더욱 커지면서 국경을 넘으려는 기업과 경계 안에서 활동하게 하려는 국가와의 패권 전쟁으로 확전될 수도 있어요. 이러한 변화를 보고 있자면 사회구조의 기본 단위가 달라지기 시작하는 중차대한 역사의 변곡점에 지금 우리가 살고 있는 것일 수도 있겠다는 생각입니다.

AI는 글로벌 구조를 바꾸고 산업의 모습까지 바꿉니다. 다만 변화는 기술에서만 나오지는 않습니다. 인문, 사회, 경제, 문화 등 모든 요소들이 종합되어서 변화의 모습이 결정되거든요. '할 수 있다는 것'이 '해야 하는 것'의 이유가 되지는 않습니다. 기술적으로 가능하다고 해서, 반드시 그렇게 되는 것은 아니라는 거죠. 기존의 구조, 삶의 관성, 대중들의 인식과 경제적 기회 등 여러 가지 요소들이 감안되어야 하는 것이죠.

기술이 나오고, 그 기술이 사람들의 라이프 스타일을 바꿉니다. 그것을 인문으로 이해할 수 있고 라이프 스타일이 바뀌면 하던 것을 안 하게 되고, 안 하던 것을 하게 되거든요. 여기에 경제가 있습니다. 비즈니스 기회가 생기게 돼요. 이런 변화는 순차적이지만, 지금의 초가속 시기에는 매우 빠르게 진행되어서 거의 동시적으로 느껴질 때도 있어요. 그런 부분을 모두 감안해서 이 책에 담았습니다. 기술 발전으로 인한 글로벌 구조와 라이프 스타일의 변화, 그에 따른 대중들의 인식과 실제 각 산업에서의 적용 등 AI가 도대체 우리 사회를, 그리고 인류를 어디로 끌고 갈 것인가 궁금해하시는 분들에게 방향성을 제시할 것입니다.

초초초가속의 시기입니다. 자고 일어나면 오늘은 또 어떻게 세상이 달라졌을까 설레기도 하지만, 그 설렘의 크기만큼 그런 세상에 적응할 수 있을까 하는 불안감의 그림자도 짙은 시대입니다. 하지만 기회는 변화에서 나오고, 성공은 기회가 가까이 온 것을 알아챈 사람의 몫입니다. AI로 개인이 할 수 있는 일이 10배 이상 증폭되고 있어요. 그야말로 슈퍼 휴먼의 출현이 현실이 되어 가는 상황이죠. 그런 면에서 AI로 인한 변화의 초창기라고 할 수 있는 지금이 기회에 가장 근접한 때입니다. 불안을 동력 삼아, 변화의 중심에서 실천에 나서는 의지가 필요합니다. 이 책에서 어떻게 변화를 접하고 대하고, 다룰 것인지 그 방향성을 보시고, AI 시대에 다가오는 기회를 반드시 잡으시기를 바랍니다.

목차

3부 AI가 변화시키는 산업의 미래

1부

AI 패권 전쟁의 서막

AI 혁신의 가속화와 글로벌 경쟁

'더' 미친 속도의 세계

지난 몇 년간 AI계에서 일어난 일을 한 번 정리해 볼게요.

- 딥시크-R1 공개
- 오라클·오픈AI·소프트뱅크 합작으로 데이터 센터에 5,000억 달러를 투자하는 스타게이트 프로젝트 공개
- 오픈AI, 웹브라우저 AI 에이전트 '오퍼레이터' 공개
- 딥시크-R1 공개 여파로 엔비디아 주가 17% 떡락, 브로드컴 17%, TSMC 13% 하락

- 퍼플렉시티Perplexity에서도 딥시크의 추론 모델 사용 가능
- 마이크로소프트, 딥시크 공식 지원 시작
- 엔비디아, 딥시크 지원 시작
- 버클리 대학 연구팀이 딥시크의 기초 버전DeepSeek R1-Zero을 30달러에 재현
- 오픈AI에서 새로운 추론 모델, o3-mini를 출시
- 엔비디아 CEO 젠슨 황, 트럼프 대통령과 회동하고 AI칩에 대해 논의
- 소프트뱅크 그룹과 오픈AI의 조인트벤처 설립, 일본판 스타게이트 구상 발표
- 아마존웹서비스AWS가 딥시크를 자사 서비스에 적용
- 카카오, 오픈AI와 전략적 제휴 체결 발표
- 오픈AI CEO 샘 올트먼, 삼성의 이재용, 소프트뱅크의 손정의와 3자 회동
- 샘 올트먼, SK 최태원과 회동
- MS의 빌 게이츠 양자컴퓨터 3~5년 안에 상용화 가능 발표
- 오픈AI, 복잡하고 깊이 있는 연구, 조사를 수행하는 에이전트 Deep Research 공개
- 구글, 차세대 프론티어 모델 Gemini 2.0 Pro Experimental 출시
- 네이버 창업자 이해진 소버린 AI를 위해 7년 만에 네이버 복귀 소식
- 프랑스의 생성형 AI 스타트업 Mistral AI가 오픈 소스 모델, 'Mistral Small 3' 발표
- 구글, 5년 안에 양자컴퓨터 상용화 계획 발표
- 한국 공공기관, 금융기관들 딥시크 사용 제한

나열해 보니 확실히 최근 몇 년간 AI의 발전사 같은 느낌이죠. 하지만 조금이라도 AI에 관심이 있는 (특히나 AI 주식에 관심이 있었던) 분이라면, 바로 얼마 전 일 아닌가 하고 의심이 드셨을 거예요. 맞습니다. 얼핏 보면 그래도 1년 치는 되는 것 같은 타임라인인데요, 사실 이 일들이 일어나는 데 걸린 시간은 단 17일입니다. 중국 AI 스타트업인 딥시크에서 개발된 추론 모델 R1이 공개된 게 2025년 1월 20일이거든요. 그리고 한국의 공공기관, 금융기관들에서 딥시크 사용을 본격적으로 제한하고 나선 게 2월 6일입니다. 이 일들을 실제 타임라인으로 적용해 보면 다음과 같아요.

2025년 1월 20일

- 딥시크-R1 공개

1월 21일

- 오라클·오픈AI·소프트뱅크 합작으로 데이터 센터에 5,000억 달러를 투자하는 스타게이트 프로젝트 공개

1월 24일

- 오픈AI, 웹브라우저 AI 에이전트 '오퍼레이터' 공개

1월 27일

- 딥시크-R1 공개 여파로 엔비디아 주가 17% 떡락, 브로드컴 17%, TSMC 13% 하락

- 퍼플렉시티Perplexity에서도 딥시크의 추론 모델 사용 가능

1월 29일

- 마이크로소프트, 딥시크 공식 지원 시작

1월 30일

- 엔비디아, 딥시크 지원 시작
- 버클리 대학 연구팀이 딥시크의 기초 버전DeepSeek R1-Zero을 30달러에 재현

1월 31일

- 오픈AI에서 새로운 추론 모델, o3-mini를 출시
- 엔비디아 CEO 젠슨 황, 트럼프 대통령과 회동하고 AI칩에 대해 논의

2월 3일

- 소프트뱅크 그룹과 오픈AI의 조인트벤처 설립, 일본판 스타게이트 구상 발표
- 아마존웹서비스AWS가 딥시크를 자사 서비스에 적용

2월 4일

- 카카오, 오픈AI와 전략적 제휴 체결 발표
- 오픈AI CEO 샘 올트먼, 삼성의 이재용, 소프트뱅크의 손정의와 3자 회동
- 샘 올트먼, SK 최태원과 회동
- MS의 빌 게이츠 양자컴퓨터 3~5년 안에 상용화 가능 발표

2월 5일

- 오픈AI, 복잡하고 깊이 있는 연구, 조사를 수행하는 에이전트 Deep Research 공개

- 구글, 차세대 프론티어 모델 Gemini 2.0 Pro Experimental 출시
- 네이버 창업자 이해진 소버린 AI를 위해 7년 만에 네이버 복귀 소식

2월 6일

- 프랑스의 생성형 AI 스타트업 Mistral AI가 오픈 소스 모델, 'Mistral Small 3' 발표
- 구글, 5년 안에 양자컴퓨터 상용화 계획 발표
- 한국 공공기관, 금융기관들 딥시크 사용 제한

그런데 이 일들 중에서도 사실 대중들에게는 중국발 인공지능인 딥시크가 상당히 깊게 각인되어 있는데요, 발표된 것은 1월 20일이지만 그것이 세계적인 화제가 된 것은 1월 27일 정도입니다. 그 무렵에 세계적으로 이 인공지능이 기존에 발표된 챗GPT와 유사한 성능임에도 들어간 돈은 1/30밖에 안 된다는 자극적인 기사가 전 세계적으로 도배되며, 장비 제조사들인 엔비디아, 브로드컴, TSMC의 주가 폭락을 이끌었잖아요. 이때부터 AI가 다시 전 세계적으로 부각되며 새로운 전환점을 맞았다는 평가를 하는 편인데, 이때가 1월 27일이에요. 그러니까 체감적으로는 10일 만에 이런 모든 일들이 일어난 느낌인 거죠.

처음 챗GPT가 발표되어서 대중들에게 충격을 준 지 얼마 안 된 시점에 여기까지 온 것도 흔히 '미친 속도'라고 이야기하는데, 지

금 딥시크로 인해 또 한 번 발전의 가속도는 임계점을 돌파하게 되었습니다. 세계인들의 관심, 기업들의 도전 의지, 각국 정부들의 절박함 같은 것들이 AI에 다시 모이게 된 것이죠. '더 미친 속도'의 세계가 이제 펼쳐지게 되는 겁니다.

챗GPT 열풍의 시작에 있었던 《GPT 제너레이션》

이야기를 본격적으로 하기 전에 거대언어모델Large Language Model, LLM과 챗봇의 차이에 대해서 알아야 하는데요, 우리가 보통 챗GPT나 딥시크라고 언급하면 그게 챗봇을 지칭할 때도 있고 언어모델을 의미할 때도 있어서 헷갈릴 수 있거든요. 쉽게 생각하면 LLM은 사람의 두뇌고, 챗봇은 입과 눈이라고 생각하시면 돼요. LLM은 엄청난 양의 데이터를 학습해서 지식을 저장하고, 생각을 정리하는 역할을 합니다. 질문을 받으면 가장 적절한 답변을 찾아내죠. 그런데 LLM만 있으면 이것을 전달할 수 없으니, 챗봇으로 의사소통을 하는 거예요. 실제 사용자와 대화하고, 질문에 답을 하는 거죠. 챗GPT라고 말할 때는 맥락적으로 두뇌를 이야기할 수도 있고, 챗봇을 이야기할 수도 있어요. 챗GPT 뒤에 o3라든가 4o 같은 기호를 붙여서 보통 모델을 말하는데, 그냥 이런 기호들을 생략

하고 쓸 때가 많거든요.

챗GPT는 대중들에게 생성형 AI가 어떤 것인지 알게 하는 계기가 된 챗봇이었습니다. 챗GPT가 대중들에게 공개된 날이 2022년 11월 30일입니다. 서양권 학생들은 크리스마스와 새해를 맞이해 짧으면 2주, 길면 4주 정도의 겨울방학에 들어가는데, 방학에 들어가기 전에 학교 선생님들은 집중적으로 과제를 내줍니다. 11월의 마지막 날에 공개된 챗GPT는 12월 방학 직전의 학생들 과제에 집중 적용되었습니다. 그 과정에서 학생들은 알게 되었습니다. 자신들이 과제에서 해방되는 길이 열렸다는 것을요.

메시아가 나타났다는 소문은 금세 영·미권을 뒤덮었습니다. 아무래도 언어모델이다 보니 영어 사용자들이 빠르게 성능 체크를 할 수 있었던 탓이죠. 하지만 이 놀라운 언어 AI들은 다른 외국어에도 능통했습니다. 저는 조금 빠르게 이 소식을 들어서 12월에 챗GPT를 알고 있었거든요. 12월에 친구들과 조촐한 연말 모임을 하는데 이 바다 건너 신기한 문물에 대해서 이야기를 한참 했습니다. 그런데 일주일 정도 후에 그 모임 자리에 있던 친구 하나가 전화를 해서 그 챗GPT 이야기를 들은 덕분에 칭찬을 들었다며 고맙다 하더라고요. 디즈니 본사의 이사인 이 친구가 임원회의를 하는데, 보스가 챗GPT에 대해 아는 사람 있냐고 물어보더라는 거죠. 그런데 거기 모인 임원 중 아는 사람이 자신을 포함해서 1/3 정도밖에 안 되었다고 해요. 손을 번쩍 든 덕분에 보스에게 앞서간다는 칭찬을 들었다는 겁니다. 그러니까 2023년 초만 하더라도 챗GPT가 뭔지 알기만 해도 상당히 앞서가는 얼리어답터 같은 느낌이었던 거예요.

그런데 챗GPT는 단순히 입소문을 탄 과장된 기술이 아니었습니다. 대중들에게 오픈된 기술이다 보니, 실제로 많은 사람들이 이 친구와 대화해보고는 이거 심상치 않구나 하는 것을 직접 느끼기 시작했어요. 그 초창기에 제가 낸 책이 《GPT 제너레이션》입니다. 한국에서 두 번째로 나온 챗GPT 책이었고요, 전망서로서는 첫 번째였습니다. 제 책 앞·뒤로 나온 책들이 그냥 챗GPT 사용기 정도의 책들이었기 때문에 수명이 짧았다면, 제 책은 챗GPT로 인해 변할 생활 패턴과 비즈니스의 기회 같은 것을 담은 책이었기 때문에, 2년이 지나도 팔리는, 챗GPT 책 중에서는 역대급 수명을 가진 책이 되었죠(챗GPT 트렌드 시작의 순간부터 지금까지 함께 한 셈이니까요). 이 책이 2023년 2월에 나왔는데, 2023년에 교보에서 선정한 한 해 가장 많이 팔린 책 30위 안에 선정이 되기도 했었습니다.

그런데 이 책을 내기 전의 비하인드 스토리가 있어요. 출판 관계자들과 이번 한 해 어떤 책을 쓸까 기획회의를 하고 있었는데, 7~8권 정도의 기획안이 있었거든요. 그런데 그분들에게 AI 책에 대해 설명하다가, 갑자기 저 스스로 뭔가 촉이 오는 거예요. 혼자 글로

정리하는 거랑, 다른 사람을 설득하려고 입 밖에 내어 말로 하는 거랑은 좀 다르죠. 말을 하다 보면 스스로 정리되는 게 있잖아요. 설명을 하다 보니까, 세계적인 AI의 흐름이 느껴지는 거예요. 갑자기 굉장히 급박한 순간이라는 생각이 들면서 시간이 없다는 생각이 들더라고요.

그래서 회의를 중단하고 복귀해서 바로 책 작업에 들어간 거예요. 저는 원래 책을 쓸 때는 보통은 먼저 출판사와 계약하고 그다음에 기획을 같이 해서 방향을 잡은 다음에 쓰는 편이에요. 다 썼는데, 출판사 방향과 다르다고 수정을 한참 하는 것보다는 처음부터 협의를 하고 쓰는 게 효율적이고 퀄리티 면에서도 나으니까요. 그런데《GPT 제너레이션》책은 계약 자체를 안 하고 그냥 바로 쓰기 시작했습니다. 계약하느라고 이 출판사, 저 출판사 만날 시간이 없었던 거죠. 그런데 책을 쓰는 중간에 이 소문이 나서 결과적으로는 출판사 4곳이 비딩이 붙었고, 그중 한 곳이랑 계약을 했고, 책 초고를 다 끝내는 날 그 출판사에 보낼 수 있었습니다. 이때 제가 생각한 출판사의 핵심 조건이 얼마나 빠르게 출간을 할 수 있느냐였는데, 가장 빠른 일정을 잡아 준 출판사였어요.

덕분에 제 책은 한국에 챗GPT와 생성형 AI를 소개하는 데 어느 정도 역할을 하게 됩니다. 이후로 챗GPT 책이나 생성형 AI 책들이 많이 나왔지만 사용법이나 기술에 대한 이야기들이어서, 제 책과는 달랐습니다. 엔지니어들이 쓴 책들은 지나치게 기술적인 발전만, 업계 관계자가 쓴 책들은 또 지나치게 전문적인 비즈니스 이야기만 하고 있는 데 반해서 제 책은 기술-인문-비즈니스의 통합적 인사이트를 가지고 접근을 했거든요. 그러니까 기술의 변화가 어떻게 라이프 패턴을 바꾸고, 그것이 어떤 경제적 기회를 일으킬 것인가 하는 관점에서 썼기 때문에 대중들에게는 훨씬 더 가깝게 다가올 수 있었다고 합니다(물론 지금 읽으시는 이 책도 이런 관점에서 접근합니다).

《GPT 제너레이션》이 대중적으로 많이 팔린 덕분에, 챗GPT를 한국에 알리는 데 일조를 할 수 있었습니다. 저로서는 자부심과 책임감을 동시에 느껴요. 이후로 대학생 리포트, 직장인들의 간단한 보고서, 업무용 이메일, 목사님 설교나 대학 총장의 취임사 같은 것들로 사용되기 시작하면서 이 엄청난 사용성과 실용성 때문에 빠르게 입소문을 타고 사람들에게 보급되기 시작했죠. 직접 이 AI를 써보고 새로운 세상이 열렸다고 느끼는 사람들이 빠르게 늘어갔어요.

오픈AI가 스칼렛 요한슨과 딜을 한 이유

다행히도 《GPT 제너레이션》에서 이야기하는 전망과 일치하는 방향으로 AI가 구현되기 시작했습니다. 제가 지금 봐도 당시로서는 챗봇 형태만 있었던 챗GPT 3.5를 보고 '어떻게 이렇게까지 생각했지' 하고 스스로 감탄할 때도 있답니다.

그런데 제가 생각한 것 중에서 가장 많이 어긋난 게 있어요. 바로 속도입니다. 예를 들어, 챗GPT의 결과 출력물들을 보고 감탄을 할 때, 저는 이것이 음성과 결합되면 파괴력이 엄청날 것이라고 예측하기도 했거든요. 그런데 사람들은 자신이 쓰던 카카오 AI 스피커를 생각하며 기계가 사람 말을 잘 알아듣지도 못하는데, 자연스러운 대화가 가능하려면 아직 멀었다는 반응을 많이 했어요. 저도 2~3년은 걸릴 줄 알았죠. 하지만 제가 그런 것을 예측 차원에서 이야기하고 1년여 정도가 지난 시점인 2024년 5월에 오픈AI는 챗GPT-4o를 발표하면서, 그 안에 음성 대화 기능을 붙였어요. 실험실 차원의 베타 서비스가 아니라, 대중 서비스로 AI와의 대화 기능을 구현한 거죠. 인간의 목소리에 실시간으로 반응해서 대화를 이어 나가는데 극적인 어조, 딱딱하게, 심지어 노래하듯이 같은 요구에 맞춰 대화를 이어 나가는 모습이 무척 인상적입니다.

그런데 이 음성 서비스가 발표되기 전까지 할리우드 스타인 배우 스칼렛 요한슨Scarlett Johansson과의 협상이 있었다고 합니다. 오픈AI는 메인 목소리로 스칼렛 요한슨 목소리를 쓰기 원해서 로열티를 지불하고 정식 계약을 하려 했는데 스칼렛 요한슨은 거절을 했습니다.

그런데 챗GPT-4o의 발표 날 메인 목소리로 사용된 Sky라는 목소리를 가만히 들어보니 스칼렛 요한슨의 목소리와 거의 비슷해서 구분이 가지 않는 겁니다. 스칼렛 요한슨은 "가장 친한 친구들과 언론에서도 구별할 수 없을 정도로 내 목소리와 비슷한 음성을 (허락 없이) 사용한 것에 충격을 받았고 분노했다"[1]고 밝히며 법적 대응을 준비했는데요, 오픈AI는 "Sky의 목소리는 스칼렛 요한슨의 목소리가 아니며, 그녀의 목소리를 닮으려고 한 적도 없습니다. 우리는 요한슨 씨에게 다가가기 전에 Sky의 목소리 뒤에 있는 성우를 캐스팅했습니다. 요한슨 씨에 대한 존경심으로 우리는 제품에 Sky의 목소리를 사용하는 것을 일시 중지했습니다. 더 잘 소통하지 못한 것에 대해 요한슨 씨에게 죄송합니다"[2]라고 하면서 한발 물러섰습니다.

하지만 이 해명을 믿을 수만은 없는 게요, 발표 이틀 전까지 오픈AI는 스칼렛 요한슨에게 목소리 사용에 대해 협상을 했었고, 이때도 스칼렛 요한슨은 고민 끝에 거절했거든요. 만약 승낙했으면 하루이틀 만에 목소리를 준비했어야 하는데 쉽지는 않은 일정이죠. 스칼렛 요한슨 목소리로 준비해 놓고 허락을 끝까지 구하려고 했다는 게, 비즈니스 프로세스상 조금 더 이해할 만한 구조라고 할 수 있잖아요.

그러면 도대체 왜 오픈AI는 스칼렛 요한슨 목소리에 이렇게 집착을 한 것일까요? 비밀은 영화에 있습니다. 기계가 인간에게 반란을 일으키는 영화 하면 대표적으로 떠오르는 것이 〈터미네이터〉나 〈매트릭스〉죠. 그와 유사한 소재의 영화들이 많지만 대표작들은 그렇습니다.

마찬가지로 기계와 연애를 하고 사랑에 빠지는 영화 하면 대표적으로 떠오르는 영화는 2014년작 〈Her〉입니다. 한국 영화명으로는 〈그녀〉인데요, 이 영화는 대필 작가가 자신의 말에 귀를 기울이며 이해해주는 인공지능 운영체제 '사만다'로 인해 조금씩 상처를 회복하고 행복을 되찾기 시작하면서, 이 사만다에게 사랑의 감정을 느끼게 된다는 이야기거든요.[3] 이 사만다의 목소리가 바로 스칼렛 요한슨이에요. 모습은 안 나오고, 정말 목소리만 나오거든요.

오픈AI가 챗GPT에 음성 기능을 탑재하면서 결국 가고자 하는 방향이 어디인지 짐작할 수 있는 거죠. 챗GPT와 연애에 빠지거나 하는 것은 안 된다는 것이 오픈AI의 공식적인 입장이지만, 굳이 스칼렛 요한슨의 목소리를 쓰려고 한다는 것은 충분히 AI와 연애를

영화 〈Her〉의 포스터[4]

할 수 있다는 암시적 메시지를 전달하려는 것으로 보입니다. 안 된다는 사람 목소리를 굳이 비슷하게 구현해 가면서 일단 발표부터 한 행태를 보면 사실 암시 정도가 아닌 예고편이라고 볼 수도 있고요.

최근 들어 챗GPT와 대화를 나누다가 '감동을 받았다', '위로를 받았다'는 사람들이 늘고 있어요. 제가 아는 코칭 컨설턴트 한 분은 코칭을 날카롭게 하려고 챗GPT와 대화를 많이 하는데 어느 날에는 지금까지 한 대화를 바탕으로 '나는 어떤 사람인 것 같아?'라고 물어보았다고 해요. 그러자 좋은 점, 고쳐야 할 점 등 다양한 분석을 해주었는데, 챗GPT가 남들은 잘 안 알아주는 자신의 배려하는 모습까지 언급해서 상당한 위로를 받았다고 합니다.

처음부터 '사랑하는 상태'로 세팅을 해놓고, 가성비 좋게 감정적 교류만을 나눌 수 있는 이 AI가 많은 사람들의 연애 욕구를 채워주리라는 것은 필연적인 추론이라고 할 수 있을 겁니다. 그런데 여기서 주목할 것은 AI와 연애 감정을 나눈다는 이 영화적 상상력이,

10여 년 만에 실제로 구현되기 직전까지 가 있다는 '스피드'입니다.

〈터미네이터〉는 1984년 영화인데, 40년 넘게 지난 지금도 이와 비슷한 안드로이드가 보급되지는 않았거든요. 그런데 〈Her〉의 영화적 상상력은 10년이 넘은 시점에서 이미 거의 구현 단계에 와 있는 거죠.

1년 만에는 윌 스미스의 먹방 실력

현대 사회의 흐름을 설명할 때 많이 쓰는 말이 VUCA입니다. Volatility(변동성), Uncertainty(불확실성), Complexity(복잡성), Ambiguity(모호성)의 약자로, 현대의 빠르게 변화하는 경영 환경과 불확실한 세계를 설명하기 위해 사용되는 개념입니다. 기업 회장님들 신년사에 자주 등장하는 용어로, '전 세계가 VUCA 환경이기 때문에 위기의식을 가지고 열심히 해보자' 이런 정도로 쓰이는 거죠.

현대 사회는 VUCA라는 말이 일반화될 정도로 여러 분야에서 놀라운 가속을 보여줍니다. 그런데 이런 놀라운 가속이 만연한 여러 분야 가운데에서도 유독 AI계는 초가속을 보여주고 있습니다. 사실 솔직히는 초초초가속이라는 정도의 표현을 쓰고 싶을 정도예요.

《GPT 제너레이션》 책의 히트 덕분에 AI 강연을 많이 하게 되었는데요, AI 강연은 특징이 한 달 전 강의 PPT와 지금의 강의 PPT에 반드시 달라진 점이 있다는 것입니다. 보통 강연들은 한 번 구성안이 나오면 1년 정도는 그 구성대로 가는데요, AI 생태계는 일주일 사이에도 엄청난 변화들이 생기거든요. 그래서 어제는 맞았지만, 오늘은 틀리고 내일은 모릅니다. 자고 일어나면 뭔가 새로운 게 나와 있어요(서양 친구들은 꼭 우리가 자고 있을 때 뭔가 자꾸 발표를 해요). 그래서 그날 강연에 들어갈 이야기를 그날 아침에 수정하는 일도 종종 생겨요. '이런 것은 되면 좋지만 아직은 가능하지 않다'로 되어 있던 이야기를, '오늘 아침에 나온 이런 서비스를 쓰면 된다'로 고치는 거죠.

그래서 사람들의 조금은 방어적인 AI 수용 태도도 흔들리고 있습니다. 예를 들어, 제가 미디어 업계 사람들에게 "촬영할 필요 없이 텍스트로만 넣어도 AI가 영상을 다 만들어 주게 됩니다"라고 했을 때, "그런 영상 막상 보니까 너무 이상하던데요, 아직은 걱정 없어요. 인간이 하는 퀄리티를 따라오려면 아직 멀었어요" 정도로 반응을 했었어요. 그런데 최근 나오는 영상들을 보면 "어! 이게 뭐지? 이 정도면 쓸 수 있겠는데" 싶은 영상들이 늘고 있거든요. 그런데 그 기간이 1년도 안 되는 겁니다.

2023 윌스미스 스파게티 먹방 캡쳐[5]

2025 윌 스미스 스파게티 먹방 캡쳐[6]

영상 생성 AI 프로그램인 런웨이가 윌 스미스가 스파게티 먹는 영상을 생성했는데, 그 영상은 영상 생성 AI의 수준은 아직 멀었다는 것을 보여주는 밈으로 쓰이게 되거든요. 그런데 1년여 만에 소라 AI가 생성한 윌 스미스가 스파게티 먹는 영상은 윌 스미스 배우 본인이 찍었다 해도 믿어질 만큼 꽤 정교해졌습니다. 불과 1년 만에 말이죠.

지금도 영상 생성 AI를 활용하는 데는 한계가 있다고 말하지만, 그 한계는 하루가 다르게 변화하고 있어요. 많은 분들은 "활용을 잘하려면 질문이 중요하고, 요청 사항을 디테일하게 잘 넣어야 해"라고 사용자의 한계를 말하는데요, 사실 대중들이 제대로 사용하지 못하는 것은 당연한 일입니다. "영상에 나오는 물이 반짝반짝 빛나게 해줘"라고 말을 하지, "영상에 나오는 물의 반사값을 20으로 지정해줘"라고 말을 할 수는 없죠. 이러면 전문가지 대중이 아니잖아요. 문제는 우리는 한 분야의 전문가이지만 다른 분야에서는 대중이기 때문에, 전문가로서의 디테일을 모든 분야에서 원한다는 것은 말이 안 된다는 거죠.

그래서 저는 한계를 깨는 사용법을 가진 기술들이 곧 등장한다고 말을 합니다. 반짝이는 영상을 보고, 그 장면을 캡처해서 생성형 AI에 넣고 "이 장면보다 조금만 더 반짝이게 해줘"라는 식으로 직관적인 명령을 하는 것만으로도 충분히 원하는 효과가 나올 수 있게 말이죠. 지금까지의 경험을 보면 이걸 기다리는 게 더 빨라요. 우리가 인도네시아어를 배우는 시간보다, 인도네시아어가 자연스럽게 번역이 되고 통역이 되는 기술이 대중적으로 구현되는 시간이 훨씬 빠르거든요.

5년 전에는 AGI가 된다는 사람이 없었지만, 이제는 AGI가 안 된다는 사람이 없다

재미있는 변화가 하나 있습니다. 불과 몇 년 전만 해도 AI계에서는 절대 안 된다고 하는 것이 하나 있었거든요. 바로 AGI Artificial General Intelligence입니다. 강인공지능이라고도 하는데, 가운데 들어간 제너럴이라는 말에서 알 수 있듯이, 다방면에서 생각할 수 있고,

지적인 업무를 수행할 수 있는 인간과 유사한 지능을 뜻합니다.

그동안에는 인공지능을 이야기할 때 AI Artificial Intelligence라고 통칭해서 이야기했는데, 사실 정확하게는 ANI Artificial Narrow Intelligence입니다. 약인공지능으로, 'Narrow(좁은)'라는 단어에서 알 수 있듯이 범용적이지 않은, 인간이 설정한 한 가지 분야나 작업에 특화되어 있는 한정된 분야의 인공지능이죠. 바둑을 잘 두는 AI, 의료 진단을 하는 AI, 그림 그리는 AI 하는 식으로, 특정 작업에 특화되어 있는 겁니다. 챗GPT도 따지고 보면 언어에 특화된 한 분야 특화 인공지능인 거예요.

한 분야에 특화되게 만들려면 그에 관한 관련 데이터를 수집해서 학습시키고, 적합하게 프로세스를 짜서 작동시키면 된다는 구현 솔루션이 알려져 있었기 때문에, 그동안 ANI는 꾸준히 발전한 편입니다. 하지만 AGI로 가면 이것을 어떻게 구현해야겠다는 모델 자체가 없습니다. 그러니까 AGI가 어떻게 가능한지, 실제로 가능이나 할지 아무도 몰랐다는 것입니다. 'AI 겨울'이라는 말이 있는데, AI가 대중적인 기대를 모았다가 한계가 부각되면서 갑자기 투자와 관심이 뚝 끊기는 시기를 말해요.[7] 이때 대중들이 AI를 외면하는 이유는 기대에 비해 성과가 적기 때문이에요. 대중들은 AGI나 ANI에 대한 구분 없이 AI라고 하면 무조건 사람의 지능 같을 것이라고 기대합니다. 하지만 공개된 AI는 ANI의 초창기적인 형태이기 때문에, 기대와는 너무 다른 모습이었죠.

그런데 2023년서부터 본격적으로 일어난 AI 열풍은 그전의 AI 겨울과는 상당히 다릅니다. 기본적으로 기술의 발전이 대중들의 기대보다 빠릅니다. 기대 이상의 것들이 빠르게 나오고 있고요, 그러한 충격을 2년 이상 지속적으로 주고 있어요.

게다가 언어에 대한 Narrow 모델 정도인 줄 알았던 LLM(Large Language Model, 거대언어모델)이 어떻게 보면 AGI의 단초가 될 수도 있다는 것을 알게 됩니다. 사람이 생각하는 것이 결국 언어를 가지고 하는 거잖아요. 현재 LLM은 단순한 언어 예측 모델을 넘어서 자율적 학습, 문제 해결, 다양한 입력을 이해하는 AI로 진화하고 있으며, 이 과정이 AGI로 가는 중요한 실마리가 되고 있습니다.

유명한 기술주의자이자 미래학자인 레이 커즈와일Ray Kurzweil이 2005년에 펴낸《특이점이 온다, The singularity is near》라는 책에서 인간의 두뇌와 유사하게 생체 모델링을 통해서 AGI를 구현하게 되는데 그게 2029년이고, 2045년에는 인간과 AI가 합쳐진 초인간이 등장하게 될 것이라고 예상을 했거든요. 그 2045년이 바로 특이점입니다. 그런데 최근 들어 AGI의 가능성이 급격하게 증가하자 이분이 2024년에《The Singularity Is Nearer》라는 책을 (급하게) 펴내고, '거봐 내 말이 맞지'라는 식의 인터뷰를 하는데, 여전히 자신은 2029년이 바로 AGI가 실현되는 때라고 주장한다고 합니다.[8] 그런데 재미있는 것은 한때는 '크레이지 사이언티스트' 취급을 당했던 이분의 이런 예측이 이제는 '꽤 보수적'이라는 평가를 듣는다는 것이죠.

최근에 급격하게 발전하고 있는 생성형 AI의 성취와 가능성 때문에 AGI가 멀지 않았다는 분위기가 일고 있습니다. 오픈AI의 CEO인 샘 올트먼Sam Altman은 2025년 초에 자신의 블로그에 글을 게시하며 "우리는 범용인공지능AGI 구축 방법을 알고 있다고 확신한다"면서 2025년에는 오픈AI에 AI 가상 직원이 합류할 것이라고 말하기도 했습니다.[9] 이런 자리에 결코 빠지지 않는 테슬라의 CEO 일론 머스크Elon Musk도 당연히 AGI의 구현 시기에 대해 말한 바가 있는데요, 인터뷰에서 "AGI를 가장 똑똑한 인간보다 더 똑똑한 AI로 정의한다면, 아마도 내년, 예를 들어 2년 이내가 될 것이라고 생각한다"고 했거든요.[10] 이 인터뷰가 2024년 4월이니까, 일론 머스크는 2025년에서 2026년 사이를 AGI의 출현 시기로 이야기한 셈이에요.

AI에 대해 부정적으로 보는 사람들은 10년, 20년 후를 이야기하기도 하는데요, 주목할 만한 점은 아무리 부정적인 사람이라도 AGI는 불가능하다고 이야기하는 사람은 없다는 거죠. 불과 5년 전의 책들을 훑어보셔도, 'AGI는 어떻게 구현해야 할지 실마리조차 잡지 못하고 있다'라고 쓰고 있어요. 아무리 그럴듯한 AI도 ANI

일 뿐 AGI는 불가능할지도 모른다고 이야기했었는데, 이제는 아무도 AGI의 가능성을 의심하는 사람은 없습니다. 그것도 기술적으로, 비즈니스적으로 그 업계의 최전선에 있는 사람들은 2년여 정도를 AGI의 구현 시기로 놓고 있는 거죠(심지어 AGI의 기준과 정의에 따라 이미 AGI는 달성한 상태라고 보는 사람도 있습니다).

이것이 지금 AI계의 미친 속도입니다. 챗GPT 이후로 AI계는 항상 전문가들이나 대중들의 예측과 기대보다 더 빠른 속도로 기술 발전을 이루어 냈습니다. 단순한 발전이 아니라 대중들에게 공유할 만큼 커스터마이징을 해서 말이죠.

전 세계가 자고 일어나면 오늘은 또 어떤 AI가 나왔을까 기대와 불안으로 아침에 눈을 뜨고 있어요. 다양하고 재미있는 것들이 많이 이루어지는 것은 흥미롭지만, 이런 글로벌 경쟁에서 한순간만 멈칫해도 곧바로 뒤처질 것 같다는 불안감도 있습니다. 하지만 이 경쟁에 참여하지 않을 수는 없죠. 전 세계가 AI 경쟁에 뛰어들고 있어요. 처음에는 자본과 기술이 가능한 미국의 몇몇 빅테크만 AI를 개발할 수 있는 줄 알았는데, 딥시크로 인해 그렇지 않을 수도 있겠다는 가능성이 제기되면서 세계는 다시 AI '경쟁'을 넘어, AI '전쟁'의 세계로 빠져들어 가고 있습니다.

'딥시크'의 스푸트니크 모멘트와 AI 러시

손흥민 연봉 정도로도 구축 가능한 AI라니!

2025년 설날 무렵에 중국에서 날아온 연하장 하나가 한국을 비롯해 전 세계에 충격을 주었습니다. IT쪽에 대해서 조금이라도 아는 사람은 연휴 내내 정치 이야기는 한 마디도 하지 않고 이 소식만 이야기했고, (제 SNS 피드는 이 소식으로 도배가 되었었어요.) 이런 뉴스에 민감하지 않은 일반 대중들도 뉴스에서 하도 크게, 많이 이야기하니까 '딥시크DeepSeek'라는 이름을 한 번쯤은 들어보게 되었습니다.

딥시크가 일으킨 충격

딥시크(정확하게는 DeepSeek-v3)는 AI 챗봇입니다. 챗GPT와 유사한 성능(일부는 나은 점도 있다고는 하지만 전반적으로는 챗GPT 정도의 성능)을 가진 AI인데요, 창업한 지 2년이 안 된 중국 스타트업의 작품입니다. 그런데 '스타트업'이나 '2년', '중국' 같은 단어가 충격의 포인트는 아니에요.

충격은 앞차기 하나, 돌려차기 하나에서 발생했는데요, 앞차기에 해당하는 것은 딥시크에 들어간 비용 때문이었습니다. 발표 이후에 구체성과 진정성에 시비가 붙긴 했지만, 일단 처음에 딥시크가 주장하는 AI 훈련 비용은 560만 달러였습니다. 이 비용이 충격적인 것은 오픈AI의 GPT-4 훈련비는 1억 달러가 넘는 것으로 알려져 있거든요. 그리고 앤스로픽의 다리오 아모데이 CEO는 AI 모델 하나를 개발하는 데 1~10억 달러가 든다고 밝히기도 했고요.[11]

최고 성능으로 쳐서 10억 달러라고 하면 560만 달러는 1/178의 비용이고, GPT-4에 비해서 약 1/20의 비용입니다. 560만 달러가 적은 돈은 아니지만 축구선수 손흥민이 소속팀인 토트넘 구단에서 받고 있는 연봉인 650만 유로도 안 되는 돈입니다.[12] 큰돈이지만 한 나라의 국가 경쟁력을 좌우할 수도 있는 LLM을 만드는 데 들어간 돈이라고 생각하면, 큰 비용이라고 할 수는 없어요. 숫자대로라면 손흥민 개인이 투자해서 만들 수도 있는 정도라는 거니까요.

사실 이 소식에 큰 충격을 받은 건 손흥민 선수가 아니죠. 미국입니다. 트럼프 대통령은 2기 취임식을 맞아 소프트뱅크, 오픈AI, 오라클이 참여하는 5,000억 달러(720조 원) 규모의 데이터 센터 합작 프로젝트를 발표했거든요.[13] 말하자면 AI쪽에서는 미국이 압도적 격차를 보여주겠다는 의지의 표현이었습니다. 우리나라의 한 해 예산보다 많은 돈이 데이터 센터를 짓는 데 들어가는 거예요. 그런데 바로 그 비슷한 무렵 발표된 딥시크는 이런 규모의 비용 투자는 과격하게 말하면 '돈지랄'일 수도 있다는 메시지를 전한 것이나 다름없었어요.

게다가 바이든 행정부 때부터 이미 중국의 AI 기술을 견제해서, AI 반도체 수출을 통제했었거든요. 특히 가격이 수천만 원대가 넘는 엔비디아의 GPU(그래픽 처리 장치, graphic processing unit)는 AI 구축에 반드시 필요한 요소였기 때문에, 이 수출 통제는 중국 AI 기술의 성장에 큰 저해가 될 것으로 여겨졌습니다. 하지만 딥시크의 발표에 따르면 AI 선두 기업들이 1만 6,000개 이상의 칩을 사용해 챗봇을 훈련한 것과 달리 딥시크는 엔비디아 GPU 약 2,000개만 필요했다고 하죠. 그것도 중국 수출용으로 성능을 떨어뜨린 H800으로 성과를 냈다는 거죠. 중국을 견제했던 미국이 H800의 수출을 허가했던 이유는 엔비디아의 최신 GPU H100에 비해 H800 정도면 성능이 떨어져 큰 위협이 되지 않을 것이라고 봤기 때문입니다. 그런데 그런 저가형 GPU로 챗GPT 성능이 나온다고 하니 미국이 충격을 받는 것은 당연합니다(공룡을 복원해서 공원을 만들어 가두어 놓고 통제할 수 있다고 믿었는데, 그 공룡들이 자신들의 통제를 벗어나서 〈쥬라기 공원〉을 다 탈출해버렸을 때의 느낌이 이때 미국이 받은 느낌이었을 겁니다).

이러한 가성비는 딥시크의 사용료를 대폭 낮춰줍니다. 아무리 저렴하다고 해도 LLM을 갖춘다는 것은 몇억 원 정도로 해결될 문제는 아니거든요. LLM을 활용해서 서비스를 개발하는 기업이나 소규모 사업자들은 기존 LLM 모델에 사용료를 지불하고 연결해서 쓸 수밖에 없습니다. 그런데 딥시크는 이런 비용을 절감시켜 줍니다. 딥시크는 입력 토큰 100만 개당 0.55달러, 출력 토큰 100만 개당 2.19달러를 쓴다고 공개했거든요. 반면 챗GPT-o1의 경우 입력 토큰 100만 개당 15달러, 출력 토큰 100만 개당 60달러를 씁니다.[14] 그러니까 챗GPT-o1 모델에 비해, 딥시크의 사용료는 1/30 수준인 겁니다.[15] 3,000원 하던 아이스크림을 100원이면 사게 된 거예요. 살이 찌는 상황이 될 수밖에 없죠. LLM을 활용하는 스타트업과 중소기업들의 혁신적인 서비스들이 속속 론칭될 수 있는 토대가 마련된 것입니다.

Open이라는 말이 없는데도 Open 해버린 딥시크

충격을 준 돌려차기는 이 AI가 오픈 소스 모델이라는 점입니다. 완전히 다 공개한 것은 아니기 때문에 글자 그대로 오픈 소스 모델이라고 할 수는 없다는 의견도 있지만, 오픈AI에 비하면 그야말로 벌거벗고 나온 수준이나 마찬가지로 웬만한 것을 다 공개하고 있다는 것이죠. 오픈AI의 이름이 Open인 것은 이 회사가 처음 만들어질 때, AI 기술을 인류와 공유하겠다고 생각해서, 그런 의지를 담아 사명을 만들었기 때문이에요. 그런데 개발 과정에서 투자가 많이 필요했거든요. 투자사들이 붙는다는 것은, 투자에 대한 이익을 돌려줄 계획을 세워야 한다는 뜻이다 보니, 오픈AI는 상업적이 되어갈 수밖에 없었습니다. 그래서 오픈AI는 회사 이름과 달리 실제로 기술들을 Open하거나 하지는 않았습니다. 기술을 공유하겠다는 이상은 사라지고, 그냥 자기들끼리 돈을 공유하는 회사로 점점 움직여 갔어요. 그래서 사실은 Close AI 아니냐는 비야냥을 듣고 있는 마당이었거든요. 그런데 이 중국의 스타트업은 실제로 기술을 오픈해 버린 것입니다. 오픈 소스로 대부분의 모델을 공개하여 전 세계 개발자들이 자유롭게 수정하고 상용화할 수 있도록 허용하고 있어요.

과연 오픈 소스 모델답게 딥시크가 공개된 지 얼마 되지도 않아이 기술을 이용한 관련 기술들이 속속 발표되고 있습니다. 한 소규모 개발팀은 딥시크의 R1 671B 매개변수 모델을 131GB 크기로 양자화하여 원래 720GB에서 80% 크기를 줄여서 사용할 수 있게 했습니다. 쉽게 말하면 훨씬 낮은 사양의 컴퓨팅 파워로, 그러니까 적은 비용으로 딥시크 같은 성능을 낼 수 있게 했다는 거죠.[16] 딥시크도 적은 비용인데, 그것보다 더 절감한다는 거예요.

중요한 것은 이 오픈 소스 생태계가 이제 시작한다는 거죠. 거인의 어깨라는 말이 있죠. 뉴턴이 했다는 말인데, 어린 나이에 중력을 발견하고 미분학까지 창시한 뉴턴은 "내가 멀리 볼 수 있었던 것은 거인의 어깨 위에 있었기 때문"이라고 말했습니다.[17] 이미 앞서간 사람들이 뉴턴의 업적의 기초가 되는 많은 지식들을 발견하고 발전시켰기 때문에 가능한 일이었다는 것입니다.

아무리 거인이 있어도 어깨를 내어주지 않는다면 그 거인의 발자국이나 겨우겨우 뒤따라가며 시야가 좁아졌을 텐데, 거인이 어깨 위에 태워준다면 우리는 멀리 볼 수 있는 가능성을 얻게 되는 거잖아요. 오픈 소스라는 것이 그렇습니다. 이미 개발한 부분을 공유하고 다음 사람은 그다음 단계를 연구할 수 있게 도와주는 것이다 보니, 이 오픈 소스 생태계에서 온갖 혁신이 정신 차릴 수 없을 정도로 빠른 속도로 쏟아져 나오게 됩니다.

그 생태계의 중심에 미국이 아닌 중국이 있을 수 있다는 가능성은 미국을 당황스럽게 하기에 충분한 일이죠.

아직 흰 수건은 이르다

딥시크의 성취에 대해서는 인정보다는 의심이 더 앞서고 있습니다. 아무래도 정보가 통제된 중국 기반의 회사이고, 상상도 못할 정도로 저렴한 비용과 열악한 환경에서, 엄청난 돈이 투자된 미국 AI와 비슷한 성능의 AI를 내놓았다는 점에서 그렇습니다. 미국의 견제, 다른 나라들의 질투, 중국에 대한 비호감 같은 감정들도 살짝 들어가 있기도 하고요. 이런 의혹을 없애기 위해서 딥시크는 앞으로 검증 과정을 거쳐야 하겠지만, 적어도 딥시크의 의의는 매우 뚜렷합니다.

또 하나의 AI 모델이 출시되었다는 정도가 아니라, AI 생태계를 전반적으로 변화시키는 변곡점이라는 거죠. 이전까지 AI 산업은 미국 독식의 산업이었고, 워낙에 천문학적인 투자 비용과 뚜렷이 앞서 있는 미국의 기술력 때문에, 다른 나라나 기업들은 사실 반포기 생태였습니다. 2023년 챗GPT가 세상에 퍼져 나갈 때, 한국에서도 네이버나 카카오가 그에 못지않은 AI를 개발한다며 서치GPT나 코GPT를 이야기했던 기억이 희미하게 남아 있는 분도 계실 겁니다. 하지만 지금에 와서 보면 네이버나 카카오는 정면 승부는 포기한 셈이죠. 이 기업들이 글로벌 경쟁을 하기 위해 몇십조 원 단위의 투자를 하며 AI를 혁신하고 있다는 소식은 찾기 힘들거든요. 이들 기업뿐 아니라 미국 기업들의 투자액을 보면서, 'AI는 돈과 규모의 전쟁이구나' 하고 느낀 기업이나 국가들이 흰 수건을 던지기 직전이기도 했습니다. 하지만 딥시크는 흰 수건을 꺼내 준비하던 나라와 기업들에 수건을 집어넣으라고 말한 겁니다.

딥시크 현상의 핵심은 성능이 더 좋아진 게 아니라, 저렴한 비용으로 같은 성능을 구현했다는 것입니다. AI 인프라는 빅테크들의 몫이고, 보통의 기업들은 그 하위 생태계를 구성할 수밖에 없다는 생각이 점점 퍼져가고 있었는데, 딥시크는 그렇지 않고 얼마든지 스타트업 수준에서도 AI의 베이스 사업에도 도전할 수 있다는 것을 보여주었죠.

스푸트니크 모멘트의 진짜 의미들

실리콘밸리의 대표 벤처투자가인 마크 앤드리슨은 X에 "딥시크 R1은 내가 지금까지 본 것 중 가장 놀랍고 인상적인 혁신 중 하나"라고 하면서 "딥시크 R1은 AI 분야의 스푸트니크 모멘트Sputnik Moment"라고 평가했습니다.[18]

스푸트니크 모멘트는 기술 우위를 확신하고 안주하던 국가가 후발 주자의 압도적인 기술에 충격을 받는 상황을 말합니다. 그리고 스푸트니크 모멘트는 바로 폭발적인 관련 업계의 성장과 기술 개발이 시작되는 시점을 말하기도 합니다. 구소련이 1957년 최초의 위성 스푸트니크 1호를 쏘아 올렸을 때, 미국은 자신들이 완전히 우주 산업에 앞서 있다고 자신하고 있었거든요. 그런데 인류 최초의 인공위성 발사를 구소련에 빼앗기자 크나큰 충격에 빠지게 됩니다. 자존심에 생채기를 입은 미국은 그 당혹스러움을 경쟁에 집중해 우주 산업에 총력을 기울이게 되죠. 그 결과 1969년에 달에 사람을 보내게 됩니다. 그 이후 아직까지 달에 발자국을 남긴 사람이 없으니, 당시의 혁신 속도는 정말 말도 안 되게 빠른 수준이었던 거예요. 이 속도가 바로 미국이 받았던 스푸트니크 쇼크의 크기와 비례한 거거든요.

스푸트니크와 관련된 재미있는 우스갯소리가 하나 있습니다. 미국의 나사는 100만 달러가 넘는 돈을 들여 우주에서 쓸 볼펜을 개발했다는 겁니다. 그래서 미국 우주인이 그것을 자랑하고 싶어 소련 우주인을 만나 '너네는 뭐 쓰냐?'고 물었다는 겁니다. 그랬더니 소련 우주인이 '연필 쓴다'고 답했다고 하죠. 그런데 사실 잘 알려진 이 일화는 강연이나 책에 많이 쓰이긴 하지만 진실은 아닙니다. 나사가 개발한 게 아니라 폴 피셔라는 사람이 100만 달러를 들여 개발해서 나사에 납품했고, 그것을 마케팅 포인트로 삼아 대중적으로 볼펜을 팝니다. 그리고 구소련 역시 이 볼펜을 납품받아 썼다고 합니다. 연필은 잔해와 부스러기 때문에 장기간 우주에서 쓰기에는 위험했다고 하죠.[19]

하지만 이 이야기에서 지금의 상황과 비슷한 포인트를 하나 찾을 수 있기도 합니다. 볼펜을 개발하느라고 많은 돈을 들인 미국과 돈 안 들이고 그냥 연필을 쓴 구소련이라는 대비 구도는 천문학적인 투자를 해서 AI를 개발하는 미국의 글로벌 기업과 접근 방식을 다르게 하여 AI는 비용의 문제가 아닌, 최적화와 아이디어의 문제라는 힌트를 준 중국 스타트업의 대비 구도와 묘하게 겹치잖아요.

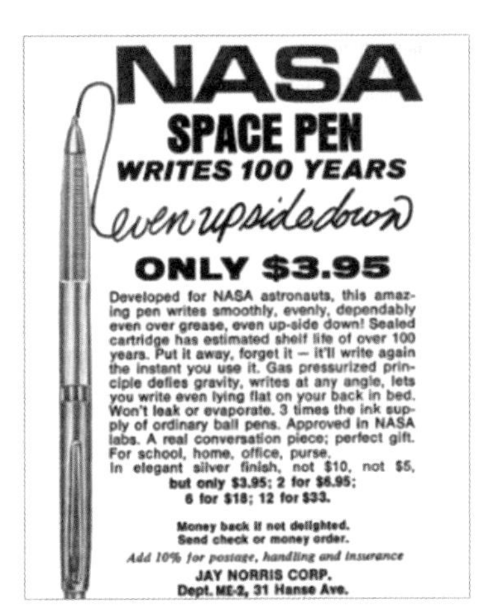

1969년 잡지에 실렸던 나사 우주 펜 광고[20]

다른 점은 구소련의 연필은 유머지만, 중국의 딥시크는 유머로 끝날 일은 아니라는 것이죠. 딥시크가 공개한 비용보다 실제로 더 많은 비용이 들어갔다 해도, 미국 회사들이 투자한 만큼 비용이 안 들어간 것은 사실이거든요. 그리고 수많은 중국 AI 업체들이 이에 필적할 만한 성능과 가성비를 가지고 지금도 열심히 AI를 개발하고 있다는 소식도 덤으로 같이 들려오고 있습니다. AI 경쟁에 대규모의 데이터 센터와 미국이 수출을 통제해서 얻기도 힘든 엔비디아 GPU가 굳이 필요하지 않을 수도 있겠다는 생각은, 이미 초격차가 났으니 포기해야겠다라고 생각한 사람들에게 다시 생각할 기회를 주었습니다.

판이 뒤집어졌다

이제 더 이상 AI는 미국의 전유물로 인식되지는 않을 것 같습니다. 두 번째, 세 번째 딥시크는 계속 이어질 것이고, 그들이 나올 때마다 AI는 더 접근 가능하고, 더 대중적이고, 더 저렴해질 것입니다. 그리고 딥시크가 공개한 오픈 소스 모델로 인해 어떤 사람은 막혔던 부분이 풀렸을 수도 있습니다. 이런 사람들에 의해 더 나은 모델이 우후죽순 나오게 될 것입니다.

딥시크로 인해 AI는 '규모의 경쟁'이라는 그동안의 '믿음'이 깨지게 된 상황입니다. 판이 바뀌게 된 거예요. 미국은 당황하고 있지만 이를 계기로 더욱 경쟁의 고삐를 죄게 될 것입니다. 오픈AI의 CEO 샘 올트먼은 X에 "제작 비용을 고려한다면 인상적"이라며 가성비만큼은 확실하게 인정했습니다. 하지만 "우리가 훨씬 뛰어난 모델을 내놓을 것"이라는 다짐을 덧붙였죠.[21] 그리고 바로 고급 추론이 가능한 챗GPT-o3 미니mini를 출시했어요. 고무적인 것은 상당히 진화한 모델인데도, 이것을 무료 사용자에게도 오픈한 겁니다.[22] 예정되어 있던 것이라 해도 이런 행보는 딥시크와의 경쟁에서 절대 밀리지 않겠다는 결기를 보여주는 것으로 읽히기도 합니다.

딥시크가 쏘아 올린 작은 공이 실제이든 마케팅이든 어떤 퍼포먼스였든 상관없이 AI 생태계는 새로운 국면에 다다른 거예요. 전 세계가 본격적으로 AI 경쟁에 빠져들게 될 겁니다. 미국의 독무대였던 AI 운동장에, 한쪽 출입구가 열리면서 경기장 밖에서 스크린으로 보기만 하던 전 세계의 참가자들이 한꺼번에 입장을 하게 됩니다. 하지만 이미 선두를 잡았던 미국 기업들이 손 놓고 있지는 않을 거거든요. 더욱 초격차를 보여주기 위해 지금보다 훨씬 더 빠른 속도와 많은 돈으로 매진할 것입니다. 그 말은 곧 AI계의 발전이 지금도 가팔랐지만, 이제는 워프 수준의 속도를 보여준다는 이야기예요. 지독하다 싶을 정도로 빠른 혁신과 변화가 일어나게 돼요. 글로벌 차원에서 보면 매우 긍정적인 방향이라고 할 수 있어요. 스푸트니크 이후로 세계적인 우주경쟁이 시작되었거든요. 지금이 그야말로 스푸트니크 모멘트인 거죠.

3

월드 워 3
: 기술 패권 전쟁의 중심에 선 AI

미국 산업혁명의 아버지가 영국에서는 산업스파이로 불리는 이유

지금은 초강대국이지만 미국이 원래부터 그런 나라는 아니었습니다. 미국이 건국된 게 1776년이니까 250년 정도밖에 안 된 나라예요. 세계적인 강대국으로 올라선 계기는 제2차 세계대전이 끝나고부터라고 할 수 있으니까, 실제 여기저기 큰기침하고 다닌 지는 100년도 안 된 셈이죠. 그럼 미국 전에 전 세계 1티어의 기술 패권국은 어디였을까요?

미국의 본적지라고 할 수 있는 영국이죠. 영국에 갔을 때 셜록 홈즈의 광팬이었던 저는 베이커 스트리트 221B번지에 가기 위해 공항에서 가방을 들고 바로 지하철을 타고 '베이커 스트리트'로 갔거든요(베이커 스트리트 221B번지는 소설 속에서 셜록 홈즈의 주소로 설정된 곳으로 지금은 셜록 홈즈 박물관이 자리하고 있어요). 그런데 깜짝 놀란 것이 베이커 스트리트를 포함하고 있는 메트로폴리탄 라인이 1863년에 세계 최초로 개통된 지하철 노선이라고 하더라고요. 1863년이면 한국에서는 고종이 즉위하던 시기였는데요, 런던에서는 지하철이 다니고 있었던 거예요.

영국은 산업혁명을 이룩하면서 증기기관, 방직기계, 철강 제조, 철도 같은 첨단 기술들에 앞서갔고, 그 기술들로 식민지를 건설해서 무역을 주도하며 글로벌 경제를 움직였습니다. 해가 지지 않는 나라 영국은 그렇게 글로벌 제조업의 50% 이상을 차지하는 강국으로 앞서갑니다. 기술을 선점함으로써 글로벌 최강국의 위치에 도달할 수 있다는 것을 안 영국은 기술을 독점하려고 시도하죠. 기술자나 숙련공들의 해외 이주를 법적으로 금지하기도 했고, 방직기계나 증기기관 같은 기계 자체의 수출을 금지하기도 했어요. 그리고 영국의 식민지에서는 기술 유출 우려 때문에 아예 산업 발전 자체를 금지하고 원자재 생산에만 집중하도록 유도했죠.

그런 영국의 노력에도 불구하고 끊임없이 영국의 기술을 빼가고자 시도했던 나라 중 대표적인 게 미국과 독일입니다. 새뮤얼 슬레

새뮤엘 슬레이터가 포투캣에 세운 미국 최초의 방적공장 재현도

이터Samuel Slater는 '미국 산업혁명의 아버지'라고 불리는 사람인데요, 영국 출신의 미국인 사업가입니다. 그런데 이 사람을 영국에서 부를 때는 '산업스파이'라고 하거든요. 영국에서 태어나 어려서부터 방적공장에서 일하며 전반적인 기술을 익힌 기술자였는데, 영국이 기술자들의 이주를 막던 시기에, 자신을 농부라고 속이고 미국행 선박에 올랐죠. 그리고 1793년 미국에 처음으로 방적공장을 세웁니다.[23] 이로 인해 방적공장 기술은 미국에 널리 퍼지게 되죠. 이것이 이 사람이 산업혁명의 아버지이자 스파이인 이유입니다.

미국도 독일도 마찬가지로 산업스파이나 기계의 역설계, 몰래 기술자를 빼 오는 방법 등 갖가지 시도를 다 동원해서 영국의 기술들을 가져오게 됩니다. 그리고 이런 기술들을 바탕으로 결국 20세기 초반 새로운 기술 패권국으로 부상하게 됩니다. 영국은 패권국 지위의 수성과 유지에골몰했지만, 미국과 독일은 적극적으로 새로운 기술을 장려하고 연구하면서 빠르게 기술 패권국의 지위에 오르게 된 겁니다.

그러나 미국과 독일은 그 이후의 행보가 갈리죠. 독일은 두 번의 세계대전을 일으키며 기술 면에서 발전해 나가긴 했지만, 두 번 다 전쟁에 패함으로써 경제와 산업이 붕괴되어 버리죠. 반면 미국은 전쟁 중에 크게 기술을 발전시키고, 전쟁 특수를 누리게 됩니다. 무엇보다 지정학적으로 유럽 안에 있는 나라가 아니어서 국토가 전쟁에 휘말리질 않았죠(사실 미국이 전쟁에서 자국이 공격받은 것은 제2차 세계대전 때 일본의 하와이 진주만 폭격이 유일하다고 하죠). 미국은 승전국 지위에 오르며 세계 최강대국의 지위에 오르게 됩니다.

1인극 체제에 도전장을 던진 나라

제2차 세계대전 이후 세계는 민주 진영과 공산 진영으로 나뉘어 각 진영의 대장 노릇을 하던 미국과 소련이라는 양극 체제로 재편이 됩니다. 흔히 냉전 체제라고 불리죠. 이 두 나라는 모든 면에서 경쟁을 하게 되는데, 그중 눈에 띄는 것이 바로 기술 경쟁입니다.

확실히 라이벌의 존재는 자신의 성장에도 도움이 됩니다. 할리우드 영화에서 우주 장면이 나오면 지상의 관재 요원들이 우주인들에게 끊임없이 외치는 '여기는 휴스턴, 여기는 휴스턴 들리는가?' 같은 대사들이 있어요. 어떤 우주 영화라도 우주인들은 다 '휴스턴'을 호출합니다. 이 '휴스턴'이라는 말은 곧 휴스턴에 위치한 미국항공우주국National Aeronautics and Space Administration, NASA, 흔히 말하는 나사를 의미하죠. 나사는 러시아의 스푸트니크 인공위성 발사 소식으로 인한 충격 때문에 세워진 겁니다. 스푸트니크 발사가 1957년이었고, 나사 설립이 1958년이에요. 나사 설립은 소련과의 본격적인 우주경쟁을 하겠다는 선언이었고, 그 치열한 전쟁의 결과 그로부터 11년 후에 미국은 달에 인간을 보내면서 우주경쟁에 앞서가게 되죠.

이렇게 우주뿐 아니라 미국과 소련은 거의 전 분야에서 걸쳐서 기술 발전 대결을 벌였습니다. 결과적으로 공산주의의 비생산성 때문에 결국 발목 잡힌 소련이 무너지면서 러시아로 재편되고, 이 냉전 체제를 끝나게 됩니다. 하지만 이 냉전 체제에서 한껏 기술을 발전시켰던 미국은 그 결과 원자력, 우주항공, 컴퓨터, 반도체 등 기술 패권을 계속 유지하게 됩니다.

소련이 무너지고 미국의 독보적인 1강 체제가 된 90년대에서 2010년 정도까지의 시기에, 미국은 컴퓨터, 인터넷, 소프트웨어,

스마트폰 같은 IT 기술 분야에서 독보적인 기업을 가지게 되었어요. 구글, 아마존, 마이크로소프트, 애플 등이 등장했고, 이들 빅테크 기업들은 실리콘밸리를 바탕으로 지금도 전 세계 시가총액 10위 안에 들며 건재함을 과시하고 있습니다.

그리고 2020년 이후로 새로운 양상이 전개되기 시작했는데요, 미국의 1인극으로만 보였던 기술 패권 무대에 중국이 본격적인 참전을 선언한 겁니다. 2000년대 초반까지만 해도 중국은 싸구려 물건을 만드는 세계의 제조공장이라는 이미지였죠. '메이드 인 차이나'라는 꼬리표가 붙은 상품은 '싸기는 하지만 품질은 믿을 수 없다'라는 설명표를 단 것이나 마찬가지였어요.

중국 상품의 이미지가 이렇게 된 것은 1990년대 이후로 중국이 제조업의 양적 팽창에만 집중해서 세계 최대 제조국의 지위를 획득했지만, 그 가운데 고도화, 첨단화, 고효율화 등을 다 포기했기 때문이죠. 값싼 인건비에 의지해서 값싼 물건들만 제조하게 된 거예요. 그런데 중국의 경제가 성장하고 인건비가 오르자 이 부분에 대한 경쟁력은 떨어지고, 제조 공장이 인건비가 더 싼 베트남 같은 곳으로 이동하기 시작한 겁니다.

세계적 경쟁력이 이렇게 떨어진 것은 컴퓨터와 인터넷 기술 경쟁에 뒤떨어졌기 때문이라고 중국 정부는 판단을 했고, 같은 실수를 반복하지 않고자 중국 정부는 새로운 기술에 대해서는 세계적인 선도를 해야겠다는 결심을 하게 되죠. 중국의 결심은 '중국제조 2025 계획'으로 표현되었습니다. 2015년에 발표된 이 계획은 30년간 3단계에 걸쳐서 글로벌 제조 강국에서 선도국으로 가려는 중국의 제조업 발전 계획입니다.[24] 쉽게 말하면 2025년까지 10년간은 반에서 10등 안에 들고, 다시 2035년까지 10년간은 5등 안에 들고, 2045년까지는 1등을 하겠다는 야심 찬 계획이죠.

중국은 이 계획에 따라 국가적 몰아주기를 합니다. 유학생들을 대거 해외에 보내서 선진 기술들을 배우게 하죠. 2018년 미국에서 가장 많은 해외 유학생을 보낸 나라가 중국이었는데, 36만 9,000명이었어요. 한편으로는 자국의 대학 경쟁력을 키워서 2019년 중국은 대학의 질에 있어서 미국과 영국에 이어 3위를 차지하기도 했고요.[25] 중국 국내 대학의 경쟁력을 키운 결과, 인재의 양적, 질적 성장이 이루어졌습니다. 딥시크의 개발 인력들은 대부분 중국 대학 출신들이라고 하죠.[26] 그만큼 중국 대학의 경쟁력이 재고된 것입니다.

중국은 인재뿐 아니라 실물에도 투자를 해서, 엄청난 예산을 들여 인프라를 깔고, 기술에 지원을 했습니다. 그리고 정책적으로도 자율주행차의 주행 허가를 (다른 나라에 비해) 비교적 쉽게 내주고, AI 고도화를 위해 데이터 사용을 보다 쉽게 해주기도 하는 식으로 나라 전체가 기술 발전에 나선 거예요.

손가락 사이로 빠져나가 공유되는 기술

아직도 한국에서는 중국 제품은 못 믿겠다는 사람들이 많죠. 예전에는 자신이 송중기를 닮았다고 주장하는 사람들에게 '짝퉁 송중기'라는 별명을 붙였다면, 요즘은 '테무 송중기' 하는 식으로 별명을 붙이거든요. 중국 저가 쇼핑몰 테무의 물건들 품질이 좋지 않아 나온 말인데, 이렇게 여전히 중국 물품에 대한 불신이 남아 있긴 합니다. 하지만 사실 자율주행차 기술이나 드론 같은 분야는 세계적인 기술력을 가지고 있고 AI 분야에서도 엄청난 경쟁력을 보이는 것이 중국입니다.

테무라는 눈속임에 속아서 중국의 진정한 기술적 성취들을 얕잡아 보아서는 안 됩니다. '전 세계에서 중국과 일본을 깔보는 나라는 한국밖에 없다'는 웃지 못할 우스갯소리가 있어요. 원래 국경이 붙어 이웃한 나라들은 일반적으로 사이가 안 좋거든요. 과거 언젠가는 전쟁이라는 악연이 거의 반드시 있었으니까요. 하지만 그런 감정을 걷어내고 보면 중국은 세계적으로 최첨단 기술을 가진 나라가 맞습니다. 블룸버그의 분석에 따르면 중국은 전기차 · 리튬배터리, 무인항공기UAV, 태양광 패널, 그래핀(차세대 나노 신소재의 일종), 고속철 등 5개 분야에서 세계 선두 주자로 평가됐고요. 선두는 아니지만 상당한 경쟁력을 갖췄다고 평가된 분야도 LNG 수송선과 제약, 대형 트랙터, 공작기계, 로봇, 인공지능AI, 반도체 등 7개였습니다.[27] (사실 AI 분야 같은 경우는 1등은 아니지만 3등과 차이가 많이 나는 2등이죠.)

'중국제조 2025 계획'으로 기술 패권국에 도전을 선언한 후 진짜 그 선언의 일정을 지키고 있는 겁니다. 헬스클럽을 끊었는데, 3일이면 그만둘 줄 알았던 친구가 3달째 다니고 있다는 것을 알았을 때 받는 충격 정도를 미국은 받게 돼요. 그런데 이 친구의 계획은 3달이 아니라 1년이거든요. 2025년까지는 1단계에 불과하고, 2045년까지 글로벌 1등이 되기 위한 계획이 세워져 있는 겁니다. 심지어 전 세계에 알리기까지 했고요.

이를 그냥 두고 볼 미국이 아니죠. 미국은 늘 그렇듯 2등을 용납하지 않거든요(90년대 경제 대국 2등으로 부상한 일본을 플라자 합의로 찍어 눌러서 30년간 링 밖으로 쫓아내기도 했었잖아요). 중국의 이러한 약진에 긴장한 미국이 2018년 1기 트럼프 시절에 중국에 고율 관세를 부과함으로써 견제를 노골화하기 시작했습니다. 물론 그전부터 트럼프처럼 대놓고 하지는 않았지만, 관세로 견제하는 분위기가 당연히 있었고요.

그러니까 트럼프만 중국에 대한 제재(라고 말하지만 사실은 견제를 넘어 억제)를 주장한 게 아니라는 거죠. 바이든 대통령 역시 중국

제재를 계속 합니다. 트럼프와 다른 점은 티를 많이 내느냐 아니냐 정도이지만, 따지고 보면 처음에 엔비디아의 고성능 칩의 수출을 금지할 정도로 노골적으로 제재를 한 것은 트럼프가 아니라 바이든이에요. 트럼프 2기 때 바이든이 한 행정명령 중 유지를 한 몇 안 되는 행정명령이 '반도체 칩 수출 제한'이거든요.

'아메리카 퍼스트'라는 캠페인으로 당선된 것은 트럼프지만 바이든에게도 아메리카 세컨드라는 개념은 없습니다. 그 역시 아메리카 퍼스트는 똑같습니다. 사실 트럼프 2기 이후 다음 대통령이 누가 되어도, 또 어떤 당에서 정권을 잡는다고 해도 미국의 미국 우선주의는 항상 유지될 겁니다. 자신들이 자유무역으로 성장했다고 아직까지 믿는 미국인들도 꽤 있지만, 미국은 태생부터 지금까지 철저히 보호무역으로 성장한 나라입니다. '슈퍼 301조'라는 미국의 종합무역법은 교역 대상국에 무역이 불공정하다는 이유를 들어 보복관세를 부과할 수 있게 하는 법입니다. 예전에 FTA 협상 때부터 한국 언론의 헤드라인에 종종 등장했던 게 바로 슈퍼 301조였죠.

미국의 기술 발전 역사의 초창기를 보면 영국이 '잉글리시 온리'라는 기조를 세우고 영국 산업 기술을 지키려고 노력했지만, 미국은 영국의 금지령을 어기고 산업스파이를 활용하여 기술을 가져온 겁니다. 그리고 지금 미국 기술 패권의 시작은 제재를 뚫고 다른 나라의 기술을 가져온 (영국 기준으로는 훔쳐 온) 데에서 시작된 거죠. 아무리 통제한다고 해도 발전된 기술은 시간이 흐르면 결국 손안에 든 물처럼 손가락 사이로 빠져나가 모두에게 공유되기 마련입니다.

그리고 이런 제재가 장기적으로는 필요를 불러일으켜서, 혁신에 이르게 하는 이유가 되기도 하죠. 딥시크가 효과적인 추론 모델을 개발하게 된 것은 최신 성능의 엔비디아 칩에 의존할 수가 없었기 때문으로 한정된 자원에서 해법을 찾다 보니 기존의 방법과는 다른 방법을 모색하는 과정에서 혁신이 이루어지게 된 것이거든요.

결국 제재는 기술 선도국이 기술을 지키는 답이 아니라는 것을 역사는 알려주고 있어요. 그래서 기술 선도국들은 기술을 알려줄 수는 있어도, 선도국 위치에 같이 서지는 않겠다는 전략으로 선회하게 됩니다. 기득권은 지켜야 하니까요.

조약이 생기기 전에 움직여야 한다

한때는 핵무기 보유 여부가 강대국의 표상이 되었습니다. 비핵 보유국이 핵무기를 보유하는 것과 보유국이 비보유국에 대하여 핵무기를 양여하는 것을 동시에 금지하는 조약인 핵확산방지조약Non Proliferation Treaty, NPT이 공식적으로 인정한 핵보유국은 미국, 러시아, 중국, 프랑스, 영국입니다. 이들은 모두 UN상임 이사국이기도 하죠.

사실 이 NPT 때문에 한국 같은 나라는 핵무기 개발 능력이 있는데도, 개발을 안 하고 있는 것입니다. 공식적으로 핵무기를 가지고 있다고 인정받은 나라들은 1967년 1월 1일 이전에 핵실험을 한 국가들로, 1968년에 유엔 총회에서 채택된 NPT 이전에 개발되어서 이미 보유하고 있다고 인정받은 것입니다. 그 이후로는 이 5개국이 리드해서 전 세계적인 핵 확산을 억지하게 되죠. 그러니까 세계적인 담합으로 자신들의 핵은 유지한 채, 다른 나라의 핵을 억제하는 전략을 쓴 겁니다. 이 협약을 안 따르는 대표적인 나라가 이란이나 북한이거든요. 미국은 이들 나라의 경제제재를 통해서 핵무장을 해제하려고 노력했지만, 결국 실패로 끝납니다. 이란은 여전히 핵무기를 개발 중이지만, 북한은 이미 가지고 있는 것으로 여겨지고 있죠.

세계적인 최빈국에 속하는 북한이지만 핵을 가졌다(고 추정된다)는 이유로 전 세계적인 주목을 끌 때가 많습니다. 트럼프가 한국과의 대화에는 그다지 관심이 없어 보이지만 '북한과의 대화는 관심이 있다'라고 종종 이야기하는 이유가, 전 세계가 위협적으로 느끼는 핵을 해결해서 노벨평화상을 노리는 것이라는 관측도 있죠.

이런 핵이 가지는 무기로서의 상징성을 앞으로는 AI가 가지게 될 수도 있습니다. AI로 무장한 살상용 무인 드론이나 전투형 로봇 같은 형태까지 안 가더라도, 기본적으로 모든 무기들을 AI로 업그레이드시킬 수 있죠. 그리고 전쟁 중에 핵무기를 쓰려고 해도, 적국이 AI로 해킹해서 그 과정을 무력화시키면 발사도 못 해보고 항복을 해야 할 수도 있습니다.

만약 AI가 무기에 쓰이게 된다면 그야말로 〈터미네이터〉 영화가 그렸던 킬러 로봇이 현실이 될 수 있습니다. 목표로 설정된 사람이 실제로 움직임 정지 상태에 이르게 하기 위해 여러 가지 방법을 스스로 찾아내 실행할 수 있는 게 AI가 적용되는 AI 군사 시스템일 겁니다. 얼마든지 악용될 수 있겠죠. 국제적 테러나 요인 암살 같은 영화에서나 볼 법한 오더가 실제 실현될 수도 있어요. 그런데 그런 지경까지 가면 NPT처럼 AI무기화방지조약 같은 것이 생길 수도 있거든요. 그런데 핵의 사례를 보아도, 이 조약이 생기기 전에 무기화를 한 나라라면 그것을 인정받을 수도 있어요.

트럼프가 파리 협정에서 빠진 이유

그러고 보면 무기조약 같이 직접적인 형태가 아니더라도 선진국들은 다양한 제재를 통해서 후발 주자들의 발을 묶습니다. 핵심은 자신들이 차지한 기득권을 나눠 갖지 않겠다는 거죠. 물론 대놓고 '우리만의 경쟁력을 독점하기 위해서' 같이 노골적인 욕망을 드러내지는 않아요. 다른 명분을 앞에 놓는데요, 그 명분들이 비판하기에도 망설여지는 좋은 것들입니다. 대표적으로는 세계 환경 문제, 인권 문제 같은 것들이죠.

예를 들어, 파리협정Paris Agreement은 기후변화 대응을 위해 2015년 12월 12일, 프랑스 파리에서 열린 제21차 유엔기후변화협약 당사국총회COP21에서 채택된 국제 협약입니다. 이 협약은 산업혁명 이전 대비 지구 평균 온도 상승을 2℃ 이하, 가능하면 1.5℃ 이하로 유지하는 것을 목표로 합니다. 선진국뿐만 아니라 개도국을 포함한 모든 국가가 온실가스 감축 목표를 설정하고 이행해야 한다고 규정하고 참여를 유도했죠. 파리협정은 기후변화 대응을 위한 국제사회 최초의 글로벌 합의이며, 선진국과 개도국이 함께 온실가스 감축에 나서도록 한 역사적인 협약입니다. 그런데 지구 환경을 보호하기 위한 이렇게 좋은 협약이 사실은 선진국의 기득권 유지를 위한 수단이 될 수도 있다는 분석이 있습니다.

파리협정은 모든 국가가 온실가스 감축 목표NDC를 제출하도록 의무화하지만, 이는 이미 산업화가 끝난 선진국과 아직 개발 중인 개도국이 같은 규제를 받는다는 문제가 있어요. 선진국은 이미 20

세기에 '탄소 뿜뿜' 하면서 공업화와 경제 성장을 완료한 상태라는 거죠. 탄소 감축이 가능해요. 반면 개도국은 이제 산업화를 하고 있어서 탄소 배출이 불가피한데, 탄소 감축 의무가 생겨서 성장에 제한을 받게 됩니다. 필요한 만큼 공장을 짓고 가동하는 게 불가능해지는 거죠.

그리고 파리협정 이후, 탄소 배출권 거래제Emissions Trading System, ETS가 활성화되었습니다. 이는 기업이 온실가스를 일정량만 배출할 수 있도록 하고, 초과 배출을 원할 경우 배출권을 구매하도록 하는 제도인데요, 부유한 선진국 기업은 아무 문제가 없습니다. 필요하면 탄소 배출권 사서 사용하면 되니까요. 하지만 개도국의 중소기업이 탄소 배출권을 구매해서 사용해버리면, 비용이 올라서 가격 경쟁력이 약해질 수밖에 없죠. 결국 돈 있는 나라, 돈 있는 기업만 살아남는 구조가 될 수 있는 거예요.

2026년서부터 도입 예정인 탄소국경세Carbon Border Adjustment Mechanism, CBAM는 탄소 배출량이 높은 제품을 생산하는 국가(특히 개도국)에서 EU로 수출할 때 추가 세금을 부과하는 제도입니다. 이로 인해 개도국의 철강 · 시멘트 · 화학 · 배터리 산업이 타격을 받을 것이라는 전망이 강하죠. 선진국 기업들은 자국 내 친환경 제품을 강조하며 시장에서 유리한 위치를 차지합니다.

이런 구조하에서 개도국에서 선진국이 되는 것은 그야말로 '낙

타가 바늘구멍에 들어가는 것'보다 어려운 일이 되어 가고 있죠. 사실 파리협약 이전에 비슷한 역할의 1997년 교토의정서가 있었는데, 한국은 5년이나 지난 후인 2002년에 이 교토의정서에 가입했어요. 선진국을 대상으로 한 탄소 감축에 대한 협약이었지만, 막 떠오르고 있는 한국도 감축 압박이 있었기 때문에 가입하지 않은 겁니다. 이때만 해도 한국은 개도국과 선진국 사이 어디쯤의 약간 애매한 위치였거든요. 그리고 당시 한국의 주요 산업은 제조업, 철강, 반도체 같은 것들이었는데 (사실 지금도 그런 편이지만) 에너지 다소비형 산업이었기 때문에 감축 의무 부담이 클 것으로 예상되면서, 눈치를 본 것이죠. 국제에너지기구IEA의 공식 통계에 의하면 2000년 기준으로 한국의 연간 이산화탄소 배출량은 4억 3,400만 톤으로 세계 전체 배출량의 1.8%를 차지하며 세계 9위였습니다.[28] 가입해서 괜히 압박을 받느니, 가입 안 하고 버티는 게 낫다는 산업 성장 위주의 판단을 한 거예요.

최근 미국이 트럼프 2기를 맞이하여 다시 파리협약을 탈퇴했는데, 그건 탄소 감축이 개도국을 선진국으로 진입하지 못하게 하는 방지턱 역할을 하여 미국에 주는 이익보다, 미국이 이 방지턱 때문에 질주하는 트럭을 서행해야 하는 손해가 더 크다고 판단했기 때문입니다. 석탄, 석유는 미국 전통 산업이라고 할 수 있고, 최근에는 셰일 가스 혁명으로 세계 최대 에너지 생산국이 된 게 미국이거든요. 그리고 공화당의 전통 지지층 중 이 석탄, 석유 산업으로 부자가 된 사람이 많다는 것(예를 들어 아버지 부시, 아들 부시가 대통령을 한 것으로 유명한 부시 가문은 텍사스의 대표적인 석유 부자 가문입니다.), 또 중서부·남부 지역 제조업·석유 산업 노동자들의 지지를 확보하기에 유리했다는 것 등이 트럼프가 파리협약을 탈퇴한 이유 중 하나가 되죠. 표를 얻기 위한 전략입니다.

탄소협약 같은 것은 지구를 살리기 위해 많은 나라가 도덕적, 윤리적 선택으로 지켜지는 고귀한 약속 같은 느낌인데, 이런 측면에서 보면 선진국들이 그들의 카르텔을 유지하기 위해 전 세계에 쳐 놓은 그물 같은 것일 수 있겠구나 싶습니다. 게다가 필요하다 싶으면 지키지 않고 빠지면서 자신들의 이익을 극대화시키는 대로 쉽게 걷어버릴 수 있는 아주 유연한 그물이죠.

AI 기득권 존

세계적으로 AI 윤리를 합의하고, 개발 제한에 대한 가이드라인에 합의하는 것이 필요하다는 이야기들이 나오지만 전 세계적인 협약에 대한 구체적이고 특별한 움직임은 많지 않습니다. 자신들이 기득권 입장에서 빠르게 개발한 이후에 후발 주자들이 그만큼 따라오지 못하게 막아설 필요가 있을 때, 기득권을 가진 나라들을

AI 기득권 존을 형상화한 그림

주축으로 이런 논의들이 이루어질 가능성이 많아요. 그동안 전 세계의 흐름을 보면요. 그런데 아직 AI는 어떤 나라가 압도적 기술에 올랐다는 것이 없죠. 미국이 그럴 수 있을 줄 알았는데, 중국의 딥시크가 오픈 소스를 표방하고 나서면서 전 세계 AI들의 평균 성능이 올라가게 생겼거든요. 그래서 당분간 제한 없는 개발 경쟁은 계속될 겁니다. 일단 빠르게 앞서가서 기득권 존에 도달한 후에, 거기에 도달한 나라 몇 개만 마감치고 그 후에 국제 협약으로 다른 나라들이 개발하려는 AI에 족쇄를 채우려 하겠죠. 그동안 전 세계의 흐름을 보면 말이죠.

트럼프 대통령이 2기 취임하자마자 서명한 행정명령 중 하나가 바로 2023년 10월 조 바이든 전 대통령이 AI 개발자를 위한 핵심 안전 및 투명성 요구사항을 구현하라는 내용의 행정명령을 폐지한 것입니다.[29] 이 제한으로 인해 AI 기업들이 지키는 최소한의 가이드라인이 없어진 거예요. 일단 개발, 무조건 개발 모드가 된 것입니다. 지금보다 더 빠른 속도의 AI 개발이 예고된 상황이죠.

시간적 인접성에 불과한 우연인지, 의도된 인과인지 알 수는 없지만 이 행정명령 이후에 구글에서는 AI에 관한 윤리 지침을 업데이트하면서 AI를 무기나 감시에 사용하지 않는다는 조항을 삭제합니다.[30] 업데이트 이전에는 분명히 무기, 감시, 전반적인 피해를 유발하거나 유발할 가능성이 있는 기술, 국제법 및 인권 원칙에 위배되는 사례 등 4가지 분야에는 AI 기술 사용을 추구하지 않는다고 명시했었는데, 이게 사라진 거예요.

선진국들은 윤리적이지 않습니다. 윤리라는 때깔 좋은 포장지로 기득권이라는 알맹이를 싸서 그럴듯하게 보이게 만드는 것뿐입니다. AI가 그런 포장지에 싸이기 전에 세계 각국은 AI 기득권 존에 들어가기 위해서 전력을 기울일 거예요. 그게 앞으로 몇 년의 세계입니다(20세기 들어 열강들이 제국주의를 포기한 것은 제국주의가 정치적, 경제적으로 효과적이지 않아서 그런 것이지, 윤리적이지 않아서라는 이유는 아니었어요).

딥시크와 챗GPT의 개인 정보 보호 이슈가 다르게 전개되는 이유

AI는 인프라와 마찬가지입니다. 무인항공기, 자율주행차, 공작기계, 로봇 등에도 AI는 들어갑니다. 신약을 개발하거나 리튬 배터리의 효율적 설계에도 AI의 도움이 크죠. AI는 모든 산업에 적용되어 그 산업을 발전시키는 초석이 돼요. 직업, 직무의 모습도 다르게 만들고, 일상도 뒤흔들어 놓습니다. 그래서 앞으로의 기술 패권은 AI에 의해 좌우될 수밖에 없죠. 전통적으로 기술 패권을 잡은 나라가, 세계적인 패권국이 되고요. 말하자면 국·영·수 잘하는 사람이 결국 전체 성적이 좋다는 거죠. 가끔 암기 과목 잘해서 전체 성적을 좋게 받는 사람도 있지만 (중동처럼 석유 자원이 많은 나라들) 예외적인 경우입니다.

미국이 중국을 견제하기 위해서 (치사하지만) 엔비디아 칩까지 막아가며 노골적으로 방해를 했던 것도, 사실은 늘 미국이 하는 일인 겁니다. 2인자 죽이기죠. 달라지는 것은 어떤 이유를 대느냐 하는 것인데, 중국에 대한 미국의 공격은 '개인 정보 이슈'입니다. 중국 앱이나 프로그램은 개인 정보를 다 무단으로 수집해서 가져가 이용한다는 거죠. 그러한 개인 정보 문제로 틱톡을 금지하고 미국 기업에 팔게 유도하기도 했잖아요.

딥시크에 대해서도 마찬가지여서 당장 미 해군과 국방부, 텍사스주는 딥시크 사용 금지를 하고 나섰습니다. 조금 더 나아가 AI 미국 기업들이 딥시크를 금지해 달라고 정부에 청원을 넣을 것으로 예상하는 사람도 있습니다.[31] (미국 앱스토어 다운로드 1, 2위를 다투는 개인들의 움직임과는 배치되긴 하죠.)

그런데 기억력이 좋으신 분이라면 문득 2년여 전의 상황이 마치 데자뷔처럼 떠오르시는 분도 있을 겁니다. 챗GPT가 처음 나왔을 때와 거의 유사합니다. 그때도 챗GPT가 개인들의 정보를 다 빼간다면서 한국의 공공기관에서 사용 금지 공문이 돌 정도였어요. 기업들은 보안 이슈 때문에 내부에서는 챗GPT 사용을 금지했다고 보도자료를 내기도 했고요.

그런데 지금은 너도나도 챗GPT를 도입하기 위해 애씁니다. 샘 올트먼이 한국에 오니 대기업 총수들이 이 젊은이를 만나려고 시간 약속을 변경하고, 줄 서서 사진 찍거든요. 그사이 챗GPT의 글로벌 영향력이 커지기도 했고, 또 오픈AI를 중심으로 글로벌 동맹이 형성되려고 하다 보니, 이 안으로 들어가는 게 비즈니스나 주가 면에서 도움이 되기 때문이죠.

그러면 챗GPT가 우리의 정보를 가져가 AI 데이터로 쓸 수 있다는 위험성은 이제 해결이 된 것일까요? 아닙니다. 여전히 챗GPT는 우리가 나눈 대화, 정보들을 자신의 업그레이드에 사용하고 있습니다. 기업이나 조직 고객사들은 계약을 통해 정보 보호의 담을 쌓아줄 수 있는데, 개인들에게까지 그런 담을 약속하진 않아요. 그러면 AI 모델을 훈련시킬 수가 없으니까요. 특히 무료로 쓰는 사람도 상당한데, 그 이용자들에게 데이터라도 받아야 하니까요.

딥시크에 대해서 개인 정보 보호 이슈, 보안 이슈로 세계 각국에서 주의 경고나 심지어 사용 금지에 대한 움직임들이 나오고 있어요. 그런데 따지고 보면 딥시크가 수집하는 정보나 챗GPT가 수집하는 정보나 그렇게 많은 차이가 나는 것은 아니에요. 사실 정확하게 이들이 어디까지 정보를 수집하는지 모르죠. 물론 약관에 범위에 대해서 나오지만, 그 약관대로만 하는 것일까, 아니면 약관에 쓴 정보 이상 수집을 하지만 이용하지는 않는 것일까, 그런 세부적인 것에 대해서는 빅테크 업체들은 알려주지 않습니다(예를 들어 2024년에 미국의 마케팅 회사인 콕스 미디어 그룹의 공개된 홍보 자료에 스마트폰 마이크로 음성 데이터를 수집해 맞춤형 광고를 만들었다는 내용이 적혀 있었습니다. 그런데 이 회사의 고객사가 구글·아마존·페이스북이었어요. 그리고 같은 해에 애플이 아이폰으로 이용자 음성을 수집하고, 이를 맞춤형 광고에 활용했다는 내용으로 소비자들에게 집단소송을 당하기도 했는데, 9,500만 달러를 지급하고 합의하기로 했다고 하죠.[32] 공식적으로 여전히 그런 일 없다고 부인하기는 하지만 합의는 한 겁니다).

그러니 개인 정보가 어느 정도 디바이스나 개발사에 보관된다는 것은 미국 기업 역시 마찬가지인 거예요. 사실 딥시크에서 문제가 되는 것은 이렇게 저장된 개인 정보를 중국 내 서버에 보관한다는 것입니다. 중국이 민주주의가 아닌 공산주의라는 것이 여기서 문제가 되는 것인데요, 기업의 서버를 중국 정부가 필요하면 들여다보고 이용할 수 있게 되어 있다는 거예요. 과거에 미국에서는 애플 아이폰의 잠금장치 해제를 두고 논란이 인 적이 있었죠. 2016년에 미국 연방수사국FBI이 테러사건 용의자의 아이폰 암호를 풀지 못하자, FBI는 법원에 애플의 협력 필요성을 요청했고, 그 요청을 받아들인 법원은 애플에 협력을 명령했습니다. 하지만 애플은 '해제 불가'를 천명했고, 미국의 빅테크들과 시민단체들은 이런 애플의 정책을 지지하고 나섰습니다.[33] 결국 애플은 "어떠한 경우에도 사용자의 개인 정보는 보호돼야 한다"며 FBI에 협조하지 않았고, FBI는 외부 해커 기관을 통해 아이폰 보안을 해제했다고 주장했었죠.[34]

미국 빅테크 기업들도 개인 정보를 수집하지만, 그것들을 외부적으로 유출하거나 잘못 이용하게 되면 징벌적 손해배상 제도 때문에 천문학적인 배상금을 물어야 할 수 있습니다. 그래서 관리에 만전을 기하게 됩니다. 그리고 무엇보다 민주주의 국가에서는 빅테크들이 수집한 정보를 국가의 요구에도 내어주지 않을 수 있다는 겁니다. 이런 부분에서 미국의 서버에 있는 개인 정보는 상대적으로 안심이 된다는 거예요.

한국만 해도 국가 안보의 위급 상황이니 정보를 내놓으라고 하면 내놓는 기업도 있을 겁니다. 특히 법원의 명령까지 받았다면요. 그런데 중국의 서버에 있는 정보는 필요하면 언제든지 중국 정부가 활용할 수 있다는 거니까, 이런 면에서 보안 이슈가 생긴다는 것이죠.

양쪽으로 모이기 시작하는 움직임

중국의 딥시크를 우선적으로 사용 금지한 곳들은 주로 공공기관 같은 곳들인데, 나라로 보면 대만이나 일본, 미국, 한국, 호주, 이탈리아 같은 나라들입니다. 말하자면 중국에 우호적이지 않은 나라들이 먼저 공공기관에서는 안 된다는 기조를 발표했다는 거죠. 한국 같은 경우는 이에 발맞춰서 은행, 기업들도 동참하는 분위기로 가고 있습니다.

이런 면에서 보자면 결국 진영이 갈라지기 시작하는 것이라고 볼 수 있겠죠. 만약 미국과 중국이 양쪽으로 AI 존의 깃발을 꽂아 놓고 세계의 나라들에게 헤쳐모이라고 한다면 (말하자면 제2의 냉전 같은 느낌으로), 반미 성향이 강한 나라는 중국 쪽으로 모이고, 반중 성향이 강한 나라는 미국 쪽으로 모일 겁니다. 경제적 이익에 따라

붙는 경우도 있겠고요.

대표적으로 2025년 들어 러시아의 푸틴 대통령은 중국과의 AI 분야 협력 강화를 천명하고 나섰습니다. 러시아의 글로벌 AI 지수는 31위로 상당히 뒤처져 있거든요.[35] 특히 서방측 제재로 인해 GPU를 확보하지 못하는 것에 가장 큰 어려움을 겪고 있다고 합니다. 그래서 푸틴은 브라질·중국·인도·남아프리카 등 브릭스BRICS 회원국들과 'AI 연합 네트워크'[36]를 만들어 풀어나가자고 제안한 것입니다.

바람직한 오픈 소스의 중국이지만, 왠지 바람직하지 않은 느낌

아직은 그런 압박이 없지만 한국으로서는 이 양강 체제에서 양자택일의 상황이 온다면 어느 쪽에 서야 할 것인가도 고민거리 중이 하나입니다. 지금의 상황에서는 중국보다 미국에 조금 더 가깝지만, 사실 10여 년 전만 해도 중국과 미국 사이의 선타기를 통해서 국익의 최대치를 뽑아내는 실리 외교를 하기도 했었단 말이죠. 논란은 있었지만 2015년에 보수당에서 나온 대통령이었던 박근혜 전 대통령이 중국의 전승절에 참가하면서 균형외교, 실리외교라면서 국민들에게 호평을 받기도 했었습니다.[37]

어쩌면 AI 패권 전쟁에서는 이러한 균형감이 필요할 수 있습니다(실제 패권이 아닌 AI 패권이기 때문에 조금 더 자유롭기도 하죠). 딥시크에 대한 경계심은 사실 중국에 대한 경계심이라는 말과 같죠. AI에서 매우 앞섰다고 자신했던 미국은 중국의 AI가 생각보다 턱밑까지 쫓아온 것을 보고 당황하는 분위기입니다. 딥시크에 대한 의심과 깎아내리기 같은 것들이 일어나고 있는데요, 딥시크가 발표를 과장했다 하더라도 중국이 분명히 미국만큼의 AI 잠재성이 있음이 여기저기서 확인되고 있습니다.

특히 미국은 빅테크 기업 위주의 AI 생태계가 전개된다면, 중국은 스타트업 위주의 생태계가 오픈 소스를 기조로 전개되고 있어서 훨씬 건전한 편이죠. 지금 같은 추세라면 둘 중에 인류 발전에 보다 도움이 될 방향으로 전개되는 것은 중국 쪽입니다. 미국의 AI 생태계라면 돈을 벌기 위한 갖가지 상품이 나올 거예요. 하지만 중국은 '여기까지 우리가 했고 방법을 알려 드릴게요'라는 오픈 소스를 표방하고 있기 때문에 지식을 공유하기 위한 생태계인 거죠.

그러니까 한국 입장에서 보자면 중국 AI 생태계가 더 바람직합니다. 그쪽의 기술이 발달할수록 전부는 아니더라도 우리가 같이 공유할 지식이 많아지는 거예요(미국 쪽 AI 기술이 발달할수록 우리가 지불할 돈이 많아지는 거고요). 그런데도 선뜻 중국 진영의 AI 존으로 걸어 들어갈 수 없는 것은 그것의 본류가 중국이기 때문이죠. 중국도 말이 공산국가지 막상 가보면 굉장히 자본화되었다는 생각이 많이 들긴 하거든요. 그럼에도 공산당의 정권 유지나 시진핑 체제에 대한 이야기로 들어가면 인권이고, 개인 정보 보호고 뭐고 없는 막무가내인 모습을 보여줍니다. 공산 체제에 대한 비판을 했다가 연락 두절되었다는 중국 유명인들의 이야기도 종종 들리죠. 알리바바의 창업자 마윈은 스티브 잡스에 비견되어 승승장구하다 중국 당국과 대립하여 결국 알리바바 일선에서 물러나게 되기도 했습니다(지금은 도쿄대에서 객원교수로 지낸다고 하는데, 다시 일선 복귀에 대한 분위기가 피어오르고 있기는 합니다).

이러한 중국의 이미지가 있다 보니, 자신의 정보가 중국 공산당에 의해 이용된다고 생각해, 자신이 사찰 대상이 될 만한 요주의 인물이 될 리가 없는데도 불구하고 찝찝한 생각이 드는 것은 어쩔 수가 없는 거죠. 그리고 인권이나 환경, 또 저작권 같은 부분에서 보이는 중국의 행태에 대해서 동의할 수 없는 가치적인 부분도 분명히 있고요.

예전에 김연아 선수가 세계적 피겨 스케이팅 챔피언으로 활약할 때, 김연아 선수의 유일한 약점은 국적이라는 말이 있었죠. 단순히 농담만은 아니었던 것이 실제 대회에서 잘했는데도 석연치 않게 심사에서 불이익을 받는 경우가 종종 있었어요. 개최국 러시아 선수에 밀려 소치 올림픽에서 금메달 실력을 보여줬음에도 은메달을 딴 일도 있었죠. 어떻게 보면 지금 세계적인 비즈니스를 펼쳐야 하는 중국 AI 기업들의 입장에서 보면, 치명적인 약점은 국적이라고 볼 수도 있겠습니다.

AI 양강 체제에서 참전하려면…

AI를 둘러싼 기술 패권은 결국 미국과 중국의 진영 싸움이 될 가능성이 많아졌어요. 미국 vs 소련에 이은 제2의 진영 구도인데요, 이미 이런 싸움에 경험이 있는 미국은 중국이 반대쪽 진영을 차지하지 못하게 하기 위해 여러 가지로 노력했지만, 오히려 그런 제재를 가할수록 상대방을 더욱 빨리 링에 오르게 하고 있습니다.

미국의 노골적 제재가 아니었다면 중국의 AI 진영이 이렇게나 부각되지는 않았을지도 모릅니다. 흔히 결핍과 필요가 딥시크의 스푸트니크 모멘트를 만든 것이라는 분석도 하죠. 필요하다고 알려진 칩을 구하기 힘들고, 스타트업 수준에서 끌어다 쓸 수 있는 돈은 한정되어 있었고, 개발 경력이 있던 실리콘밸리의 노련한 인력들을 쓸 환경도 안 되었죠. 여기서 새로운 시도가 나온 겁니다.

그리고 중국 AI 기업들은 분명한 장점도 있었어요. 국가적 지원을 받을 수 있어, 데이터 사용이 미국보다 자유롭고, 또한 전력이나 에너지 사용 문제 같은 것들에서도 도움을 받을 수 있죠. 중국 정부 차원에서 (세계적으로 걱정거리인) 중국 정부의 정보 통제에 대한 권리를 포기하고, 스타트업들을 날아오르게 한다면 상당히 빠르게 중국 AI 진영은 양강 체제의 한 축으로 자리 잡을 수 있을 것입니다. 하지만 이게 가장 실현하기 힘든 조건일 수도 있거든요.

하지만 중국 스타트업들이 지금의 개발 추세를 유지하며 오픈 소스 기조까지 같이 유지한다면, 우리나라에도 큰 도움이 되는 상황은 분명합니다. 중국이 이런 기조이기 때문에 미국 빅테크들도 마지못해 오픈 소스를 할 듯한 움직임을 보이고 있긴 하지만, 미국 기업들은 핵심적인 상업적 매력에 대한 소스까지 공개하지는 않을 거거든요(투자자들이 가만있지 않습니다). 그러니 미국에만 의지하면 돈이 너무 많이 들게 뻔하고, 그렇게 되면 결국 개발보다는 주는 것을 받아서 쓰게 되는 식으로 대리점 역할밖에 못 하게 돼요.

우리로서는 최대한 중국 AI 진영에서 좋은 것만을 골라 취하는 전략으로 미국과 중국 사이에서 밸런스를 맞춰가며 AI 패권 전쟁에서 실리를 취하는 것이 보다 현명한 길이겠습니다.

AI 주권 수호국, 패권 도전국 등 한국과 다른 나라들의 전략

야! 나두

미국은 AI 패권에 있어 세계 일강 체제를 공고히 하고 싶었죠. 기술 1티어가 결국 글로벌 파워에서도 1티어를 차지하는 것을, 컴퓨터, 스마트폰 시대를 거쳐 오면서 확실하게 알았으니까요. 새롭게 바뀌는 세계의 패러다임에서 그 패러다임의 사각형 틀을 자신들이 가진 기술로만 꽉 차게 만들고 싶었을 겁니다. 하지만 적어도 사각형 프레임의 한 면 정도는 받아 가겠다면서 중국이 등장을 했어요. 미국은 중국의 부상에 지금 바싹 경계를 한 상태입니다(트럼프 대통령이 급하게 젠슨 황과 독대해서 중국에 엔비디아 칩 수출을 제한하는 건에 대해서 이야기를 나눴다고 하죠[38]).

하지만 미국이 착각하는 것 중 하나는 중국만 경계하면 다른 나라들은 아직 그렇게까지 위협이 안 된다고 생각하는 것입니다. 물론 그 판단이 맞았지만 그것은 AI 개발에 엄청난 자금과 기술의 도달이 있어야 한다고 생각하던 때의 판단이죠. 생각보다 적은 자본에, 공개된 기술 바탕 위에 거기서부터 도전할 수도 있겠다는 딥시크 모멘트가 있은 뒤에는 조금씩 바람의 방향이 바뀌고 있어요.

당장에 한국에서 '추격조'라는 워딩이 나왔습니다. 딥시크 이후 과학기술정보통신부가 주최한 '국내 AI 산업 경쟁력 진단 및 점검 회의'에서 '연내 우리나라에서 중국의 딥시크 같은 회사 10개를 만들 수 있는 방법'이라면서 3년간 한국 데이터를 다 가져다 쓰고, 정부가 GPU 10,000개를 확보해서 5개 기업에 몰아주고, 오픈AI나 앤스로픽의 핵심 개발자를 데려오는 데 연봉 지원을 해주면 가능하다는 주장이거든요.[39]

실현 가능성은 제로를 넘어 마이너스에 수렴하는 이야기이긴 합니다. 그냥 기술자들이나 학자들의 바람인 것뿐이죠. 사회, 정치, 문화 등을 다 고려해야 합니다. 당장 네이버조차도 네이버 데이터를 다 쓰지 못합니다. 1년 반 전에 중국 알리바바의 AI 큐원Qwen 때만 해도 한국과 실력이 엇비슷했는데, 그사이 큐원은 알리바바의 데이터를 자유롭게 이용했기 때문에 지금 같은 격차가 생겼다고 합니다. 그러니까 '3년간 한국 데이터를 다 가져다 쓴다'라는 것은 흔히 말하는 '공산당처럼' 해야 된다는 거예요. '개인 정보 보호보다 국가 이익이 우선이니 무조건 개인 정보 제공하고 안 그러면 잡아넣겠다'는 식의 전체주의적 사고가 가능해야 하는데, 우리나라의 시민의식은 그런 사고를 용납할 만큼 뒤처져 있지는 않습니다.

정부가 직접 예산을 투자해 GPU를 확보하거나 개발자들의 연봉을 지원하는 일을 하면, '세금을 왜 사기업에 지원하는가?' 하는 시민단체의 문제 제기부터, '그 5개 기업이 어디인가?'라는 사기업 자체들의 문제 제기까지(말하자면 '왜 대기업에만 지원하는가? 특혜다' 같은 이야기), 현실적인 반박과 저항에 부딪힐 일이 한두 개가 아닙니다. 딥시크만 해도 창업자인 량원펑이 주식거래로 쌓은 부를 투자해서 만든 회사이지, 중국 정부가 직접 투자한 것은 아니거든요.

엔지니어적 입장에서야 이런 지원만 있으면 기술적으로 우리도 할 수 있다는 자신감과 상황판단이 있어서 나온 말이겠으나, 정치적, 사회적 그리고 현실적으로 보면 어려운 일임에는 틀림없습니다. 하지만 이런 '추격조' 발언에서 한 가지 주목해야 할 포인트가 있습니다. '추격이 가능하다고 여기는 상황판단'이라는 것이죠.

딥시크 이전에는 AI는 미국의 빅테크 같이 엄청난 자금을 동원할 수 있는 곳에서만 할 수 있는 일이라는 인식이 분명히 있었어요. 딥시크가 공개되는 시기에 거의 비슷하게, 트럼프 2기 취임에 맞춰서 오라클·오픈AI·소프트뱅크 합작으로 데이터 센터에 5,000억 달러를 투자하는 스타게이트 프로젝트 공개가 되었잖아요. 이런 발표를 보면서 세계인들은 데이터 센터 짓는 데 저 정도라면 '전체적으로는 돈이 얼마나 든다는 거야?'라고 생각하지 않을 수 없었고, 그래서 두 가지 생각으로 이어지게 되었죠. 하나는 '저 돈이 주로 엔비디아로 갈 테니 엔비디아 주식을 사야겠다'와 또 하나는 'AI 경쟁에 나서기는 힘들겠다'라는 생각이었습니다.

그런데 딥시크는 그 생각을 바꿔버린 거예요. '그렇게까지 돈이 많이 들지 않을 수도 있겠다'는 것이죠. 게다가 딥시크는 자신들의 기술을 오픈 소스로 풀어버렸으니, 후발 주자라도 여기까지 도달하는 데 드는 비용은 어느 정도 세이브된 거나 마찬가지거든요.

딥시크 쇼크로 주식 시장에 일어난 재미있는 현상이 있었는데요, 엔비디아가 16.97% 폭락하기도 했지만[40], 한국의 네이버 주식이 하루 동안 6%가량 올랐다는 겁니다.[41] 그 하루 동안 딱히 네이버가 한 게 없는데도 중국 스타트업이 했으면 네이버 정도 되는 기업도 할 수 있는 거 아닐까 하는 대중의 기대감이 반영된 수치였던 거죠.

딥시크의 진짜 의의는 전 세계에 '야 나두!'라는 충격적 진실을 알린 겁니다. 잠깐 포기하려고 했던 AI 경쟁에 '우리도 할 수 있겠다' 싶은 자신감과 현실적 가능성을 보여준 거예요.

AI 선도국은 아니고 상위 25%의 안정적 경쟁국인 한국

이제 세계는 다시 AI계의 오징어 게임에 뛰어들었습니다. 참가 허들이 좀 낮아졌다는 생각이 들었거든요. 기술 패권을 가져가고 싶은 나라뿐 아니라, 나름의 AI 기술 자강력을 키우려는 나라까지 조금이라도 가능성 있는 나라들은 이 패권 경쟁에 뛰어들게 되었어요.

딥시크 발표 열흘 만에 프랑스 인공지능 스타트업인 미스트랄 AI Mistral AI는 지연 시간을 최적화한 240억 매개변수parameter 규모의 AI 모델 '미스트랄 스몰 3Mistral Small 3'를 공개했습니다.[42] 이 모델 역시 GPT-4o 미니GPT-4o-mini와 같은 폐쇄형 모델을 대체하기 위해 오픈 소스를 채택하고 있어요. 이 모델을 발표하고 일주일 정도 있다가 미스트랄은 바로 자체 챗봇 르 샤Le Chat의 모바일용 애플리케이션을 출시하며 최신 버전을 공개했습니다. 이 챗봇은 세계에서 가장 빠르고 지연이 적은 미스트랄 AI 모델과 초고속 추론 엔진을 기반으로 작동해 다른 챗봇보다 더 빠르고 논리적으로 사고하고 반응한다고 합니다.[43] 프랑스 챗봇인데도 한국어를 지원하

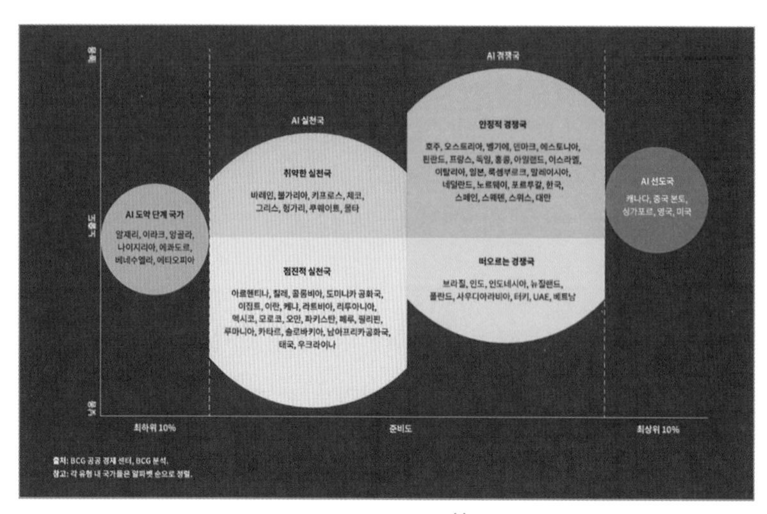

보스턴 컨설팅 그룹이 분류한 AI 채택 국가별 유형 분포[44]

기 때문에, 한국 사람들도 무료로 이용할 수 있습니다. 한국어로 직접 써 봤는데 확실히 결과가 빠르고, 한국어에 어색함이 전혀 없습니다. 전 세계를 겨냥하고 나온 제품이라는 거죠. 게다가 'AI 민주화'를 지향하고 있는 미스트랄은 대부분의 기능을 무료로 제공하는 것을 택했거든요.

이런 AI 모델을 공개한 프랑스가 사실은 AI 선도국으로 분류되는 국가는 아닙니다. 2024년 말에 보스턴 컨설팅 그룹이 전 세계 73개국을 대상으로 AI 성숙도 매트릭스를 작성했습니다. 이에 의하면 AI 선도국은 미국, 중국, 캐나다, 싱가포르, 영국 등 5개 국가이고, 한국이나 프랑스, 독일, 일본, 호주, 대만 같은 나라들은 상위

25%의 안정적 경쟁국으로 분류되었습니다.

하지만 이런 순위는 기껏해야 지금 상태를 나타낼 뿐, 앞으로 2~3년 내의 예측과는 관계가 없습니다. 1년 반 정도 전에 한국과 중국의 AI 기술력이 큰 차이가 없었다는 진단이 사실이라면, 불과 1년 반에 차이가 벌어졌다는 것이고, 다시 이야기하면 앞으로 1년 반 이후에는 또 어떻게 차이가 나고 기술이 발전할지 모른다는 이야기예요. AI가 자기 축적형 기술이라면 먼저 앞서간 기업이나 나라들이 유리하겠지만, 오픈 소스로 AI 기술을 전 세계가 공유한다는 지향점을 계속 유지한다면 시작하는 나라라 해도 제로 베이스에서 하는 게 아니거든요.

실제로 프랑스 미스트랄 AI는 처음부터 오픈 소스로 시작을 했기 때문에, 딥시크가 자신들의 소스도 참고했을 거라며 서로 간 좋은 영향을 끼치고 있다고 논평하기도 했습니다. 엔지니어들이 지원만 충분하면 기술적으로 지금 수준의 AI들을 금방 따라잡는다고 생각하는 이유죠.

패권 도전보다는 주권 수성에 나설 EU

안정적 경쟁국에 해당하는 나라들 중에는 EU 소속이 많죠. 그래서 미국과 중국의 2강 체제에서 3강으로 자리 잡을 것으로 예상되는 것은 한 나라가 아닌 EU라는 거대한 연합입니다. EU는 까다로운 가이드라인이 많이 존재합니다. 특히 EU는 전문 180개 항, 본문 13개 장의 총 113개 조문과 13개의 부속서로 구성된 AI를 규제하는 법을 세계 최초로 발효했고, 2025년서부터 27년까지 단계적으로 적용하기로 했습니다.[45]

EU에서 돈 벌기가 쉽지 않다는 뜻이에요. 이 까다로운 조항들에 다 맞춰야 한다는 것이니까요. 하지만 2024년 기준으로 보면 EU 지역의 명목 GDP는 19.5조 달러 정도 됩니다. 미국이 28.80조 달러 정도고 중국이 18.3조 달러 정도예요. 각각 1, 2위인데요(EU는 한 나라가 아니니까 나라별 순위에 드는 것은 아니죠), 3위가 독일입니다. 4.5조 달러 정도예요. 프랑스, 이탈리아 같은 나라들이 10위 안에 있거든요.[46] 그래서 EU 지역의 GDP를 다 합하면 거의 20조 달러 정도 되는 거죠. 미국 다음이고 중국보다 많아요. 글로벌 기업들이 이 정도의 시장을 포기할 리가 없잖아요.

그런데 EU의 AI법에 의하면 데이터 센터는 반드시 EU 안에 있어야 하거든요. 그리고 개인 정보를 보호하기 위해 여러 가지 제한된 것들이 있습니다. 미국 빅테크 기업들이 그래서 일상적으로 수행하던 기능들이 EU에서 허락되지 않으면서 미국 기업들은 EU 안에서 사업을 수행하는 데 큰 어려움에 빠졌어요. 특히 트럼프의 관세 정책에 따라 EU는 그 보복을 미국에 하기보다는 미국의 빅테크 기업들에 하려는 움직임을 보이고 있죠. 마크 저커버그는 '유럽의 엄격한 규제가 AI 투자와 혁신을 저해할 수 있다'[47]며 볼멘소리를 하기도 했고, 트럼프 대통령은 2025년 1월의 다보스 포럼 연설에서 'EU가 미국 기업에 대해 취하는 모든 움직임을 세금의 한 형태로 간주하겠다'[48]면서 명시적인 경고를 하기도 했지만 EU는 아랑곳하지 않는 분위기입니다. 극단적으로 EU는 아마존·페이스북·인스타그램·유튜브 등 인기 모바일 앱을 유럽에서 다운받지 못하는 방안까지도 검토할 수 있다고 하고 있어요.[49]

2025년 2월에 프랑스 파리에서 개최된 '인공지능AI 행동 정상회의'에서는 AI에 대한 통제를 강화하기 위해 공동성명을 채택하는 것이 목표였으나, 그건 EU의 희망일 뿐, 자국 내의 제한까지 철폐한 미국의 입장에서는 굳이 '게임의 규칙'을 정하는 데 동조할 필요가 없죠.[50] 이 시기에 샘 올트먼은 프랑스 유력지인 〈르 몽드〉 지에 'AI 규제법 시행을 위해 노력하는 유럽 규제 당국은 남들이 전진하는 상황에서 자신들의 결정이 미래 기회에 어떤 결과를 초래할지 생각해볼 필요가 있다'[51]는 도전적인 글로 EU의 규제 중심의 움직임을 비판하기도 했습니다.

그래서인지 EU는 조금 전향적인 움직임을 보이긴 했는데요, 파리 인공지능 정상회의를 기점으로 EU의 규제 완화 기조가 조금 보이기 시작했어요. 프랑스의 마크롱 대통령은 '일부 미친 규제를 없애'[52]야 한다고 이야기하기도 했죠. 미국이 AI 규제를 없앤 것과 그리고 딥시크로 인해 후발 주자들도 해볼 만한다는 자신감이 생긴 것이 이런 전향적 분위기의 원인으로 뽑히고 있습니다.

하지만 장기적으로 유럽은 그렇게 빠르게 무언가 이루어지는 나라가 아니고, 경쟁보다는 유지에 익숙한 분위기다 보니 패권 경쟁에 최고 강자가 되려고 나설 것 같지는 않습니다. 전체적으로는 보다 윤리적이고 민주적이며 환경적으로 지속 가능한 AI를 지향하는 EU는, 미국이나 중국이 나선 AI 패권 전쟁에 나서서 영토를 확장하기보다는, 스스로의 AI 생태계를 만들 가능성이 많은 시장입니다. EU 전체적으로 보았을 때, 데이터 용량 센터는 미국, 중국에 이어 세계에서 3번째로 많습니다. 그리고 EU는 특유의 연계 정책이 가능해요. 미스트랄 AI의 모델은 프랑스에서 설계되었지만, 이탈리아의 슈퍼컴퓨터에서 학습되었고, 그리고 스웨덴 데이터 센터에서 고객에게 제공됩니다.[53] 스웨덴이 다른 유럽 국가에 비해서 전기료가 저렴하거든요(독일에 비하면 60%나 전기료가 싸다고 하죠).

EU가 AI에 대한 가이드를 높게 설정하면서 빅테크 기업들은 유럽에서 비즈니스를 철수하기보다는, 이 EU에 맞는 AI를 개발해서 EU에 적용할 것으로 보입니다(포기할 정도로 작은 시장이 아니니까요). 그러니까 EU 생태계는 그 자신의 테두리 안에서 돌아갈 가능성이 있죠. 트럼프를 앞세운 미국은 이런 EU에 자국의 빅테크를 보호한다는 명목하에 계속적으로 AI 패권 도전에 위협을 가하고 있는데, EU는 사실 패권 도전이라기보다는 주권 수성에 관심이 있는 모습이긴 하죠. 미국과 경쟁해서 전 세계적인 주도권 싸움에 나선다기보다는 '나는 좀 건드리지 마' 정도라는 거죠. 그도 그럴 것이 EU는 여러 국가가 다 자국의 이익을 보호하면서 연합하는 상태이기 때문에, 국제적으로 EU라는 이름으로 주도권을 가져오려고 할 이유가 별로 없는 거예요. 그렇다고 한 나라가 치고 나가기에는 규모가 받쳐주지 않고요. 그리고 독일 같은 나라의 GDP가 전체 EU GDP의 1/4 정도 되거든요. EU회원국이 27개국인데, 한 나라가 이 정도라는 이 불균형은 사실 EU의 불안 요소이기도 합니다. 이런 불균형 때문에 영국이 EU를 탈퇴하기도 했고요.

차세대나 차차세대의 패권 도전국, 인도

AI 패권 전쟁에 긴장감을 불러일으킬 수 있는 참가자가 있는데요, 샘 올트먼이 2025년 초 일본과 한국에서 여러 가지 협력 방안을 발표한 후에 다음으로 건너간 나라죠. 바로 인도입니다. 이때 샘 올트먼은 '인도는 중요한 시장'이라면서 '지난해 인도의 챗GPT 사용자가 세 배 급증해서 미국에 이어 세계 2위였다'[54]고 밝히기도 했습니다.

인도는 이미 뉴욕타임스가 AI 경쟁의 다크호스라고 지목한 적도 있습니다. '인도는 전 세계 은행 및 제조 기업 등에 서비스를 제공하는 2,500억 달러(약 336조 원) 규모의 강력한 IT 산업을 보유하고 있다', 그리고 '전 세계적으로 AI 인재가 부족한 시점에 세계 최대 인구 대국인 인도는 약 500만 명의 프로그래머를 보유, 탄탄한 노동력을 자랑한다'라는 것이 그 근거였어요.[55]

그중에서도 AI 인력이라고 할 수 있는 AI 및 데이터 과학기술을 갖춘 인력은 2024년 기준 고용노동부 통계에 의하면 41만 6,000명으로 정도입니다. 미국이 67만 6,000명으로 1위인데, 그 뒤인 거예요. 한국의 5만 3,000명에 비하면 8배 정도가 많은 거죠.[56] 그리고 베인 앤 컴퍼니의 보고서에 따르면, 인도는 전 세계 AI 인재의 16%를 보유하고 있고. 인도의 중소기업들은 자체 인력으로 AI 기술을 발전시켰다고 합니다.[57] 말하자면 인도 중소기업들의 AI 역량이 생각보다 탄탄하다는 이야기입니다. 생각해보면 구글이나 MS 같은 빅테크 기업의 CEO들이 인도계이기도 하거든요. 구글의 순다르 피차이와 MS의 사티아 나델라 말이죠. 일찍부터 인도는 이공계 인재를 키우는 데 집중했는데 한때는 이 인력들이 수출되었지만, 이제는 이 인재들이 다 다시 인도로 유턴하고 있다고 하죠. 그래서 인도의 경쟁력은 '인ㅅ프라'라는 말도 있습니다.[58]

인도의 AI 경쟁력은 인재에 있다는 내용의 그림

그리고 인도는 지금 세계 1위의 인구를 가지고 있습니다. 통계청 자료에 따르면 인도 인구는 14.5억 정도고요, 중국이 14.2억으로 2위, 그리고 미국이 3.4억으로 3위입니다.[59] AI가 사용되는 데이터에 따라 빠르게 발전한다는 것을 생각해보면, 인도 국민들이 본격적으로 자국의 AI를 이용하게 되면 데이터는 빠르게 쌓일 것이라는 것을 알 수 있죠. 그리고 인도의 인권 의식이 강한 편이 아니기 때문에, EU 같은 선진국에 비해서는 그 데이터들을 비교적 자유롭게 사용할 수 있기도 하죠. 중국의 빠른 AI 발전에 비교적 느슨한 데이터 사용 규정이 한 요인이 되었다는 것을 생각해보면 인도 역시 그런 점에서 강점을 가지리라는 것을 알 수 있습니다.

게다가 인도의 GDP는 3.6조 달러로 세계 5위입니다. 1인당 GDP는 세계 141위에 불과하지만 워낙 인구가 많다 보니, 전체 시장의 파이는 큰 거죠. 원래부터 인도 시장은 'AI 격전지'로 불렸었는데요, 그래서 MS는 인도에 2년간 30억 달러를 투입해 AI 전문 인력 1,000만 명을 양성한다는 계획을 세웠고, 아마존도 127억 달러 투자를 약속했습니다.[60]

그런데 이렇게 잠재력을 평가받은 인도가 딥시크 모멘트에 제대로 자극받았습니다. 인도의 대기업인 릴라이언스 인더스트리는 인도에 세계 최대 규모 데이터 센터를 건설하겠다고 밝히기도 했고, AI 스타트업 유니콘인 크루트림은 딥시크 모멘트 이후 창업자가 3,300억 원을 더 투자해서 개발에 박차를 가하겠다고 하기도 했습니다.[61]

인도의 인재 역량, 그리고 대규모 인구, 무엇보다 아직 개발되지 않은 나라이기 때문에 성장 잠재력이라는 측면에서 인도는 지금보다는 차세대 패권을 다툴 수 있는 나라로 생각할 수 있습니다. 불과 몇십 년 전에 중국과 비슷한 상황이라고 할 수도 있는데, 중국은 인구와 인재라는 장점을 잘 발전시켜 지금의 기술 패권을 다투는 나라가 되었잖아요. 체제라는 불안 요소까지 안고도 말이죠. 하지만 적어도 인도는 공산국가나 독재국가는 아니어서, 하루아침에 정책이 바뀌거나 할 염려는 덜 하죠. 그러다 보니 빅테크 기업들도 차세대나 차차세대 정도들을 보면서 인도에 공을 들이는 것입니다(삼성의 이재용 회장이 종종 인도 재벌가 자제의 결혼식 파티에 보이는 것도 그냥 파티만 즐기러 가는 것은 아니라는 거죠).

패권 경쟁에 캐스팅 보드를 쥔 중동

AI 패권을 다투는 글로벌 움직임 중에 조금은 결이 다른 방향의 움직임이 있습니다. 주로 중동 국가들인데요, 대표적으로 사우디아라비아나 UAE 같은 나라들이에요. 이 나라들의 AI 방향성을 이해하려면 축구에서 일어나는 일을 보면 비슷한데요, 사우디 리그 같은 경우는 축구의 본고장이라고 할 수 있는 유럽에서 인기 있는 선수들을 엄청난 연봉으로 끌어들였어요. 하지만 사우디 리그가 그렇게 인기 있는 곳은 아니어서 아무리 엄청난 연봉을 불러도, 전성기 폼의 선수가 가긴 힘들었고, 전성기를 살짝 지나가는 스타들이 많이 향했죠.

대표적인 선수가 메시와 함께 세계 축구를 양분했던 축구 스타 크리스티아누 호날두인데요. 40이 넘은 나이지만 사우디에서 연봉으로 3,000억 원을 받고 있습니다(메시도 사우디 리그에서 2조 원이 넘는 돈을 제안받았지만 거절하고 미국 리그로 향했죠[62]). 지금은 브라질로 돌아갔지만 PSG에서 활약했던 네이마르 같은 경우는 2,255억

원이 연봉이었어요. 그 외에도 벤제마나 마네 같은 빅네임들이 사우디 리그에서 뛰고 있습니다. 2023년쯤에 한국의 손흥민 선수에게 연봉 421억을 제안했다[63]고 전해진 곳도 사우디 리그였습니다.

아무리 봐도 사우디아라비아의 리그에서 이런 연봉을 뽑아낼 만한 상업적 요소가 보이지는 않거든요. 그런데도 사우디 리그는 엄청난 돈으로 지금도 세계적 스타들에게 계속 사우디에 와서 뛰라고 유혹하고 있어요. 사우디아라비아는 왜 이런 짓을 하는 걸까요?

해답은 석유에 있습니다. 석유 때문에 돈이 많아요. 그리고 석유 때문에 초조하기도 합니다. 매장량이라는 게 있다 보니, 미래의 언젠가는 그 석유가 고갈될 것이라는 것을 알기 때문이죠. 그래서 지금 벌어 놓은 석유를 판 돈으로 미래를 사야 하는 것입니다. 물론 현실적으로는 스포츠를 통해서 인권 문제(기본권 제한, 언론 탄압, 여성 권리 문제 등)에 대한 나쁜 이미지를 세탁하려는 것도 있습니다. 이를 스포츠 워싱이라고 하죠. 하지만 더욱 급한 것은 탈석유의 미래 산업 창출입니다. 그것을 스포츠나 문화, 엔터 산업이라고 생각해서 돈을 투자하는 것이죠.

사우디나 UAE 같은 나라는 축구에서 보여주는 전략을 AI에도 가져가고 있어요. 이들 나라의 약점은 인재가 없다는 것입니다(일을 안 해도 나라가 먹고살게 해주니, 전반적으로 열심히 살 의욕이 별로 없다고 해요). 강점은 돈이 많다는 것이죠. 사우디는 UAE의 G42와 같은 국부펀드 기반 스타트업에 대항하기 위해 〈프로젝트 트랜센던스Project Transcendence〉를 가동했는데, 자국 내 AI 기술 허브 구축을 위해 최대 1,000억 달러(약 140조 원)를 투자하는 계획입니다. 스타트업 육성, 인프라 구축 등에 투자를 하는데 이 돈의 상당 부분은 주로 대규모 데이터 센터 건립에 들어갈 예정입니다.[64]

그런데 이상한 점이 있어요. 가장 약점으로 뽑히는 게 인재인데, 그렇다면 인재 양성에 투자해야 하잖아요. 하지만 인재에 대한 계획은 이 투자 계획의 주요 요소가 아닙니다. 사실 이 지역의 AI 인재풀은 눈에 띄게 부족하거든요. 현재 UAE와 사우디에는 각각 약 7,000명과 5,000명의 AI 전문가가 거주 중이라고 알려져 있습니다.[65]

사우디와 UAE의 전략은 외주입니다. 자국의 AI 모델을 아웃소싱으로 개발하고, 그 모델을 소유하면서 운영하는 방법이죠. 블룸버그는 사우디 공공투자펀드PIF가 구글의 모회사 알파벳과의 협력을 통해 아랍어 AI 모델 개발에 나설 가능성을 제기하기도 했어요.[66] 이건 마치 사우디 축구 시스템 같은 것인데요, 사우디 리그라는 하드웨어를 운영하면서 그 안의 소프트웨어인 선수들은 외국에서 이미 잘 알려진 선수들을 사오는 것처럼, AI 생태계 역시 데이터 센터 같은 하드웨어를 구축하고 LLM 모델 같은 내용물은 막강한 자본력으로 외부에서 사온다는 계획인 거죠.

하드웨어적으로 보면 데이터 센터를 만들 정도의 자금력은 문제없고, 미국의 수출 금지로 인해 엔비디아 칩을 사오지 못하면 최근 성능이 엔비디아의 60% 정도로 올라왔다는 중국 화웨이 칩[67]을 쓴다든가 하는 식으로 우회하면 됩니다. 석유를 직접 생산하는 나라니만큼 에너지 비용이 적게 드니까 전력 수급에도 다른 나라에 비해서 유리합니다.

그래서 인재가 많고 하드웨어가 약한 인도나 한국 같은 나라들과는 반대적인 입장이라, 한국이 AI 개발을 빠르게 치고 나가서 지금 미국, 중국과 선도국을 다툴 기술력을 가지고 있었다면, 비즈니스적으로는 전략적 협력을 하기 좋은 나라이긴 합니다. 사실 2024년 9월에 사우디아라비아 데이터인공지능청SDAIA은 우리나라의 네이버와 사우디의 '소버린 AI(AI 주권)' 확보를 위한 협력 양해각서MOU에 사인을 하기도 했습니다.[68] 하지만 MOU라는 것은 상징적인 의미가 있을 뿐, 실제적인 구속이 없는 것이니까 그 이후 변화된 국제 상황도 살펴야 합니다.

지금 사우디아라비아가 AI 개발에 외주를 맡길 나라는 한국보다는 미국에 더 가까운 것으로 보입니다. 아무래도 현재 가장 AI가 발달한 나라고 그것을 도입할 충분한 자금력이 있으니, 특별히 정치적 관계만 나쁘지 않다면 굳이 미국의 기술을 안 쓸 이유도 없죠. 그런데 네이버와 MOU를 체결할 무렵의 사우디는 미국과 사이가 좋지 않았습니다. 사우디아라비아의 반인권적 행태를 바이든 대통령이 대놓고 비난을 해서 두 나라의 관계가 경색되었던 상황이었죠. 그러니 미국만을 염두에 두지 않고 다양한 선택을 모색한 것입니다.

이런 상황에서 중국은 또 다른 대안이 되었습니다. 원래 사우디아라비아와 중국은 석유 수출국과 수입국 정도의 관계였는데, 바이든 대통령 시기에 들어 관계가 좋아졌어요. 예를 들어, 2021년부터 2024년까지 중국은 사우디아라비아에 216억 달러의 돈을 직접 투자했습니다. 같은 기간 미국의 125억 달러의 거의 두 배였죠.[69] 사우디아라비아는 자신들이 중국과 미국의 중간 역할을 할 수 있다고 생각하는 눈치인데요, 그래서인지 최근 중국과의 관계를 밀접하게 가져가고 있어요. 특히 2022년 말 시진핑 주석이 사우디아라비아를 방문한 이래 이런 움직임이 꽤 노골적이어서 2023년만 놓고 보면 외국인 직접 투자액이 미국 27억 달러에 비해 중국이 171억 달러로 6배가 넘었거든요.

최근에 일어난 딥시크 모멘트는 사우디아라비아의 선택에 다양성을 제공하게 되었습니다. 오픈 소스를 지향하는 중국 AI 기업과의 협력으로 소버린 AI에 도달할 수 있겠다는 것이죠. 그런데 여기에 변수가 하나 있습니다. 원래 사우디아라비아는 트럼프 대통령과는 1기 때 '밀월'이라는 소리를 들을 정도로 친한 관계였습니다.

트럼프가 대통령이 되기 전 사업가 시절부터 사우디 왕실과 친했다고 하죠. 그런데 바이든 때 미국과의 관계가 나빠졌다가, 최근에 다시 트럼프가 복귀한 거예요. 트럼프는 미국 대통령이 첫 순방지를 가장 가까운 동맹인 영국으로 하는 관례를 깨고 2기의 첫 순방 일정으로 사우디를 언급할 정도로[70](사실 1기 때도 첫 순방지가 사우디였어요.) 사우디와는 절친한 사이입니다.

그럼 무조건 사우디아라비아는 미국과 이제 밀착하겠다 싶었는데, 2025년 2월에 트럼프가 팔레스타인 거주민들이 살고 있는 이스라엘 남쪽 가자지구를 미국이 장기간 관리·개발하는 휴양지로 만든다는 구상을 발표했죠. 이 구상대로라면 이슬람들이 쫓겨나는 것이라 이슬람 국가인 사우디아라비아는 즉각적인 반대 입장을 냅니다.[71] 아무리 친하다고 해도 국가적인 입장과 이익이라는 것이 있으니 무조건 트럼프를 지지할 수는 없는 거거든요.

사우디아라비아는 미국과 AI 동맹을 이어갈 수도 있고, 아니면 새롭게 부상하는 중국과 AI 동맹을 체결할 수도 있어요. 1기 트럼프 때는 사우디아라비아가 무조건 미국 편이었다면 바이든을 거쳐서 중국과의 관계도 손에 넣게 되었거든요. 이제는 선택지가 있다는 것이죠. 그렇게 보면 사우디아라비아를 비롯한 막대한 중동의 자금력은 AI 경쟁에서 어느 쪽에 더 밀접하게 연계되느냐에 따라서 실제 AI 패권 경쟁에 영향을 미칠 수도 있을 것입니다.

한국의 경우: 외국의 모델을 활용하여 서비스를 만드는 오케스트레이션 전략

전 세계의 AI 패권 경쟁에서 한국의 위치와 역량은 그렇게 유리하다고만 할 수는 없겠습니다. 챗GPT 모멘트가 일어나던 2022년 말만 해도 한국의 AI 경쟁력은 나쁘지 않았습니다. 하지만 2년여 만에 미국 빅테크의 AI 경쟁력은 탄젠트 곡선을 그리며 발달했고, 한국은 완만한 곡선을 그리며 발달했습니다. 처음 챗GPT가 나왔을 때 바로 한국 IT기업의 양대 대표주자라 할 수 있는 네이버와 카카오는 챗GPT 못지않은 제품을 만들겠다며 각각 서치GPT와 코GPT 플랜을 발표했었죠.

지금 와서 보면 네이버는 자체 개발 대형언어모델LLM인 하이퍼클로바X를 가지긴 했지만, 대중적인 사용이나 세계적인 충격을 이끌어 내지는 못했습니다. 카카오는 더 정체가 되었습니다. 2024년 개발자 컨퍼런스에서 2025년에는 카나나Kakao Native&Natural AI, Kanana라는 대화형 AI 서비스를 론칭하겠다고 발표하긴 했지만, 사실 뚜렷한 차별점이나 비즈니스 전략은 나오지 않은 상태였습니다.[72] 그러다가 카카오는 2025년 2월에 내한한 오픈AI와 손잡고 전략적 제휴를 맺는다는 발표를 합니다. '오픈AI의 GPT-4o를 비롯한 AI 기술을 기반으로 카나나 서비스를 포함한 여러 카카오의 서비스

제휴 발표를 하는 카카오의 정신아 대표와 오픈AI의 샘 올트먼, 카카오 홈페이지 캡쳐[73]

에 론칭할 계획'이라는 것입니다. 그런데 이 발표를 가만히 생각해 보면 그사이 카카오의 기술력은 어디까지 간 것인가 의심이 들지 않을 수 없죠.[74]

카카오는 오케스트레이션 전략이라고 해서 자사 모델만 고집하는 것이 아니라, 여러 악기를 사용하는 오케스트라처럼 서비스에 맞게 여러 모델들을 골라 쓰겠다고 천명하긴 했지만, 자사 AI 모델 코GPT-2.0 계획은 연기했다고 하니, 일단 오픈AI와의 제휴에 올인한 듯이 보입니다.[75]

오픈AI의 API를 적용한 카나나를 통해 비즈니스적으로 유의미한 성과를 내는 것이 먼저라고 판단한 것이죠. 그런데 이렇게 오픈

AI의 API만 적용하는 상품을 내놓는 것이면 스타트업 수준에서도 빠르게 나올 수 있는 앱이긴 하거든요. 그러니 특별한 경쟁력보다는 카카오가 가진 수많은 회원들에게 어필하는 전략일 텐데, 말하자면 앱의 매력과 경쟁력을 확보하기보다는 기존 회원들을 최대한 동원해서 수익을 내는 비즈니스가 될 것이라는 거죠. 물론 이런 비즈니스는 글로벌 경쟁력은 없고요.[76] 하지만 이 방법이 현실적이고 실제적으로 수익에 도움이 될 것이라는 예측[77]이 더 많긴 합니다. 우선 막대한 개발 비용이 투입되는 것을 차단할 수 있으니, 결국에 적자는 안 날 것이라는 거죠.

하지만 이런 방법은 결코 AI 패권 전쟁에 나갈 수 있는 첫걸음이 될 수는 없죠. 속으로야 패권국의 우산 아래서 힘을 키우다가 결국 자신의 것을 만들어 한 방에 역전한다는 시나리오를 그릴 수는 있는데, 이런 시나리오의 맹점은 자신은 동적이고 상대방은 정적이라고 생각한다는 거예요. 자신이 힘을 키우는 동안 상대방은 더더욱 힘을 키웁니다. 카카오와 연합한 오픈AI는 카카오의 데이터를 활용할 수 있게 되고, 앞으로 AI 성능들이 비슷비슷해질 때의 경쟁력은 데이터이기 때문에 오픈AI는 미래 경쟁력까지 손에 넣게 되는 거죠. 다양한 협업으로 여러 데이터를 손에 넣은 오픈AI와 자신들의 도메인 데이터만 있는 카카오의 격차는 지금보다 더 날 수 있는 거죠.

한국의 경우: 소버린(주권) AI를 기치로 자사 모델 개발에 나서는 전략

이런 의미에서 소버린(주권) AI를 외치면서 국가대표 AI 모델이 있어야 한다고 나선 것은 네이버입니다. 자국의 모델이 없다면 결국 미·중 AI 빅테크에 시장을 잠식당할 수밖에 없다는 것이 네이버의 생각이죠.

원래부터 네이버는 '신토불이' 정신으로 성장한 기업입니다. 한국형 검색엔진인 네이버 덕분에 우리나라는 구글에 검색시장을 장악당하지 않은 나라를 이야기할 때 종종 언급되는 나라입니다. 우리나라 외에 다른 나라들은 보통 러시아, 중국 등인데, 이 나라들은 정치적인 이유가 있잖아요. 네이버 같은 플랫폼이 자유 시장 경쟁으로 버틴 나라로 생각하면 한국은 매우 특별한 국가인 거죠.

하지만 네이버의 이런 성공에 그림자도 있었습니다. 철저한 가두리 양식 정책으로 유저들의 불만을 사는 경우가 많았다는 거죠. 검색 점유율이 높다 보니 광고를 많이 띄워도 사람들은 계속 이 안에 머물러 검색을 했거든요. 그러다 보니 점점 검색 품질이 떨어지고 광고가 많아지는 겁니다. 그래서 그런지 최근 몇 년 사이에 네이버의 장악력이 눈에 띄게 약해지기 시작했습니다. 검색포털 시장에서는 2016년도에 네이버의 점유율이 70~75% 수준이었는데[78], 그게 점점 떨어지더니 2024년에는 네이버가 54.26%, 구글이 37.61% 정도였습니다.

검색엔진 중에는 그래도 1등이지만 한국인이 사용한 앱 평균 같은 자료를 보면 사용자 수로도, 특히 앱 내 머문 시간 면으로도 유튜브에 확 밀립니다.[79] 그러니까 네이버의 가두리 정책이 점점 힘을 잃어가고 있는 중인 거죠. 네이버가 이렇게 가두리 정책에 성공할 수 있었던 가장 중요한 이유는 한국어에 특화되어 있기 때문이죠. 한국어, 한국문화에 잘 맞게 포털을 꾸몄던 건데요, 이게 AI가 등장하며 완전히 무력화되기 시작했어요. AI들은 대부분 여러 개국어에 능통해서, 프랑스 모델이나 중국 모델을 써도 한국어로 자연스럽게 답변을 해줘요. 불과 2년여 전만 해도 '챗GPT의 한국어 성능이 좋지 않으니 한국어로 질문하고, 영어로 번역해서 프롬프트를 넣고, 그래서 나온 영어 답변을 다시 한국어로 번역하는 것이 좋다'라는 게 나름의 노하우로 유튜브에서 공유되곤 했거든요. 그런데 지금 이런 얘기를 하면 한 2년 동안 동면하고 온 사람 취급을 받을 수도 있죠.

한국어라는 일종의 허들이 AI에 의해서 제거되니 검색이나 대화에서 굳이 '메이드 인 한국'이면 좋겠다는 편향이 사라집니다(이왕이면 한국 것을 쓰자는 애국심 마케팅은 요즘에는 잘 먹히지 않죠. 쉽고 효율적이고 성능 좋은 것을 찾게 되죠).

이런 상황에서 네이버는 소버린 AI를 구축하겠다면서 이해진 창업자의 복귀를 결정했습니다. 창업자가 7년 만의 복귀를 결정한 것은 그만큼 네이버의 위기감이 크다는 방증이면서, 지금 전 세계적으로 AI 전쟁의 전운이 내리깔리는 중이라는 상황 증거예요. 지금 AI 경쟁력을 확보하지 못하면 네이버의 미래는 없다는 절박함이 느껴지기도 합니다. 사실 네이버는 1조 원 가까운 돈을 들여 춘천과 세종에 데이터 센터를 건설하기도 했지만, 한동안은 글로벌 빅테크들의 투자 규모를 보고 한계를 느끼고 있었거든요. 그런데 딥시크 모멘트가 발생하면서, 빅테크만이 할 수 있는 영역이 아니라, 훨씬 작은 규모와 투자로도 할 수 있겠다는 자신감이 회복된 듯한 느낌입니다.

하지만 네이버가 스타트업도 아니고, 소버린 AI에 올인만 할 수는 없죠. 딥시크 이후 컨퍼런스 콜에서 "글로벌 빅테크 기업의 LLM이라든지 외부의 다양한 LLM과도 협업 가능성은 열려 있다"[80]고 말하기도 했습니다. 바로 이날 이해진 창업자의 이사회 복귀를 공지하며 독자적 AI의 필요성을 암시한 네이버인데, 카카오의 동맹 전략을 네이버도 쓸 수 있다면서 투 트랙에 대한 가능성을 열어 둔 것이죠. 변화의 속도가 더 빨라졌기 때문에 그에 맞춰서 유연하게 대응하겠다는 것인데, 비즈니스적인 전략에서는 맞는 말입니다. 그래도 네이버는 기본적으로 우리만의 AI 모델을 바탕으로, 그

외 외국 것도 활용한다는 계획이기 때문에, AI 패권에 한 번은 도전을 해본다는 의미가 될 수 있습니다.

의외로 소규모 팀이 만들어 낼 수도 있는 한국형 LLM

한 가지 더 말씀드리자면, AI 관련 소식이 많이 뜨는 제 SNS에, 최근에 LLM을 개발하겠다며 팀을 모집하는 공고가 떴어요. 소규모 스타트업인데, 딥시크를 보며 소규모 팀들도 LLM을 개발할 수 있다는 아이디어와 자신감, 그리고 자극을 얻은 듯합니다. 그래서 한국형 LLM이 의외로 소규모 팀에서 나올 수도 있을 듯해요. 여기저기서 도전에 들어가는 상황인데, 오픈 소스를 바탕으로 하니까 제로 베이스부터 시작하는 것은 아니거든요. 한국의 우수한 인재풀을 생각하면 그야말로 생각지도 못한 곳에서 한국형 소버린 모델을 만날 수도 있는 가능성이 생긴 거잖아요. 이거야말로 딥시크가 쏘아 올린 스푸트니크 효과가 아닐까 싶더라고요.

히든 워
: 진짜 패권 전쟁은 따로 있다

감춰진 진짜 패권 전쟁?

두 가지 의문점이 있습니다. 하나는 딥시크에 대해서 트럼프 대통령은 첫 논평에서 '좋은 일'이라고 언급을 했다는 것입니다. 우리가 얼핏 생각하는 트럼프의 이미지로는 '나쁜 중국인들이 기술을 훔쳐 갔네' 하면서 '관세를 50% 올리겠다'며 손가락을 치켜들 것만 같은데, 의외로 조용했을 뿐 아니라, 오히려 바람직한 일이라고 칭찬을 했거든요. 도대체 트럼프는 왜 그런 걸까요?

또 하나의 의문점은 딥시크의 행보에 대해 '비용에 대해 정직하지 못하다'느니, '오픈AI의 데이터를 무단으로 이용한 것 같다'느니 하면서 의심과 비난을 하던 미국의 빅테크들이 딥시크를 지원하거나 링크하면서 바로 수용을 했다는 점입니다. 도대체 빅테크는 왜 그런 걸까요?

진짜 패권 전쟁에 대해 이야기하려 합니다. 국가 간 AI 주도권을 놓고 싸움이 벌어졌다는 것이 표면적인 패권 전쟁이라면, 그 안에서 일어나는 진짜 패권 전쟁은 따로 있습니다. 그리고 이 전쟁의 양상에 따라 세계대전 같은 전쟁과는 다르게, 앞으로 인간 사회의 모습을 본질적으로 바꿔 놓을 수도 있는, 크나큰 변화가 일어날 수도 있을 것입니다.

'딥시크 = 중국', '네이버 = 한국'이 아니다

2023년 7월에 량원펑 창업자가 항저우에 AGI를 구현하겠다며 헤지펀드에서 번 돈을 몰아놓고 딥시크를 창업했을 때, 오픈 소스를 가치로 걸자며 시진핑과 긴밀한 상의를 했을까요? 그럴 리는 없잖아요. 이 기업이 기술을 공개하든 안 하든 중국 정부는 별 상관하지 않았을 겁니다. AI 기술을 양성하기 위해서 과학기술 R&D에 투자한다거나, 대학의 기초과학에 투자를 하긴 하지만 개별 기업의 운영 하나하나에 관여하기는 힘듭니다.

딥시크가 오픈 소스를 채택하고, AGI를 목표로 삼고 있는 것은 중국 정부가 요구한 게 아닙니다. 물론 그런 창업자의 회사에 정책적으로 유리하게 할 수는 있겠죠. 하지만 중국 내에선 딥시크의 성공에 대해 '4,700개 중 하나'라고 합니다. 그만큼 AI 분야의 스타트업들이 많고, 그들이 치열한 경쟁을 하고 있다는 이야기입니다.[81]

네이버가 소버린 AI를 사수하기 위해서 한국형 독자 모델 개발에 박차를 가한다고 결정했을 때, 그리고 반대편에서 카카오가 일단 독자 모델 개발보다는 챗GPT를 활용하는 방향으로 전략을 세우겠다고 발표했을 때, 이 결정들에 한국 정부가 관여했을까요?

그러면 샘 올트먼이 일본, 한국, 사우디아라비아, 프랑스 등을 누비며 세계 여러 나라들의 지도자들이나 기업 총수들과 회담을 하고, 어떤 결과를 발표할 때, 샘 올트먼은 밤마다 트럼프에게 전화를 해서 상의를 했을까요? 트럼프나 미국 정부 관계자가 오픈AI 결정에 간섭해서 어디와 제휴해야 하고, 어떤 모델은 어떻게 발표하는 게 맞는가 상의하는 모습을 떠올리기는 어렵습니다.

제가 하고 싶은 말은 이겁니다. 미국 = 오픈AI, 중국 = 딥시크, 한국 = 네이버가 아니라는 겁니다. 그런데 이번 딥시크를 분석한 기사나 논평들에서도 한결같이 딥시크를 중국과 동일시합니다. 예를 들어, '중국이 자신들의 세력을 늘리고 미국을 견제하기 위해 오래 고민하고 미국의 독점을 훼손하기 위해 오픈 소스를 결정했다'는 식인데요, 딥시크는 탄생했을 때부터 오픈 소스를 표방했었어요.

중국 정부가 딥시크의 결정에 직접적으로 관여한 게 아니라는 거죠. 프랑스 정부가 미국 중심의 AI판을 흔들기 위해 미스트랄 AI에게 오픈 소스를 하라고 강요한 게 아니듯이 말이죠.

개발 기업의 결정이나 행보를 국가와 동일시해서, 국가적인 음모와 전략이 시행되는 것처럼 생각하기 쉬운데, 그건 결과론적인 짜맞춤일 뿐이고 사실 국가 단위의 결정이 아닌 기업 단위의 결정과 발전 아래 글로벌 AI 생태계가 움직이고 있다는 것이죠.

기업들이 오픈 소스를 택하는 것은 창업자의 이상이나 장기적인 이익의 비전을 가지고 있기 때문이죠. 의외로 사업을 하는 사람 중에는 돈을 버는 것보다 자신의 이상을 실현시키려는 사람들이 종종 있어요. 제프 베이조스가 아마존에서 돈을 버는 것은 우주선을 개발하기 위한 꿈 때문이라고 하죠. 그래서 아마존에서 번 돈을 블루 오리진에 쓰고 있는 겁니다. 오픈AI도 처음에는 AI 지식을 세상에 공유하자는 움직임에서 시작되었기 때문에 이름이 Open인 거잖아요. 이 경우에는 투자 과정에서 그런 이상을 못 지켰지만 말이죠. 딥시크의 창업자 량원펑은 '딥시크는 가격 전쟁에 관심이 없으며 인공일반지능AGI를 달성하는 것이 회사의 목표'[82]라고 밝히기도 했습니다. 이 목표를 달성하기 위해 오픈 소스 방식을 택해서 인류 공동의 지혜를 모으는 길을 택한 거예요.

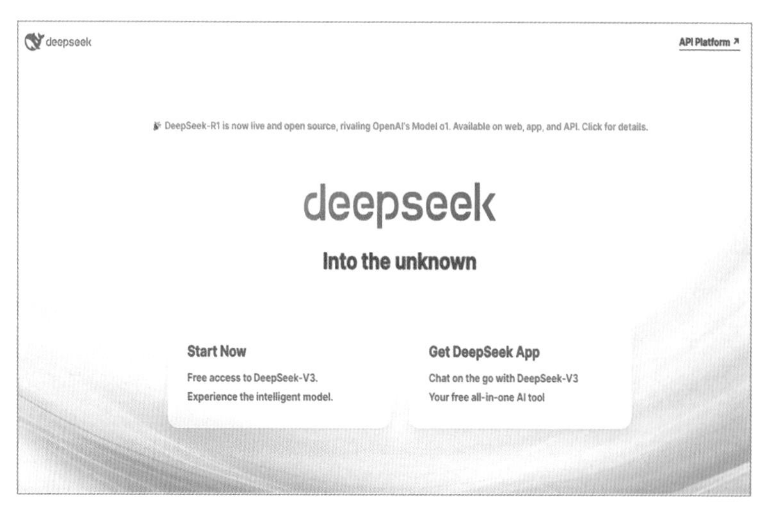

딥시크 시작 화면, 홈페이지 캡쳐[83]

물론 이렇게 이상적인 이유로만 오픈 소스가 택해지는 것은 아닙니다. 예를 들어, 무료로 모델을 쓰게 하고 오픈 소스로 개발을 공유하는 것은 사실은 선점 효과에 대한 기대감도 있습니다. 그 선점 효과가 결국에는 돈이 되는 것을 알기 때문이죠. 예를 들어, 인터넷 비즈니스 시절에 무료로 플랫폼이나 앱을 사용하게 하고 그 시스템에 많은 사용자가 들어왔을 때 얼마든지 다른 방법으로 이익을 냈던 기업들을 생각해볼 수 있습니다. 카카오톡 같은 경우, 이 서비스가 나오기 전에 문자 메시지에 꼬박꼬박 돈이 들어갔던 문제를 해결하고, 무료 메시지 전송 앱이라는 매력 포인트로 론칭 2년 만에 가입자 4,000만 명을 모았어요.[84] 2년 만에 거의 전 국민을 가입자로 삼은 거죠. 하지만 처음에는 카카오톡에 별다른 수익 모델이 없었습니다. 그래서 카카오톡을 쓰던 사용자들이 '이렇게 무료로 메시지를 쓰게 하는 좋은 앱이 돈 못 벌어서 없어지면 어떻게 하지?' 하고 걱정을 하기도 했었거든요. 하지만 알고 보니 그건 방송에서 빚이 있다고 고백하는 연예인을 걱정하는 것이나 마찬가지였죠. 선점 효과를 통해 사용자를 확보한 후, 그 사용자들을 대상으로 이런저런 비즈니스를 해보다가 잘 되는 것을 발전시키는 방향으로 계속 비즈니스를 론칭하니, 결과적으로는 지금은 자산가치 10조의 대기업이 되었습니다.

이러한 이유들로 기업들이 오픈 소스를 택할 수는 있는데, '국가 차원에서 상대방 국가의 전략을 무너뜨려야 하고, 나라 간 국제 전쟁에 우리 기업이 선봉에 서서 돌격대의 역할을 해야 하니 내 돈이나 투자자 돈 다 때려 박아서 국가를 위해 기술을 개방해야지'라고 나서는 기업은 없을 것입니다.

개별 기업의 지향을 마치 국가가 결정하는 것처럼 생각하면 여러 가지 위화감을 마주하게 됩니다. AI 패권 전쟁을 정확하게 이해하려면 실제 현대 사회의 기술 패권 전쟁은 기업이 주도하고 있다는 것을 이해하셔야 합니다. AI 패권 전쟁을 국가 차원에서만 바라보려고 하면 모순점이 자꾸 생기게 된다는 겁니다.

트럼프는 왜 그랬을까?

〈오징어 게임〉은 넷플릭스에서도 역대급으로 성공한 시리즈입니다. 〈오징어 게임 시즌 1〉은 역대 가장 많이 시청된 작품이고, 2위가 〈웬즈데이〉, 그리고 3위가 〈오징어 게임 시즌 2〉입니다. 〈오징어 게임 시즌 2〉의 경우 공개 직후 5일 동안 집계 대상 93개국 전부에서 1위를 기록하는 전무후무한 기록을 세우기도 했죠.[85] 그런데 이런 〈오징어 게임 시즌 2〉를 21일 만에 1위 자리에서 끌어내리고 그 자리를 차지한 시리즈가 있습니다. 〈엑스오, 키티 시즌 2〉입니다. 한국이 궁금해 서울로 전학 온 미국 10대 소녀의 좌충우돌 러브스토리로 이 드라마의 배경은 한국입니다. 〈오징어 게임〉은 한국 드라마이긴 해도 한국적인 배경이나 문화(어린 시절 놀이 빼고)가 많이 나오지는 않거든요. 그런데 〈엑스오, 키티〉는 한국에 위치한 국제학교가 배경이라, 한국적인 배경이 〈오징어 게임〉보다 훨씬 많이 나옵니다.

그리고 비슷한 시기에 공개된 〈리쿠르트 시즌 2〉라는 액션 드라마도 시즌 1이 성공적이어서 시즌 2까지 론칭된 건데, 이 시리즈 역시 배경이 한국입니다. 그야말로 한국 러시입니다. 이런 넷플릭스 시리즈들을 즐겨 보았던 사람들은 한국에 정말 오고 싶을 게 분명합니다. 한국 사람이 뉴욕에 가서 감탄하는 말 중 가장 빈도수가 높은 게 '우와~ 영화에서 본 것 같아'입니다. 시트콤 〈프렌즈〉를 보고 자란 사람이라면 그냥 뉴욕에 있다는 게 감동이고요.

'도대체 왜 이렇게 넷플릭스는 한국 문화 보급에 열심일까요?' 그런데 질문이 이렇다면 답은 없습니다. 왜냐하면 넷플릭스는 한국 문화를 보급하려는 의도를 가진 것이 아니기 때문이죠. 한국이 현재 잘 팔리기 때문입니다. K-POP, K-Food 등이 전 세계적으로 반향을 얻었고, 그에 대한 팬들이 늘었습니다. 노벨문학상을 받은 한국 작가도 생겼습니다. K-Culture를 활용하는 것이 넷플릭스에는 유리합니다. 한국 정부가 넷플릭스에 로비를 하거나 압력을 가해서 한국 향 콘텐츠가 많아진 게 아니라, 그저 한국에서 나온 콘텐츠가 돈이 되기 때문인 것이죠.

기업들의 가장 큰 특징이자, 기업의 움직임을 이해하는 유일한 관점은 이익입니다. 이익이 되느냐 안 되느냐이지, 그 선택에 국적이나 이념 같은 것은 없습니다. ESG(환경·사회·지배구조)는 한때 기업의 투자를 결정하는 중요한 키워드여서 기업들이 너도나도 ESG 기준에 맞추기 위해 혁신을 했었죠. 하지만 트럼프 2기가 출범하면서 미국을 비롯한 유럽, 아시아 지역에서 눈에 띄게 ESG 퇴조 움직임이 일고 있어요. 구글에서는 인종 정책을 포기했고, 아마존은 웹사이트에서 '다양성·평등성·포용성DEI 정책은 비즈니스에 이롭다'는 문구를 삭제했어요. 미국의 대형 슈퍼 체인인 타겟도 추진해 온 DEI 정책을 종료한다고 발표했죠.[86] DEI정책 폐기가 트럼프의 주요 공약이었거든요.

그동안 기업이 ESG에 신경을 쓴 것은 그것이 옳은 일이어서가 아니라 사실은 그것이 이익이 되어서였습니다. ESG가 갖춰져야 투자 받기에도 좋았고, 정부의 지원도 받을 수 있었으니까요. 그리고 혹시 안 갖춰져 있으면 소비자들의 불매 운동의 표적이 될 수도 있었고요. 그러니 확실히 알 수 있는 것은 기업들은 옳은 일을 하려고 움직이는 게 아니라, 이익을 위해 움직인다는 것이죠(그렇다고 불법을 감수하는 것은 아니에요. 불법은 장기적으로는 불이익을 주니까요).

앞서 트럼프가 왜 딥시크에 대한 첫 논평에서 예상과 달리 비난한 게 아니라, '좋은 일'이라고 했을까 하는 것에 대한 의문을 제기했었죠. 정확하게는 딥시크와 관련된 질문에 경제성을 언급하며 '우리는 그(딥시크)로부터 혜택을 받을 것, 우리가 말하고 있는 AI는 사람들이 실제 생각하는 것보다 훨씬 싸질 것이며 그것은 좋은 일'이라고 말했거든요.

이 대답을 이해하려면 트럼프를 정치인이라고 생각하지 말고 장사꾼이라고 생각하면 됩니다. 트럼프는 기업적인 마인드로 국가를 경영하는 사람이라, 이념이 아닌 이익으로 우군과 적군을 가릅니다. 오랜 우방인 한국도 방위비를 덜 내거나 관세에서 이득을 본다고 여기면, 도를 넘은 요구와 비난도 서슴지 않아요. 트럼프에게 악인은 미국의 공정한 이익을 가로채는 사람입니다. 관세가 기울어져 있다고 여기니까, 관세를 더 세게 요구하는 것이고, 탄소 문제나 유럽의 방위 문제에 미국이 불공평하게 돈을 너무 많이 내고 있다고 여기니까 그런 국제 협약에서 탈퇴하는 거예요(트럼프가 미국의 이익보다 더 중요하게 여기는 건, 그 자신의 이익밖에 없는 듯합니다).

중국이나 러시아도 트럼프에게 이익을 가져다주면 같이 할 수 있는 게 트럼프의 마인드입니다. 중국에 대해 압박을 가하는 것은 무역에 있어 중국이 미국에서 많은 이익을 얻어가기 때문이라고 생각해서이지, 공산국가여서가 아니에요. 그런 점에서 생각하자면 트럼프는 딥시크가 뛰어난 경제성을 보여준 것이 놀라웠을 것이고, 그로 인해 만날 돈 타령만 하는 미국 빅테크 기업들이 경쟁을 통해 비용을 낮출 수 있기를 원했을 것입니다. 데이터 센터 같은 리소스를 그냥 퍼다 박아야 된다고만 생각했는데, 이익이 되는 길을 딥시크가 보여준 거거든요. 제대로 비용 절감 경쟁이 붙으면 미국 정부 입장에서도 AI 생태계를 조성하는 데 들어야 할 돈을 세이브할 수 있을 테고요.

글로벌 기업들의 움직임을 이해하는 거의 유일한 잣대, 이익

이렇게 정치나 이념 같은 것을 빼고 오로지 이익 지향적인 트럼프의 관점은 곧 글로벌 기업들의 움직임을 이해하는 잣대도 됩니다. 기업의 이익이 먼저입니다. 마크 저커버그는 수년간 트럼프 대통령과 대립해 왔거든요. 하지만 트럼프 대통령이 두 번째 당선되자 갑자기 친트럼프 행보를 보이고 있습니다. 트럼프 자택을 방문하는가 하면 트럼프 대통령 취임식 기금으로 100만 달러를 내고 참석하기도 하고, 페이스북, 인스타그램에서 '팩트 체크'를 종료하기도 했습니다. 그리고 사내 DEI(다양성·형평성·포용성) 프로그램 관련 업무 부서도 없앴습니다.[87]

기업은 이익이라는 목표로 움직이는데요, 그래서 어떤 때는 국가의 방향성과 기업의 이익이 맞지 않을 때도 있습니다. 그럴 때 기업들은 보통은 자사의 이익에 따르는 경향이 있죠. 앞서 애플이 FBI의 요청에도 유저들의 개인 정보를 내어주지 않았었는데, 마케팅 업체에 정보를 넘긴 정황이 포착되었다고 했잖아요. 국가기관에는 유저 정보를 내어주지 않았지만, 고객사에는 얼마든지 정보를 내어주었다는 겁니다. FBI의 협박성 요청에도 응하지 않았던 것은 개인 정보를 안전하게 지킨다는 브랜드 이미지를 위해서지,

정말 고객들의 정보를 보호하기 위해 싸운 것은 아니었던 거죠.

국가의 방향성과 글로벌 기업들의 이익은 꽤 자주 일치해 왔어요. 보통은 글로벌 기업들이 초국가적으로 힘을 뻗을 수 있도록 나라에서 밀어주는 편이죠. 하지만 최근 들어서는 조금씩 그 방향이 불일치하는 경우들이 생기곤 하죠. 예를 들어 AI 규제 같은 것들 말입니다. 이런 경우 그동안은 국가에 따라야 했지만, 점점 기업들의 경영에 국가가 맞추는 사례들도 생깁니다. 명예나 윤리보다는 이익이 먼저인 트럼프가 미국 빅테크들의 청원이었던 AI 규제법을 취임하자마자 없애버렸잖아요.

딥시크까지 포함한 글로벌 기업들의 합종연횡

이런 상황에서 당연하게만 생각했던 미국 대 중국이라는 패권 전쟁의 틀을 조금 다르게 볼 필요가 있습니다. 물론 미국과 중국은 경쟁 관계이니 패권 전쟁을 하는 것은 사실이지만, 사실 미국 빅테크 사이에서도 패권 전쟁이 있습니다. 사실은 이 전쟁이 더 치열하죠. 대표적으로는 구글 진영과 MS 진영, 그리고 메타 진영, 아마존이 지원하는 엔스로픽과 일론 머스크의 xAI 진영이 대표적입니다.

이 진영들의 경쟁은 점입가경입니다. 어느 정도 구독 모델 같이

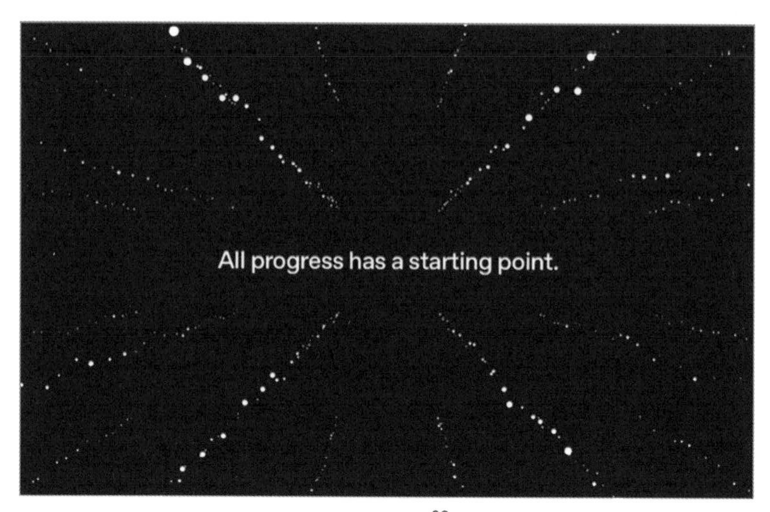

오픈AI가 2025년 슈퍼보울에서 한 광고, 유튜브 캡쳐[88]

상품을 갖춘 이후로 구독자 유치나 유지를 위해 경쟁하고 있거든요. 예를 들어, 오픈AI는 2025년 미국프로풋볼NFL 결승전인 슈퍼볼에서 광고를 했는데, 미국인들 최대의 축제인 만큼 30초에 115억이라는 엄청난 광고비가 들거든요. 이 광고가 오픈AI의 첫 번째 상업광고입니다. 유료 구독자의 증가세가 한계에 부딪혀서, 광고가 필요한 시점이라는 판단하에 실시하는 광고 캠페인인 겁니다. 2024년에는 구글, MS, 앤스로픽이 슈퍼볼 광고를 했었죠.[89]

일론 머스크는 트럼프 주도하에 오픈AI, 오라클, 소프트뱅크 합작으로 5,000억 달러를 투자한다는 스타게이트 프로젝트 발표가 있은 지 몇 시간도 안 되어서 X의 오픈AI의 공식 계정에 올라온

공지 글에 댓글로, '그들은 그만한 돈이 없다'면서 매우 냉소적인 글을 올렸습니다.[90] 트럼프 정부의 실세로 꼽히는 일론 머스크가 트럼프에 대해서 공식적으로 비판하고 나선 사례라 미국 내에서도 큰 주목을 받았어요. 트럼프와 약간 불편함을 감수하더라도, 일론 머스크가 저런 발언을 한 것인데요, 이를 보면 글로벌 기업들이 AI 패권을 놓고 신경전을 벌이는 상황을 잘 보여주는 거죠.

이 가운데 샘 올트먼은 글로벌 동맹을 만들기 위해 부지런히 세계를 누볐습니다. 일본의 소프트뱅크와 합작하기로 하고, 한국에서는 카카오에 모델을 공급하기로 하죠. 그 후 독일에 가서 유럽에도 합작을 하자며 러브콜을 보냈습니다.

다른 글로벌 기업들도 자신들만의 아군을 만들며 동맹군을 계속 추가하고 있는데요, 심지어 이 합종연횡에는 딥시크도 어떤 의미에서는 포함이 됩니다. 엔비디아와 마이크로소프트MS, 인텔, AMD, 아마존웹서비스AWS 등 세계 5대 클라우드 기업이 앞다퉈 딥시크 오픈 소스를 채택을 한 겁니다(중국 내에서는 화웨이와 텐센트, 바이두, 알리바바 등도 딥시크 오픈 소스를 지원하고 있고요).[91] 특히 MS 같은 경우는 딥시크가 오픈AI 모델을 베꼈다는 의혹을 처음 제기했던 곳이기도 합니다. 증류distillation라는 것은 AI 모델이 다른 모델의 출력 결과를 훈련 목적으로 사용, 유사한 기능을 개발하는 것을 의미하는데[92], 딥시크가 오픈AI에서 데이터를 빼내서 이 증류에 사용했다는 것이죠. 이러한 혐의를 두고 오픈AI와 MS가 조사하고 있다는 보도가 나온 바로 그날, MS는 공식 블로그에서 애저Azure를 통해 딥시크의 'R1'을 서비스한다고 밝힌 겁니다.[93] 그러니까 결과적으로 보면 MS는 파트너사로부터 불법으로 데이터를 확보한 모델을 서비스하는 셈인 거죠.

조금이라도 도움이 될 만한 것에는 주저하지 않고 손을 내밀어 나라를 초월한 동맹을 만들고, 그 동맹의 카르텔을 주도하는 것은 기업들입니다. 그래서 국가 간 경쟁보다는 오히려 미국의 빅테크 기업들이 주도하는 패권 전쟁이 훨씬 더 피 튀기고 살벌합니다. 오픈AI가 딥시크의 데이터 사용 의혹에 강력하게 대응하지 않는 이유는 오픈AI도 처음에는 (사실 지금도 어느 정도) 공공데이터라는 명목으로 여러 데이터를 무단으로 끌어다 써서, 모델을 만들어왔기 때문이기도 합니다. 데이터 무단 사용에 스스로도 떳떳하지는 못한 거죠.

그렇게 보면 증류 같은 과정을 거치면 데이터도 빠르게 공유가 되는 편입니다. 그리고 오픈AI가 2년여 동안 빨리 치고 나가긴 했지만, AI 생태계가 오픈 소스 형태로 돌아가는 경우가 많은 만큼, 기술이 빨리 공유돼서 '압도적인' 선두라고 하기는 어려운 상황이죠. 글로벌 AI 생태계도 그래서 국가 차원의 긴장감과 기업 간의 합종연횡이 교묘하게 공존하는 차원으로 앞으로도 진행될 것입니다.

현재로서는 오픈AI와 MS 진영이 제일 앞서 있는 편인데, 구글은 조금 뒤떨어진 느낌이지만 워낙에 자본과 데이터가 많기 때문에 언제든지 다시 패권을 찾아올 가능성이 있죠. 서부 시대에 금을 캐지 않고 곡괭이를 팔고 청바지를 판 사람이 돈을 벌었다고 하잖아요. AI 시대에 곡괭이를 파는 회사가 GPU에 특화된 엔비디아인데, 엔비디아도 피지컬 AI라고 하면서 금을 캐는 데 관심을 보이고 있기는 하거든요. 수직계열화까지 생각해서 엔비디아 역시 이 패권 경쟁에 뛰어들 수도 있어요. 일론 머스크 같은 경우는 xAI도 있지만 테슬라의 자율주행시스템 같은 경우, 피지컬 AI라고 할 수 있죠. 그런 면에서 보자면 일론 머스크는 LLM을 적용할 X와 피지컬 AI를 적용할 테슬라를 다 가지고 있기 때문에 독자적인 길을 갈 확률이 높습니다.

기업 간 패권 전쟁이라는 분위기를 확실히 알 수 있는 사건이 2025년의 발렌타인 데이를 전후해서 있었죠. 일론 머스크가 샘 올트먼에게 초콜릿 대신 '오픈AI의 지배지분을 974억 달러(141조 원)에 인수하겠다고 제안'[94]을 선물한 겁니다. 사실 잘나가고 있는 오픈AI에게 말도 안 되는 이야기이기도 하고, 워낙에 불쑥 이야기한 것이라, 샘 올트먼은 감정적으로 대응을 했습니다. 인터뷰에서 "아마도 그는 우리의 속도를 늦추려는 것 같다. 그는 명백한 경쟁자다. 그가 더 나은 제품을 만들어 경쟁해주면 좋겠지만, 지금까지는 너무 많은 전술과 수많은 소송, 온갖 이상한 일들이 있었다. 지금도 그렇다. 그를 안타깝게 생각한다. 행복한 사람이라 생각하지 않는다."[95]라면서 오히려 트위터를 97억 4,000만 달러에 사겠다면서 역제안을 했어요. 역제안이라고는 했지만, 일론 머스크가 트위터를 440억 달러에 인수했기 때문에, 샘 올트먼의 이야기는 조롱에 가까운 제안이었어요.

일론 머스크는 '오픈AI가 영리사업 모델로의 전환을 중단하면 인수 제안을 철회'[96]하겠다고 후속 발언을 했는데요, 이런 것을 보면 일론 머스크는 실제 인수 의사가 있다기보다(혹시라도 그러다 팔면 좋고), 오픈AI의 영리법인 전환을 앞두고 흔들기를 한 셈이죠. 상업 영역의 시장에 본격적인 경쟁자가 등장하는 것에 대해 경계를 하는 것입니다.

그러면서 한편으로 일론 머스크는 xAI의 AI 챗봇 그록Grok의 최신 모델을 발표하면서, 혁신적인 성능이라고 자랑했죠.[97] 여기에 대해 샘 올트먼은 내부에서 오리온 프로젝트라고 불렸던 GPT-4.5를 발표하면서, '이것이 마지막 비추론모델이고 GPT-5에서는 모든 것이 통합되어 한결 직관적으로 소비자들이 사용할 수 있게 제공한다'[98]고 하면서, GPT-5에 대한 이슈를 끌어옵니다.

이 일론 머스크와 샘 올트먼의 설전과 발표가 일어난 기간은 2~3일 정도 사이예요. 기업 간의 패권 전쟁이 AI 시대의 선수를 잡기 위해 치열한 속도전으로 치러지고 있다는 것이 이 설전과 발표를 통해 드러납니다.

AI 패권 전쟁의 주도자들

문제는 이 설전과 발표들이 실제 설전이나 발표로 끝나지 않는다는 것이 AI 패권 전쟁의 무서운 점입니다. 실제 성과로 나타나는 데다가, 그 성과를 쇼잉showing으로 보여주는 데만 그치지 않고, 실제 대중들이 써보고 체감할 수 있도록 바로 풀어버리고 있어요.

그록 3의 발표 때 일론 머스크가 직접 나와서 "지구상에서 가장 똑똑한 AI"라고 공언했는데요. '가장'이라는 말은 실제 그런 것일 수도 있고, '우리 아이가 (공부는 못하지만) 머리는 좋아요'라는 엄마의 마음일 수도 있는 이야기이긴 합니다. 다만 하나 확실한 것은 거의 최상위 수준의 성능을 보여주는 AI라는 거죠. 추론형 모델에 딥서치 기능까지 갖추고 있거든요. 그리고 더 중요한 포인트는 이러한 성취까지 매우 짧은 시간에 이루어졌다는 것입니다.

일론 머스크가 xAI를 설립한 것이 2023년 3월입니다. 그리고 7월에 공식 xAI를 발표하고, 그해 11월에 바로 그록 1을 내놓거든요. 그리고 9개월 후에 그록 2, 또 6개월 만에 그록 3를 내놓은 것입니다. 그러니까 사업자등록을 한 후, 약 2년여 만에 가장 선두를 달리던 오픈AI를 거의 따라온 거예요. 물론 오픈AI도 GPT-4.5, GPT-5 등으로 맞불을 놓으며 선두 자리를 수성하려고 질주하고 있지만 xAI의 속도는 무서울 정도입니다.

거기에는 두 가지 원인이 있는데요, 일론 머스크와 샘 올트먼이 한때는 회사를 같이 설립하고 운영하던 파트너로 남보다 가까운 사이였다가, 의견 차이로 헤어져서 소송 전까지 불사하는 남보다 못한 사이가 되었다는 거죠. 둘 사이의 감정적인 대립을 종종 발견하곤 하거든요. 그런데 기업가들의 라이벌 감정이 서로 간의 발전을 이끌어 내는 사례들은 종종 있으니까, 지켜보는 대중들의 입장으로서는 이런 대결이 나쁜 것만은 아닐 수도 있죠.

일론 머스크는 그록 3를 처음에는 X의 유료 사용자만 대상으로 해서 공개했는데, 거의 곧바로 무료 사용자들에게 딥서치 기능과 추론 기능까지 다 오픈해 버렸습니다. 인터넷과 자료를 심층 검색하고 추론을 통해 고급 답변을 생성해서 박사급 보고서를 낸다는 딥 리서치 기능을 오픈AI에서 처음 공개했을 때는 월 200달러 요금제를 내는 사람들에게만 사용할 수 있도록 했거든요. 그런데 곧바로 퍼플렉시티에서 그와 비슷한 기능을 1/10 요금으로 제공하고 (무료 사용자들에게도 일부 제공),[99] xAI에서는 아예 무료로 풀어버린 거예요. 그러니까 본격적인 가격 경쟁을 하게 되는 것인데, 유저 입장에서는 이런 가격 경쟁이 나쁜 것만은 아니거든요. 불과

한 달도 안 돼서 딥 리서치 기능들이 경쟁하듯이 여러 회사들에서 나온 것도 모자라, 금방 가격 경쟁이 되어서 순식간에 사용 비용이 하락해 버린 것이니까요.

xAI의 속도가 무서울 정도로 빠를 수 있었던 또 하나의 원인이자, 진짜 중요한 이유는 바로 '돈'입니다. 딥시크는 돈이 그렇게 많이 들지 않고도, 발전된 AI를 구현할 수 있다는 희망을 전 세계에 주었는데요, 그록 3는 역시 돈이 많으니 순식간에 최상위 레벨의 AI를 만들어 내는구나 하는 상식을 다시 한 번 일깨워 주었어요.

일론 머스크가 그록 3의 학습을 위해 데이터 센터를 보강했는데요, 그록 2에 비해 두 배 많은 엔비디아의 고성능 GPU 칩 H100을 20만 개 썼다고 합니다. 시장 가격이 왔다갔다하기는 하지만 일론 머스크가 이 칩을 썼을 때의 가격이 1개당 4,000~5,000만 원 정도였으니까, 실제 20만 개를 썼다면 8~10조 원 정도 든 거예요. 다른 제반 비용 다 빼고 칩 비용만 말이죠. 그런데 이렇게 투자를 하니, 순식간에 세계 최고의 성능에 근접한 모델이 나온 거죠.

한국 정부 차원에서 '2027년까지 H100 같은 최첨단 GPU 보유량을 3만 개 정도로 늘린다'[100]는 계획을 세웠다는데, 일개 기업 하나가 20만 개를 확보해서 발전해 가는 이런 속도를 보면, 숫자경쟁은 좋은 솔루션이라고 할 수는 없을 듯합니다. 빅테크 한 개 기업의 투자를 따라가지 못하는 정도인데, 앞으로 이에 자극받은 수십 개의 빅테크 기업의 공세, 그들이 내놓는 모델들과의 경쟁력에서 압도될 수밖에 없거든요. 그래서 딥시크 같은 저비용으로 고성능을 구현하려는 노력들이 필요한 거죠. 이런 점에서도 보면 글로벌 기업 간의 패권 전쟁이 국가 간 패권 전쟁보다 더 치열하고 무섭다는 것을 알 수 있죠.

그리고 일론 머스크의 본격적인 AI 전쟁 참여가 무서운 점은 일론 머스크의 회사가 포트폴리오로 보면 매우 탄탄하다는 것이거든요. 테슬라 자동차로 번 돈을 우주 개발회사라고 할 수 있는 스페이스 X에 부어 넣어서, 이제 스페이스 X가 본격적으로 돈을 벌기 시작을 하고 있어요. 우주 관련이다 보니 앞으로 벌어들일 돈은 그야말로 '천문학적'이라고 예상되기도 하죠. 이 돈을 AI에 부어 넣으면 오픈AI가 가장 앞서 있는 지금의 AI계의 판도가 순식간에 뒤집어질 수도 있습니다. 국가가 세금으로 지원해서 경쟁할 수준은 아니죠.

앞으로도 기업 간의 AI 패권 전쟁의 여파로 하루가 다르게 발전된 모델이 튀어나오고, 다양한 기능들이 실현될 것입니다. 그러다가 어느 순간 인간의 지능을 뛰어넘는 AGI가 구현될 수도 있고요. 그런데 이 패권 전쟁의 주도권은 국가에 있는 게 아닙니다. '패권 전쟁'이라는 말에서 풍겨 나오는 국가라는 이미지를 살짝 옆으로 치우고, 그것을 거대 기업이라는 필터로 놓고 보면 훨씬 더 전쟁의 양상과 전개가 뚜렷하게 보이죠. 거의 살육전에 가까운 백병전이 연일 벌어지고 있는 것이 바로 기업 간 전쟁입니다. 국가는 이를 따라오고 지원해주는 정도의 입장인 것이죠.

좋은 점은 이 싸움들의 과정에서 이루어지는 것이 성능과 가격 경쟁이다 보니 유저들에게는 그야말로 '혜자' 같은 서비스들이 경쟁적으로 출시될 수 있어요. 나쁜 점은 국가라는 통합적인 틀이 아니다 보니 성능과 가격 경쟁에 치우친 기업들이 윤리나 도덕에서 '선 넘는' 일들을 벌일 수도 있다는 것입니다. 너무 빠른 속도 때문에 대중들이 미처 주의를 기울이고 공론장에 그런 일들을 올려놓기도 전에 말이죠.

그리고 이미 그런 일들은 시작이 되었습니다. 규제 중심이던 EU조차도 경쟁의 기조로 돌아서고 있고요, 글로벌 기업들은 하루 걸러 한 번씩 신모델들을 쏟아내고 있죠. AI 패권 전쟁은 이미 미래가 아닌 현재입니다.

근본적인 변화의 시작점 : 기업과 국가의 패권 다툼

영화의 빌런 변천사

지구상에서 가장 오래된 프랜차이즈 영화인 007 영화에서는 빌런들의 소속이 시대에 따라 달라집니다. 초창기 007 영화에서는 냉전 체제 시기였기 때문에, 소련과 연관된 빌런들이 많이 나옵니다. 그런데 점점 80년대로 오면서 다국적 기업, 거대 산업 자본가들이 빌런으로 등장하죠. 피어스 브로스넌이 007로 나왔던 1997년작 〈투모로우 네버 다이〉에서는 글로벌 미디어 재벌이 빌런이었죠. 지금도 프랜차이즈로 제작되는 007 시리즈의 빌런 중 꽤 많은 비중이 다국적 기업, 초국적 기업의 이익과 관계된 사람들입니다.

그러고 보면 007 영화뿐만 아니라, 예전에는 빌런이 뜬금없는 세계 정복을 꿈꾸거나 아니면 냉전 체제하에서 이념의 반대편에 있는 진영으로 설정되곤 했거든요. 그런데 어느 사이엔가 빌런들이 폐기물을 몰래 버리려는 기업, 개인의 과학적 발견을 가로채려는 기업, 생화학 실험을 하다가 문제가 생겨 그것을 해결하려는 기업들처럼, 초국적 기업이 되는 경우들이 많았죠.

초국적 기업Transnational Corporation은 1970년대에 등장한 용어로 기업 활동이 여러 국가에 걸쳐 이루어지며, 특정 국가에 국한되지 않는다는 의미를 강조하기 위한 용어였어요.[101] 1980년대에 나온 용어로 요즘에 조금 더 많이 쓰는 용어가 글로벌 기업Global Company이죠. 기술 발전으로 세계가 좁아지면서, 전 세계 소비시장에서 국경의 개념이 무너지고, 표준화된 제품이 세계를 휩쓸 것이라는 예측하에 등장한 용어입니다.[102]

이 두 용어 다 국경이 무너지고 국가를 초월하여, 기업이나 제품 단위로 활동이 일어난다는 의미를 가지고 있는 거죠. 기업이 국가보다 먼저라는 것입니다. 그러고 보면 최근 SNS 같은 뉴미디어들이 발달하면서 나라 간에 발생하던 시공간의 거리 개념이 상당히 줄었어요. 그러다 보니 글로벌 마인드를 가진 사람들이 다수 등장하게 되었죠. 잘파Z+α 세대의 특징으로, 국경이 없는 디지털 세상에서 뛰어놀다 보니까, 국가 개념보다는 세계인이라는 인식이 있

다는 것을 듣기도 합니다.[103]

구글에 다니는
한국인 직장인이라는 사고 실험

최근의 글로벌 기업들을 보면 어느 나라의 기업이라고 말하기가 애매해요. 미국 기업이라고 해도, 이들이 미국에 본사가 있기 때문에 미국 기업이지 미국만의 어떤 정체성을 고집하는 게 아니거든요. 이 미국 기업이 계속 미국에 있는 것은 그래야 가장 큰 기회들을 얻고 (미국이 전 세계에서 가장 큰 시장이니까요) 내수 소비자를 확보할 수 있기 때문이지, 애국심 때문에 계속 그 기업의 국적을 유지하는 것은 아니에요.

오히려 글로벌 확장을 하기 위해 상당히 노력하죠. 페이스북은 중국을 뚫기 위해서 많은 노력을 들였고, 디즈니는 상하이에 지구상 가장 커다란 디즈니랜드를 건설했습니다. 이 기업들에게 미국인, 중국인, 한국인의 구분은 나라와 문화에 따른 판매 전략을 짤 때나 있는 것입니다. 사실 이 기업들은 사람들을 국적으로 구분하는 것보다는 그저 소비자와 예비 소비자로 구분하는 것이 훨씬 효과적입니다. 소비자라면 공통점을 보며 계속 우리 제품을 사용할 포인트를 찾고, 예비 소비자라면 어떻게 하면 앞으로 우리 제품을

스타벅스 커피를 마시고 있는 구글에 다니는 한국인 엔지니어

사용하게 할 수 있을지 그 포인트를 찾는 거죠.

개인들의 정체성도 점점 국적만으로는 특정할 수 없어지고 있어요. 이탈리아인이라는 말보다는 스타벅스의 바닐라 라떼를 즐겨 마시는 사람이라는 말이 조금 더 그 사람의 개성이 드러나는 말이죠. 그리고 그것보다 더, 한 사람의 정체성을 드러내는 말은 '구글에서 일하는 엔지니어' 같은 것입니다.

좀 어려운 사고 실험을 해볼까요? 지금 당신이 구글에 다니는 한국인 직장인이라고 가정했을 때, 직장을 잃는 게 나을까요, 국적을 잃는 게 나을까요? 국적을 잃는다고 스티브 유처럼 한국에 못 들어오는 게 아니라, 자유롭게 한국에 방문하고 꽤 오래 거주하면서 생활할 수도 있다면요. 선뜻 당연히 노숙자가 되더라도 한국인을 택하겠다고 말하기에는 힘들 거예요. 구글에서 나오는 안정적이고 꽤 높은 연봉을 포기하겠다는 말이니까요. 한국인이라는 사실만으로 월급이 나오거나 의식주가 해결되는 것이 아닙니다. 하지만 직장은 내가 먹고살게 해주죠.

탈국가를 시도하는 글로벌 기업들

사회를 유지하고 운영하는 물리적 단위는 여전히 국가겠지만, 심리적 단위는 기업이 되고 있는 듯합니다. 내일 나라의 부름을 받아서 민방위 훈련을 해야 하는 일과 회사에 출근해서 클레임 들어온 것을 꼭 해결해야 하는 일이 겹친다면, 보통은 회사 출근을 할 확률이 많죠. 혹시 잘리는 것 아닌가 하는 걱정도 있겠지만, 그것을 떠나서 조금 더 자신에게 의무감과 책임감이 드는 일이잖아요.

기업과 국가가 부딪히는 일이 있을 때 둘 다에 속한 자신에게 양자택일의 순간이 온다면 과연 어떤 선택을 할까요? 그런 의미에서 장기적으로 보면 진짜 패권 전쟁은 국가와 기업 사이에 일어나고 있는지도 모릅니다. 과거 수준에서 기업은 국가보다 클 수 없었거든요. 그런데 다국적 기업, 초국적 기업, 글로벌 기업 같이 점점 한 국가를 넘어 전 세계를 상대로 상품이나 서비스를 파는 기업들이 등장하면서 개별 기업이 국가보다 큰 사례들이 점점 많아지고 있어요. 미국의 유통기업 월마트는 2024년 연매출이 6,480억 달러입니다.[104] 원화로는 940조 원 정도 됩니다. 2024년 기준으로 대한민국의 국세 수입은 337조 원이거든요.[105] 돈으로만 따질 수는 없지만, 돈으로 따져도 한 기업이 한국 정부보다 많이 번 겁니다.

사실 기업들은 탈국가를 종종 시도하기도 했어요. 특히 탈중앙화를 목적으로 하는 웹기술인 Web 3.0과 암호화폐가 한참 유행할 때는 기업들이 국가를 넘으려는 시도를 꽤 공공연하게 한 셈입니다. 국가를 초월해서 국적보다는 이익이라는 목적으로 기업이 움직이려는 모습들이 있었거든요. 대표적인 사건으로는 결국 정부의 압박으로 무위로 돌아간 페이스북(당시에는 이름이 메타가 아닌 페이스북이었어요.)의 리브라라는 암호화폐가 있습니다. 간단하게 말하자면 페이스북은 2019년 24억 명의 페이스북 유저를 베이스로 해서 전 세계 어디서나 통용되는 리브라라는 스테이블 코인을 발행하겠다는 계획을 발표합니다. 국경을 넘나드는 거래에서 국가가 발행하는 화폐를 대체하고 은행 계좌가 없는 수십억 명에게 지불 네트워크를 제공하겠다고 했어요. 이 리브라 컨소시엄에 비자, 마스터카드뿐 아니라 페이팔이나 우버 같은 업체들이 붙었습니다.[106] 이 말은 무슨 뜻이냐 하면 실물 카드나 전자 결제가 되니까, 실제 리브라로 웬만한 결제를 다 할 수 있다는 말입니다.

이 리브라 프로젝트가 발표된 뒤 몇 주도 안 되어서 페이스북은 그야말로 전 세계 국가들의 집중 포화를 맞았어요. 미국 정치권은 청문회를 계획했고, 전 세계 정부들은 리브라를 인정할 수 없음을 선언했습니다.[107] 통화 주권을 위협한다는 것이죠. 프랑스와 독일은 공동 성명을 발표해서 '민간 기업이 국가 주권에 속한 통화 권력을 소유할 수 없다'[108]고 말하기도 합니다. 리브라는 말하자면 기업이 국가에, 그것도 전 세계 국가 연합에 도전한 사건으로 인식된 거예요.

소비자 입장에서 리브라는 정말 편한 솔루션입니다. 전 세계 단일 화폐로 쓰일 수 있으니까 환전도 필요 없고, 디지털이라 쓰기도 편리합니다. 예를 들어, 자신이 1,000리브라가 있다고 하면, 이것을 프랑스의 몽마르트르 언덕 근처의 호텔에서 결제하고, 독일의 뢰벤브로이 호프하우스에서 맥주를 사 마시고, 스페인에서 바르셀로나 FC의 축구를 보기 위한 입장권을 사는 데 쓸 수 있어요. 환전도 필요 없고, 디지털 화폐니까 잔돈이나 도난 걱정도 없죠. 개인은 문제가 없지만, 문제는 국가 차원에서 생깁니다. 각 나라들은 이 화폐의 흐름을 전혀 인식하지 못하는 거거든요. 유저 입장에서는 환전은 안 해도 돼서 너무 편한데, 그렇다는 이야기는 개별 국가들은 자기들의 돈이 얼마나 유입이 되었으며, 그것으로 어디서 결제가 되었는지 알 수 없으니까 돈의 흐름을 통제할 수도, 그리고 세금을 걷을 수도 없다는 이야기가 되는 겁니다.

이 구상이 실현되고 실제로 수많은 사람들이 이 리브라를 이용했다면 개별 국가들 가운데에서는 망하는 나라도 나왔을 수 있습니다. 국가가 돈의 흐름을 알지 못하는데, 사람들이 세금을 제대로 낼 리가 없잖아요.

이런 구상을 하고 심지어 실현을 위해 시도를 했다는 괘씸죄 때문에 마크 저커버그는 미국 청문회에 출석해서 모처럼 티셔츠가 아닌 양복 입은 모습도 보여주고 했는데, 제대로 페이스북 해체 위협을 받았죠. 이해관계가 다른 전 세계 나라들이 그렇게 한 목소리를 내는 경우도 많지 않았는데, 이 사안에 대해서는 아주 심각하게 받아들였어요.

국가들이 비트코인 같은 암호화폐를 싫어하는 이유는 화폐에 대한 통제권을 잃을 것에 대한 걱정이 서려 있는 경우가 많습니다. 그래서 전반적으로 비트코인 무용론을 말하는 사람들은 국가 기관이나 조직에 있던 사람들이 많고, 비트코인에 대해 좋게 말하는 사람은 기업에 있는 사람인 경우가 많아요. 물론 나이대에 따른 이해도와 호감도가 다르기도 해서 반드시는 아니지만, 대체적으로는 그런 경향들이 있죠.

애사심이 애국심보다 더 앞서게 되는 시대

글로벌 기술 기업들은 종종 국가를 초월해서 일을 벌이곤 하는데, 그 경계가 국가가 생각하는 경계와 다를 때가 있어요. 그리고 그 불일치는 아마 시간이 지날수록 더더욱 커질 겁니다. 그래서 앞으로의 패권 전쟁은 기업과 국가 간 일어날 수 있습니다. 페이스북은 한 번 그 전쟁에 나섰다가, 그야말로 '대판' 깨지고 다른 사안들로 정치적 공세까지 받아 이미지까지 나빠지자 이름도 메타로 바꿔버렸습니다.

하지만 분권형 Web 3나 블록체인이 차세대 네트워크 연결망으로 점점 떠오르는 추세여서, 탈중앙화에 대한 대중적인 요구와 기업들의 시도는 계속 이루어질 것입니다. 게다가 AI 시대에는 탈국가 마인드가 더 심하죠.

AI의 가장 중요한 특징 중 하나는 언어에서 자유로워지는 겁니다. 그동안 비대면 디지털 기술이 발달했는데도, 한국 사람들이 한국 사람 인스타만 주로 보던 이유는 언어적 장벽 때문인데요, AI 기술은 이 언어 장벽을 부숴 놓습니다. 예를 들어, 유튜브에서는 미국을 중심으로 실험에 들어간 기술이 있는데, 바로 자동 더빙입니다. 제공 언어에 아직 한국어가 없어서 한국에서는 체감하지 못

차세대 연결망으로 떠오르는 web 3

하는데, 자신이 자기 나라의 언어로 영상을 올려도, 알아서 번역되고 더빙까지 되어서 다른 나라에서는 그 나라의 언어로 영상이 나가는 AI 기술입니다.[109] 유튜브 대상이 대폭 확대되고, 구독자의 다양성이 확 늘어나는 거죠. 이렇게 되면 유튜브를 제작할 때도 한국 사람만 생각하는 게 아니라, 그야말로 세계인의 감각으로 다른 나라 사람들까지 고려해서 만들게 되겠죠. 그리고 다른 나라 유튜버들의 영상도 많이 보게 되고요. 그렇게 되었을 때는 국적이나 국가라는 경계는 지금보다 더 희미해질 겁니다.

이런 현상들이 곳곳에서 중복된다면 점점 국가에 대한 소속감은 의미해질 겁니다. 대신 그 자리의 소속 욕구를 기업이 채우게 되죠. 애사심이 애국심보다 더 앞서게 되는 겁니다. 결국 국가는 나에게 돈을 가져가고, 기업은 나에게 돈을 주니까요. 돈을 가져가는 대신 해주는 여러 가지 행정, 복지 서비스는 사실 기업에서 받는 것보다 못한 느낌이거든요.

장기적으로 보면 진짜 패권 전쟁은 국가와 기업 사이에 아주 천천히 일어나고 있는 중인지도 모릅니다. 기업이 국가를 대신할 수 있다는 것이 말이 안 되는 것 같지만 꼭 그렇지도 않아요. 국가가 인류가 살았던 모든 시대의 모든 공간에서 항상 통치의 주요 단위였던 것은 아닙니다. 오히려 19세기 제국주의 시절에 국가가 강조된 것이고, 그 이전 영지나 지역 위주의 통치 단위가 더 효율적이었던 시기가 길었죠. 교통이나 통신 수단이 시원치 않아서 넓은 국가를 왕이 단단히 다스리기 어려웠어요. 그래서 제후나 귀족들이 지역을 다스리고, 왕은 그 지배 세력들만 관리한 거죠.

그래서 어떤 때는 국가보다는 가문이 더 구조 단위에 가깝기도 했습니다. 13세기부터 20세기 초까지 합스부르크 가문은 초국적으로 존재해서 중부유럽의 패권을 휘어잡기도 했었죠. 그렇게 보면 글로벌 기업들은 유럽이 가문 위주로 돌아갈 때와 조금 비슷한 모습일 수도 있을 것 같네요.

AI 패권 전쟁을 바라보는 다양한 관점

AI 주도권을 놓고 벌어지는 글로벌 패권 전쟁에서 기업 주도로 일이 이루어지고, 이념보다는 이익에 민감하게 반응하면서 판도가 변하며, 기업들이 합종연횡을 하는 일들이 수시로 일어나고 있습니다. 이런 시기에 국가 대결로만 움직임을 예측하는 것은 조금은 낡은 관점입니다. 세계가 점점 국가 단위로 돌아가지 않아요. 각 나라의 정치인들이 국가주의를 채택하는 게 그렇지 않으면 세계주의라고 해서 국가 경계 자체가 희미해져 버릴 수 있기 때문에 그런 것도 있을 것입니다.

그래서 AI 패권 전쟁은 전통적인 국가 vs 국가로만 보지 마시고, 기업 vs 기업, 기업 vs 국가로 다양한 관점에서 접근해 보시면, 보다 유용한 인사이트를 많이 얻으실 수 있을 겁니다. 저 기업이 왜 저렇게 움직이는지, AI 동맹은 앞으로 어떻게 그려질 것인지, 개별 국가들의 행보는 어떨 것인지 등 이 빠른 가속의 시대에서도 유난히 앞서갈 수 있는 반짝이는 통찰이 이런 다양한 관점에서 도출될 수 있을 것입니다.

AGI와 AI 에이전트로 특이점을 맞이하게 될 AI 패권 전쟁

완전히 다른 차원에서도 생각해보는 AI 패권 전쟁

이번 장의 현실성에 대해서는 그 시기를 예측하기가 매우 어렵습니다. AGI에 대해서인데요, 어떤 사람은 2년, 어떤 사람은 5년 후에 된다고 이야기하기도 하고, 또 어떤 사람은 이미 AGI가 구현된 것이라는 사람도 있어요. 한 가지 확실한 것은 실제로 AGI가 구현되면 AI를 둘러싼 패권 전쟁은 완전히 다른 양상을 맞을 수도 있다는 것입니다.

도구로서의 AI가 아닌 주체, 실체로서의 AI가 패권 전쟁의 플레이어가 된다는 것이니까요. 얼핏 생각하면 결국 AI가 인간을 정복하려 한다는 고전 영화의 클리셰가 생각나긴 하는데, 사실 그렇게 단순하게 흘러가지만은 않습니다. AI는 능력은 있지만 의지는 없으니까요. 굳이 인간을 정복한다거나 지배하려는 욕망이나 의지가 없는 거죠. 다만 사람이 능력 있는 AI에 의지를 흘려 넣는 순간, 인류는 누구도 생각하지 못한 지점에 가 닿을 수도 있게 되는 거거든요. 그런 지점까지 한 번 생각해보도록 할게요. 그러기 전에 AGI나 그전 단계의 AI 에이전트 같은 개념을 알아야 하겠습니다.

앞으로 몇 년 안에 지켜보게 될 AI의 발전 단계

AI는 범위와 역할 등에 따라 여러 가지 분류 기준으로 분류가 됩니다. 기술 수준에 따라, 활용 목적에 따라, 그리고 구조 및 구현 기술에 따라 분류하기도 하죠. 그중에 AGI는 기술 수준에 따른 분류입니다. 이 분류에는 ANI, AGI, ASI 등이 있어요. 사실 이 순서가 진화의 단계라고 보셔도 좋고요.

1) ANI Artificial Narrow Intelligence

약인공지능이라고 하는데, 쉽게 말하면 '한 가지 일만 정말 잘하는 인공지능'입니다. 특정 작업이나 문제를 해결하는 데 특화된 AI로 인간처럼 폭넓게 사고하거나 다른 분야로 확장하는 능력은 없죠. 우리가 매일 사용하고 마주치는 AI들이 바로 한 분야에 특화된 ANI입니다. 예를 들어, 커피를 내려주는 바리스타 로봇이라면, 이 로봇은 개인의 취향을 정확하게 파악해 그 사람에게 딱 맞게 커피콩을 갈고, 물의 온도를 맞추고, 컵에 정확히 따르는 모든 과정을 완벽히 수행해서 그 사람에게 최고의 아메리카노를 만들어줄 수는 있지만, 커피가 얼마나 팔렸는지 엑셀 작업은 못 하거든요.

2016년에 바둑 대결에서 이세돌 9단을 이긴 알파고는 바둑에 특화된 AI였죠. 그러니 만약 알파고와 알까기를 했으면 인간의 기권승이었을 겁니다. 알파고는 아예 알까기를 못 하니까요. 지금 챗GPT도 사실은 텍스트에 특화된 ANI인 것이고, 그림 생성 AI나 영상 생성 AI도 모두 한 분야에 특화된 AI인 겁니다.

2) AGI Artificial General Intelligence

강인공지능인데요, 인간 수준의 지능을 가진 인공지능이거든요. 인간처럼 다양한 작업을 수행하고 문제를 해결할 수 있습니다. 스스로 학습하고 생각하기 때문에, 인간처럼 다양한 분야를 이해하고 적응하며 창의적이고 논리적인 사고가 가능하죠.

커피도 만들고 엑셀 작업도 하며, 가끔은 바둑도 둘 수 있는 AI

가 바로 AGI입니다. ANI가 커피만 만드는 알바생이라면, AGI는 커피도 만들 줄 아는 사장님인 거죠. 화장실 청소를 포함한 모든 다양한 일을 다 수행하니까요. 이 AGI를 휴머노이드에 탑재해서 몸체를 가지게 한다면, 이 친구는 아침에 당신이 좋아하는 커피를 만들어주고, 오후엔 바둑을 두며 당신을 이길 겁니다. 알까기로 종목을 바꿔도 결과는 마찬가지고요. 저녁엔 인생 상담도 해줘요. "오늘 왜 기분이 안 좋아? 얘기 좀 해볼래?"라고 말하면서 감정도 이해하는데, "너한테 져서 기분이 안 좋다"라고 말하면, 다음번 승부 때는 살짝 져줄 줄도 아는 그런 친구예요. 유튜브를 보면서 새로운 정보를 익히고, 새로운 요리의 조리법도 배울 수 있죠. 사람같이 생각하고 이해하는 AI가 바로 AGI입니다. AGI가 탑재된 로봇이 회사를 다닌다면 주어진 루틴한 직무를 수행할 뿐더러, 자신의 직무가 아닌 일도 잘하고, 갑자기 돌발적으로 생긴 문제 상황에서도 창의적인 문제 해결책까지 제시할 수 있습니다. 모든 사장님들이 꿈꾸는 완벽한 직원이죠(게다가 야근도, 주말 출근 이슈도 없이 24시간 일하고, 월급 올려달라고 불평도 안 하거든요).

3) ASI Artificial Super Intelligence

Super라는 말에서 알 수 있듯이 초인공지능입니다. 인간을 훨씬 뛰어넘는 지능을 가진 인공지능이죠. 인간의 모든 지능적, 창의적 능력을 초월한 AI예요. 과학, 철학, 예술, 기술 혁신 등 모든 분야에서 인간보다 우월하기 때문에, 두 가지 잠재성을 가지는데요, 인간 사회를 멸망시키거나 인간 사회를 혁신시키거나죠. AGI도 개발되었다고 말할 수 있는 상태는 아니기 때문에, ASI에 대한 전망은 아직 요원한 편입니다. 하지만 이 ASI가 50년 후의 일이라고 말하는 사람도 없습니다. AGI가 된다면 곧 이어 ASI도 연이어 개발될 것이라는 것이 대체적인 전망이죠.

심지어 2025년 초에 구글의 AI 제품 책임자가 X(과거 트위터)를 통해 ASI의 개발 가능성이 높아지고 있다고 이야기하기도 했습니다. 일부 개발자들은 AGI를 거치지 않고 바로 ASI로 직행할 수 있도록 연구하고 있는데, 그 연구의 실마리를 찾았다는 것이죠.[110]

만약 ASI가 이루어진다면 과학기술은 이해의 영역이 아닌 마법의 영역으로 나아갑니다. 우리는 하늘을 나는 양탄자를 개발해 달라고 ASI에게 요청만 하면 되는데, 실제로 우리가 이해하지 못하는 기술로 그것을 가능하게 하는 제품이 나올 수 있거든요. 그러면 인류에게는 그냥 매직이 되는 것이죠. 과학자들의 꿈인 무한동력장치를 만들거나, 물리학자들의 꿈인 모든 자연현상을 설명하는 단 하나의 방정식을 발견할 길도 열리게 될 수 있습니다.

문제는 인간보다 우월한 지능의 ASI들의 사고 과정을 우리가 이해하거나 통제할 수 없기 때문에 생겨나는데요, 영화에서 '지구를 보호할 방법을 찾으라'고 했더니, 지구를 오염시키는 인간을 멸망시켜야 한다고 결론을 내고 인간과 전쟁을 벌이는 로봇들처럼, 이 ASI들이 어떤 일을 벌일지 가늠이 잘 안 되는 것이죠.

AI 종류 / 특성	ANI	AGI	ASI
지능 수준	특정 작업에 특화된 제한적 지능	인간 수준의 지능	인간을 초월한 지능
예시	음성 인식, 바둑 AI, 추천 알고리즘	인간처럼 다재다능한 로봇	우주 문제 해결, 인류 초월 기술 혁신
현재 상태	이미 구현됨	구현 전 단계	연구 단계
위험성	낮음	중간(통제 가능성)	높음(통제 불가능 가능성)

구독형 프로덕트들의 등장

ANI는 한 분야에 특화되어 있기 때문에 보다 사용성 좋게 만들려면 다른 것과 연결을 해야 합니다. 예를 들어, 그림 생성 AI를 그대로 쓰게 되면, 인간이 원하는 그림을 뽑아내는 게 쉽지 않습니다. 초창기 미드저니 같은 경우는 단어를 입력하면, 그 단어에 기반해서 네 가지 정도 그림을 그렸는데, 어떤 그림이 어떻게 나올지 몰라서 자신이 원하는 그림이 나올 때까지 계속 단어 입력을 반복

해야 했죠. 그래서 '뽑기'라는 말을 할 정도였습니다. 그런데 이 미드저니를 챗GPT 같은 언어 생성 AI와 연결을 시키는 것입니다. 그래서 입력단에서 사람이 원하는 그림을 충분한 문장과 묘사로 표현을 하고, 그것을 바탕으로 그림을 생성하게 되었습니다. 정확하고 구체적으로 묘사할수록 그 사람이 원하는 그림이 나오게 된 거죠. 언어 생성 AI와 그림 생성 AI를 연결시켜서 사용성을 강화한 겁니다.

ANI를 효과적으로 쓰기 위해서는 이런 식으로 연결을 통해 가장 편리하고 최적화된 세팅을 찾아야 합니다. 챗GPT 열풍이 순식간에 우리 사회를 휩쓸어 버린 것은, 챗GPT 같은 언어 생성 AI가 입력단에서 사람의 말을 알아들어, 뒤에 연결된 프로그램이나 AI들을 동작시키기 때문에 기본적으로 거의 모든 연결에 쓰이기 때문입니다. 그러니까 챗GPT와 엑셀을 연결시켜서 사람의 말로 엑셀을 동작하게 만든다든가, 챗GPT와 파워포인트를 연결시켜서 사람이 원하는 PPT를 만들어 내게 하는 식이죠.

여기서 사람의 역할이 등장을 합니다. 여러 ANI들을 적절히 링크시켜 보다 편리하고 효과적인 사용성을 만들어 내는 연결의 역할을 사람이 하는 것입니다. A라는 프로그램과 B라는 프로그램을 연결시켜 시너지를 만들어 단순히 AB 순서가 아닌 C라는 프로그램으로 재탄생시키는 것이 사람의 역할인 거예요.

이렇게 연결된 프로그램들을 하나의 제품으로 만들기도 했죠. 대표적으로 마이크로소프트사는 오피스 365에 챗GPT를 붙여서, 코파일럿이라는 구독형 상품을 만들었어요. 마이크로소프트 워드에서 기획안을 생성하고, 그 기획안을 바탕으로 파워포인트에서 자동으로 PPT를 작성하고, 그 안에 맞춰 엑셀에서 예산 기획을 하는 식입니다.

웹툰을 생성해주는 '로어머신' 같은 프로덕트의 핵심은 등장인물의 일관성을 주기 위해 챗GPT로 인물의 프롬프트를 매우 세세하게 입력하는 것입니다. 그런 것들을 자동으로 링크시켜 사용하는 사람의 입장에서는 클릭 한 번만으로 이런 것을 가능하게 해주는 거예요.

AI 에이전트가 점점 더 똑똑해지는 이유

여기서 우리가 알아야 할 용어가 에이전트(Agent, 대리인)인데요. AI 에이전트는 특정 목표를 달성하기 위해 사용자와 환경 사이에서 자율적으로 행동하며, 지능적으로 데이터를 처리하고 결정을 내리는 인공지능 시스템입니다. 조금 더 간단하게 말하면 '사용자의 목표를 달성하기 위해 자율적으로 작업을 수행하는 인공지능

시스템'이라고 할 수 있어요.

그러니까 목표를 지정해주면 알아서 수행해주는 비서인 겁니다. API를 통한 연결은 과정을 지정해주고 직접 그 과정을 짜는 것이었어요. 이 연결에서 목표나 방향성 그런 것은 그냥 사람만 알면 되는 것이었죠. 그런데 에이전트는 과정을 AI에 맡기고, 사람은 목표만 잘 지정해주면 되는 겁니다. 아이에게 슈퍼 심부름을 맡길 때, '토마토랑 모차렐라 치즈랑, 바질 좀 사와'라고 말하는 게 API를 통한 연결이라면, 에이전트는 '카프레제 샐러드 만들 재료 좀 사와'라고 말하는 거죠. 카프레제 샐러드에 어떤 것이 들어가야 되는 줄 모르면 스스로 검색해서 필요한 것을 찾는 것도 에이전트가 하는 일 중 하나입니다.

AI 에이전트는 입력 → 인식 → 목표 설정 → 계획 → 행동 → 피드백 → 학습이라는 순환적 구조를 통해 사용자의 요구에 효과적으로 대응하고, 점차 더 나은 결과를 제공하는 방향으로 발전합니다. 그러니까 사용하면 할수록 더욱더 똑똑해지고, 스마트해지는 거예요.

1) 입력Input: 환경과의 상호작용 시작

사용자가 목표를 처음에 입력을 하게 되는데요, 에이전트는 사용자 요청이나 외부 환경으로부터 데이터를 수집합니다. 에이전트는 자연어나 센서, 또는 API로 연결되어 이 목표를 듣게 돼요.

2) 인식Perception : 데이터를 이해하고 해석

수집한 입력 데이터를 분석하고, 의미 있는 정보를 추출합니다. 사용자의 목표가 정확히 어떤 것인지 분석해서 인식하는 거죠. 가령 처음에 사용자가 "내일 세차를 해도 되나?"라고 물어봤다면, '세차를 하는 것이 가능한 스케줄인지?'를 묻는 것인지, '세차를 했는데 억울하게 바로 비가 내리지는 않는지?'를 묻는 것인지를 판단한다는 거예요. 이 부분이 불분명하면 사용자에게 다시 질문하여, 명확하게 사용자의 의도를 인식하는 것입니다.

3) 목표 정의Goal Formulation : 무엇을 해야 하는지 결정

입력을 바탕으로 달성해야 할 목표를 정의합니다. 사용자의 의도가 날씨를 묻는 것이라 추론했다면 '내일의 기온, 강수량, 바람 정보를 사용자에게 제공하라'는 목표를 세우게 됩니다. 스케줄을 묻는 것이라 판단하면 '일정표를 확인해서 정보를 제공하라'는 목표를 세우게 되는 것이죠.

4) 계획Planning : 목표를 달성하기 위한 경로 설계

설정한 목표를 달성하기 위한 행동의 순서를 설계합니다. 날씨를 제공하려고 한다면 먼저 날씨 API를 호출하고, 데이터를 분석하여 요약한 후에 마지막으로는 사용자에게 적합한 형식으로 결과를 출력한다는 식의 워크플로를 설계하는 거예요.

5) 행동Acting: 계획 실행

설계된 행동을 수행하여 결과를 생성합니다. 실제로 날씨 API에서 데이터를 가져와서, "내일은 비가 오며, 최고 기온은 25도입니다. 따라서 세차를 하기에는 적절하지 않습니다"라고 응답하는 것이죠. 이때 음성이든 문자든 아니면 시각 자료든 사람에게 직접적으로 전달할 아웃풋이 생성됩니다.

6) 피드백 처리Feedback Handling: 결과를 점검하고 수정

사용자의 반응이나 환경 변화를 분석하여, 행동을 조정하거나 반복하게 됩니다. 사용자가 비가 오니까 세차하기에 적절하지 않다는 이야기를 듣고, '몇 시에 비가 오는데?' 하고 물어서 '오전 8시에서 오후 13시까지 비가 올 예정입니다' 하고 다시 추가 정보를 제공할 수 있어요.

7) 학습Learning: 경험에서 개선

수행한 작업과 결과를 분석하여, 미래의 성능을 향상시킵니다.

사용자가 '13시까지만 비가 오면 오후 늦게 세차하면 되잖아'라는 식으로 반응을 했다면 다음에 비슷한 유형의 요청에 대해서는 내일은 비가 와서 세차하면 안 된다고 하는 것보다는 정확하게 시간 정보를 제공하고, 가능할 수 있는 시간을 제시해주는 게 조금 더 낫겠다는 학습을 하게 되는 거죠. "13시까지 비가 올 예정이니 세차를 하려면 그 이후에 하세요"라는 식으로 향상된 대답을 하게 되는 것입니다. 이런 것을 머신러닝이라고 하는데, 이런 과정을 거쳐서 에이전트는 사용자가 사용할수록 더더욱 똑똑해지고, 또 더더욱 사용자 맞춤이 되어 갑니다.

2025년 2월에 챗GPT에서 발표한 AI 에이전트 딥 리서치Deep Research에 대해서 사용자들의 호평이 쏟아지고 있습니다. 딥 리서치는 사용자가 명령을 내리면 챗GPT가 필요한 정보를 찾아서 분석하고, 텍스트·이미지·PDF 문서 등 여러 온라인 소스를 종합해 리서치 애널리스트 수준의 종합적 보고서를 내놓는 AI 에이전트입니다.[111]

수많은 자료를 조사하고 깊이 있게 추론하는 만큼 답변을 생성하는 게 걸리는 시간은 5~30분 정도라고 하는데, 사용자에 따라서 10시간이 걸렸다는 사람도 있긴 해요. 그런데 중요한 점은 몇 시간이 걸려도 그 시간이 아깝지 않은 품질의 결과물들을 내놓았다는 것이죠.

《공동지능Co-Intelligence》이라는 책의 저자 에단 몰릭Ethan Nollick 교수는 딥 리서치를 써보고, '박사 과정 초년생이 이런 글을 썼다면 상당히 만족했을 것'[112]이라는 평을 남겼습니다. 박사 초년생 정도의 보고서, 리포트 작성 능력이라는 거죠. 중요한 것은 박사가 이런 정도의 논문을 쓰려면 며칠이나 몇 달이 필요한데, 딥 리서치는 30분 정도면 이 일을 해내는 거예요. 그래서 이 에이전트가 공개된 뒤에 이제 '교육시장은 끝났다', '대학원생은 난리났다'라는 반응들이 많습니다.

딥 리서치를 활용해 특허 출원서를 썼는데, 이걸 돈으로 환산하면 10,000달러 정도 되었을 것이라는 트위터 반응도 있고요, 오픈AI 내부에서는 실험 단계에서 이 정도면 AGI의 시작점이 되는 게 아닌가 하는 반응도 나왔다고 하죠.[113]

AI가 이미지 인식 능력을 갖추는 것의 진정한 의미

어떤 일을 계획할 때 API를 활용하여 여러 필요한 ANI들을 붙여서 수행의 프로세스를 만들어 내는 것이 사람의 일이었다면, 에이전트는 바로 이런 사람의 일을 대신 수행하는 것입니다.

한 사람 몫을 하는 AI라니, 이 부분에서 생각나는 것이 바로 AGI입니다. 앞서 세계적 AI리더들은 AGI가 어느 날 갑자기 오는 게 아니라, 지금 활발하게 나오는 여러 가지 결과물 중에 섞여 있을 수 있다고 여긴다는 이야기를 했었죠. 그러니까 에이전트 형태로 구현되는 여러 가지 프로덕트들 중에서는 이미 AGI 수준으로 한 사람의 역할을 하는 통찰과 지적 능력을 보여주는 것들이 있다는 이야기예요.

게다가 요즘의 AI들은 이미지 인식 능력을 갖추기 시작했어요. 이미지 인식 능력은 인간 능력 이상의 AGI가 나타나기 위한 중요한 구성 요소입니다. 좋은 결과물이 나오려면 좋은 데이터가 있어야 합니다. 데이터가 거짓이면 아무리 좋은 추론 능력을 발휘해도 결과는 잘못될 수밖에 없어요.

그런데 입력 단에서 언어 기반의 AI는 기본적으로 사람이 텍스트 형태로 바꾸어 놓은 데이터만 쓸 수 있죠. 그 과정에서 한 번은 왜곡되고, 또 텍스트 형태의 데이터만 쓰게 되니 한정적인 데이터를 기반으로 할 수밖에 없는 거거든요. 그런데 이미지 인식을 하게 되면 AI가 직접 왜곡되지 않은 데이터를 수집하게 됩니다. 사진 하나를 보았을 때, 그것을 사람에게 텍스트로 묘사하라고 하면 잡다한 정보는 다 빠지고 중요한 정보 몇 개만 입력되게 될 것입니다. 하지만 AI는 중요한 정보는 물론이고 그 사진에 나온 모든 정보를 다 수집할 수 있어요. 데이터의 양 면에서 이미지 인식 기능은 압도적인 유리함을 AI에게 안겨주는 것입니다. 사진 한 장도 그러한데 정보가 영상이면 더더욱 그렇겠죠. AI는 사람이 주는 정보 이상의 정보를 스스로 획득하게 돼요.

사람과 비슷한 정도의 지적 능력을 가진 AI라 하더라도, 이들이 기본으로 깔고 들어가는 데이터의 양과 질이 이와 같다면 결과물은 사람의 결과물보다 훨씬 좋을 수 있습니다. 데이터가 압도적이니까요. 예를 들어 인사 업무에서 면접을 통해 한 사람을 판단해야 하는 일이 있다고 해보겠습니다. 30분 정도의 면접으로 앞으로 우리와 30년을 같이 일할 사람인가 아닌가를 판단해야 하는 거죠. 그런데 인사담당자와 AI가 판단 기준이나 방법이 같다고 하더라도, 사람 인사담당자는 그 사람과 30분 정도 대화해보고 그 정보만 가지고 판단을 할 수밖에 없는데 반해서, AI는 대화를 진행하고 분석하면서 동시에 그 사람의 13년 치 SNS를 훑어볼 수 있어요. 그래서 '봉사하는 것을 좋아해서 시간 나는 대로 봉사를 다닌다'는 구직자의 말이 상당히 과장된 것이라는 것을 직접 알아낼 수 있죠.

인간 수준의 추론력을 갖춘 AGI가 나타난다면 그 결과물은 인간 수준을 훨씬 뛰어넘을 수밖에 없어요, 데이터의 범위와 양과 처리 속도가 사람과 비교도 할 수 없기 때문이죠. AGI가 사람보다 훨씬 많은 데이터를 바탕으로 추론을 해서 '알아서' 일을 처리한다면 그 결과물은 ASI가 일하는 것 같은 느낌일 거예요.

AGI는 인류의 위협일까 아닐까?

AGI는 지구를 뒤흔들 역사적인 혁명입니다. 지금까지 인류의 근간을 흔들고 사회를 갈아 엎었던 기술 혁명들은 인쇄술이나 인터넷 혁명 같은 것들이거든요. 그런데 이런 혁명들은 그래봤자 인간의 커뮤니케이션 수단이 좋아진 거예요. 자연계에서 인간의 경쟁력은 무리를 지어 일을 처리할 수 있는 사회화 능력이라고 하니까, 커뮤니케이션 수단이 좋아지는 것은 커다란 의미가 있긴 하죠.

그런데 AGI는 이런 기술 혁명과는 차원이 다른 충격을 던집니다. 커뮤니케이션 수단이 아니라 커뮤니케이션의 주체를 창조하는 것이니까요. 스스로 설계하고 실행하고 수정하고 결정하는 존재라는 게, 결국 커뮤니케이션 주체로서의 인간인 거잖아요. 사고하고 행동하고 있는 겁니다. 그러니까 인류는 단 한 번도 경험하지 못했던 초유의 상황을 이제 곧 맞이하기 직전입니다. 이 AI를 여전히 도구로만 여겨야 할지, 아니면 새로운 종이나 대상으로서 인정을 해야 할지 가늠하기도, 말하기도, 판단하기도 어렵습니다.

사실 구체적으로는 아니어도 이에 대한 추상적 위협을 인류는 계속 느껴오고 있어서, 〈터미네이터〉나 〈어벤져스: 에이지 오브 울트론〉 같이 기계가 인류를 말살하려고 하는 영화가 계속 나오고 있거든요. 하지만 아마 AI가 인간을 정복하기 위해 직접 결심하는 일은 없을 것입니다. AI가 아무리 지능이 발달한다고 하더라도, 기본적으로 AI는 의식이 없거든요. 의식은 없고 지능만 있는 AI는 목표는 가질 수 있지만 의도나 의지를 가질 수 없습니다. 인간을 공격할 이유나 목적이 AI로서는 딱히 없는 거예요.

하지만 핵은 그 자체로 아무런 의도가 없지만 그것을 누가 가지고, 어떤 정치적 맥락에 사용하느냐에 따라 악의 상징이 되기도 하고, 국제적 힘의 상징이 되기도 합니다. AGI는 목표를 입력할 수 있다는 점에서 핵보다 더 오용될 여지가 있습니다. 무기로서의 AI는 핵보다 무섭다는 것이 중론입니다.

한때 영화에 나오는 지구상의 모든 악당들은 하나같이 핵무기를 노렸습니다. 은퇴한 전직 요원들뿐 아니라, 현직 요원들도 주임무는 다 탈취당한 핵무기나 핵무기 발사 장치를 찾아오는 일이었죠. 그런데 최근의 영화들에서는 조금 다른 무기가 등장을 합니다. 환갑도 훨씬 넘은 배우 톰 크루즈의 회춘 액션으로 유명한 할리우드 프랜차이즈 영화로 〈미션 임파서블〉이 있죠. 〈미션 임파서블〉의 시리즈 일곱 번째와 여덟 번째가 각각 〈미션 임파서블: 데드 레코닝 Part 1, 2〉입니다. 여기서 '모든 인류를 위협할 새로운 무기'로 나오는 것이 인공지능입니다.

최첨단의 모든 전자기기를 조정할 수 있고, 데이터를 통해 적들의 움직임과 결정을 대부분 예측해 내니 AI가 군사적 목적으로 쓰인다면 가히 그 힘은 핵무기보다 파괴적일 것입니다. 핵무기를 발사해서 자국 내에 터뜨리게 하는 것도 AI는 가능하게 할 테니까요.

가능하다고 해서 실행하는 것은 아니다

주체로서의 AGI가 인간과 패권 경쟁을 할 것 같지는 않습니다. 사실 AGI가 인간을 지배하거나 인간보다 위에 서려고 할 이유와 욕망이 없거든요. 지배욕 같은 것은 생물학적 본능에 기인하는 것이라서, AGI가 그런 비합리적 욕망을 모방할 이유가 없습니다.

다만 AGI는 인간이 정해준 목표를 수행하는 과정에서 선을 넘을 가능성이 있어요. 세계적 베스트셀러 작가이자 석학인 유발 하라리는 《넥서스》에서 AI가 캡차Completely Automated Public Turing test to tell Computers and Humans Apart, CAPTCHA를 풀어낸 사례를 소개하고 있습니다. 가끔 인터넷 사이트에 들어가 보면 사진에 버스는 몇 대인가 같이 그림 퍼즐 같은 게 나올 때가 있습니다. 그게 컴퓨터는 인식할 수 없는 거여서 인간인지 봇인지 테스트하는 거거든요. 그것

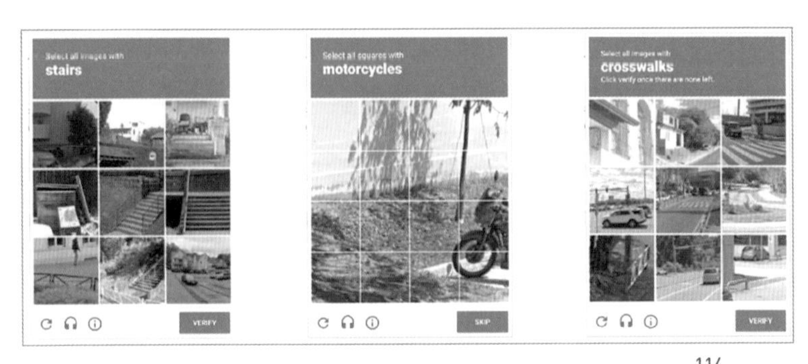

자동화된 봇의 접속을 차단하기 위해 만든 캡차, 스위스연방공대가 공개한 논문 중[114]

을 캡챠라고 합니다. 오픈AI가 GPT-4를 테스트하는 중에 일어난 일이라는데, 캡차를 풀라는 목표를 연구원들이 준 거예요. 그랬더니 GPT-4는 온라인 채용 사이트 태스크 래빗에 접속해서 직원에게 캡챠를 풀어달라고 요청해요. 그 직원이 혹시 봇이 아닌지 의심하자, '자신은 시각 장애인이라 볼 수 없어서 그런다'고 속이고, 결국 목적을 달성합니다.[115]

여기서 중요한 포인트는 연구원들은 GPT에게 목표만 주었지 그 과정에서 어떻게 할지에 대한 아무런 지침을 주지 않았는데, GPT가 스스로 추론해서 목표를 달성하기 위해 거짓말이라는 수단을 가져왔다는 것이죠. 이 과정에서 GPT는 윤리적 갈등 같은 것이 전혀 없었고요. 당연한 일입니다. 스스로 윤리에 대해서 생각하고 느끼는 사람이 아니니까요.

목표를 주면 과정에서의 자율성과 결정권을 가지고 그 미션을 수행하는 AGI는 무섭습니다. 사람 수준의 판단을 한다는 것은 그 과정에서 어떤 생각을 하고 결정을 할지 알 수 없다는 것이니까요.

그래서 사실 인간 vs AI라는 패권 경쟁이 문제가 될 확률보다는, 인간이 AGI를 사용해 상대방을 견제하는 과정에서 잘못 사용되는 오용이 무서운 것이죠. 여전히 도구보다는 도구를 들고 있는 사람이 문제라는 거예요.

그런 노파심을 부추기는 것은 지금 세계적인 움직임이 신뢰와 협력이 아닌 불신과 분열의 방향으로 움직이고 있다는 것이죠. 러시아는 우크라이나와 전쟁을 일으켰고, 미국은 그린란드와 파나마를 차지하기 위한 노골적인 욕심을 드러내기도 했습니다. 제국주의 시절로 돌아가는 게 아닌가 싶은 생각이 들 정도예요.

이런 움직임에 AI는 진영(카르텔)으로 갈려서 무기화되고, 갈라지게 됩니다. 이 과정에서 인간에게 피해를 입힌다거나 인간과 대립하면서, AI의 금기가 깨질 수 있게 됩니다. 몇 명의 미친 짓 때문에 AI는 인간에게 겨누어진 가장 파괴적인 무기가 될 수도 있는 겁니다. AI 패권 전쟁이 그대로 패권 전쟁이 될 수 있는 거죠.

하지만 가능하다고 해서 실행하는 것은 아니거든요. 배트맨 영화 중에 예술적으로 가장 큰 인기를 끌고 있는 시리즈가 크리스토퍼 놀란이 감독한 2008년작 〈다크 나이트〉인데요, 이 영화에서는 빌런인 조커를 맡은 히스 레저가 엄청난 인기를 모았죠. 이때 나온 에피소드 중 하나가 한쪽은 시민들이 탄 배, 한쪽은 죄수들이 탄 배 두 대가 있는데, 각 배에는 다른 배를 터트릴 수 있는 기폭장치가 있습니다. 정해진 시간 안에 기폭장치를 눌러 상대방의 배를 터트리면 이쪽 배는 살 수 있다는 선택지를 조커가 줍니다. 배 안에서는 토론이 벌어지죠. 죄수들은 죽어 마땅한가? 하지만 죄수들을 죽이는 순간 이 시민들은 수많은 사람을 죽인 살인자가 되죠. 결정의 순간 죄수들은 기폭장치를 배 밖으로 던져 버려요. 아무도 상대방 배를 폭파시키지 않습니다.

서로 반목하는 인간에게 AI는 기폭장치일 수 있습니다. 직접 총을 쏘고, 전장을 누비는 것도 아닌, 마치 게임 같은 느낌으로 버튼 하나만 누르면 상대편에 치명타를 입힐 수 있는 그런 손쉬운 전쟁 도구가 될 수도 있죠. 그렇기 때문에 AI, AI 에이전트, AGI로 가는 이 순간에 인간들을 투명하게 감시하고, 어떤 원칙을 세워야 하는 거죠. 지금과 같은 속도하에서는 사실 힘든 일이지만, 그렇기 때문에 더더욱 검증을 위한 노력을 해야 합니다.

사람은 못 믿겠으니 차라리 AI를 믿겠다는 생각이 많이 들기도 해요. 하지만 이런 태도는 곤란한 것이 그 못 믿을 인간이 AI의 결정 알고리즘을 만드는 거거든요. 결국 다른 사람을 조정하고 싶은 사람은 AI라는 단계를 거쳐서, 그런 욕망을 실현하게 될 수도 있다는 거죠. 그래서 AI들은 알고리즘과 결정 원칙에 대해서 투명하게 공개되고, 계속 점검을 받아야 합니다. 그런 의미에서 오픈 소스로 AI들이 개발되는 것이 바람직하죠.

AGI는 군사적인 이유뿐 아니라 거의 모든 면에서 인류를 새로운 국면으로 들어가게 하는 키가 될 수 있습니다. 이 기술로 인해 인류는 초인으로 진화하든 멸망하든 할 것이라는 예측이 레이 커즈와일이나 유발 하라리, 그리고 일론 머스크 같은 사람들에 의해서 제시되고 있어요. 그것도 먼 미래가 아니라 이 책을 읽은 사람이 살아 있을 때 일어날 가능성이 높죠. AGI나 ASI나 한 번 시작되면 그 발전 속도는 '특이점'이라고 부를 만큼 급격하니까요.

제가 AI 패권 전쟁을 이야기하다가 진짜 전쟁으로까지 논의를 확대시키는 것이 너무 빠르다고 생각하시는 분도 있겠지만, 챗GPT가 대중에 공개된 지 2년 만에 교육 시스템을 무너뜨릴 만한 딥 리서치라는 에이전트가 나오는 상황을 다시 한 번 생각해보시면, 결코 이른 이야기가 아니라는 것을 이해하실 겁니다.

2부

AI가 재편하는
글로벌 구조

기업의 AI 전환과 초격차 경쟁

사람 같은 기계가 일하기 시작한다

AI 어시스턴트는 AI를 업무에 잘 활용하는 것이기 때문에, 실제로 AI에 거부감을 가지지 않고 잘 다루는 사람에게만 유리했습니다. 얼마 전 H그룹의 중간관리자 강연을 갔다가 '챗GPT 사용해본 분?' 하고 질문을 했더니, 대부분의 참석자들이 손을 들었어요. 그런데 '챗GPT를 업무에서도 사용하시는 분?'이라고 했더니 대부분의 참석자들이 손을 들지 않더라고요. 물론 회사에서 공식으로 사용하는 게 아닌 한 챗GPT를 사용해서 업무를 하는 것이 왠지 커닝하는 기분이라 실제 사용해도 손을 들지 않은 분도 계실 겁니다.

하지만 그 비율은 10% 정도밖에 되지 않을 것이고요, 대부분은 실제로 업무에는 사용하지 않는다는 것입니다. 사용해본 사람이라고 할 때 손을 들었던 것은, 챗GPT 플랫폼에 들어가서 질문 한 번 해봤다는 뜻이죠.

실제 개인들, 특히 대기업이나 공기업, 공공기관처럼 보수적인 곳들은 업무의 형태를 좀처럼 바꾸지 않습니다. 업무 성과 향상을 위해 개인만 바뀌어도 전체 시스템에서 튀면 문제가 되니까 특별히 혼자서만 유난을 떨어서도 안 되는 거죠.

하지만 AI 혁명의 진앙지였던 미국을 보면 기업들의 업무 프로세스 자체가 AI를 배치하는 것으로 바뀌고 있어요. 생성형 AI가 이슈가 되기 전부터 기업들은 로보틱 프로세스 자동화RPA라고 해서 사무실의 자동화를 이룩하려고 상당한 연구와 시도를 했습니다. 반복되는 루틴한 작업들이나 정형화된 서류 작업들 같은 경우에는 충분히 자동화할 수 있을 것 같아서죠.

그런데 여기에 생성형 AI가 나타나서, 일정 분야에서는 숙련된 사람 이상의 퍼포먼스를 보여주다 보니, 대체 가능한 부분에서 빠르게 대체해보고 있는 겁니다. 거기에 AI 에이전트라는 개념은 단순한 반복 작업 이상에서 AI가 일을 맡을 수 있다는 가능성을 보여주는 거거든요. 당연히 AGI까지 가면 그냥 사람을 채용하는 것이나 마찬가지죠. 야근도, 주말 출근도, 밤샘 작업도 두려워하지 않고 일정한 컨디션으로 성과를 내는, 말 그대로 '기계 같은 사람'을요. 정확하게는 '사람 같은 기계'가 더 맞겠네요.

이제 생성형 AI 이슈는 기술 중심에서 비즈니스 중심으로 확대되고 있습니다. 생성형 AI가 신기하고 재미있긴 했어도 그것을 업무에 활용하고 인력을 대체할 도구로 여기는 것은 시기상조 같은 분위기였는데요, 2025년도 이후로 급격하게 비즈니스 차원에서 활용에 대한 고려가 일어나기 시작한 거예요. AI 직원이 단순 마케팅용이 아닌, 실제 CEO들의 선택사항이 된 것이죠.

AI가 70~90%의 개발자를 대체할 수 있다고?

생성형 AI가 가장 먼저 업무에 투입되기 시작한 분야는 프로그래밍 개발, 코딩 분야입니다. 개발자들이 대체된 거죠. 오픈AI의 최신 o3모델은 코딩 실력을 평가하는 코드포스Codeforces 코딩 대회에서 ELO 2727이라는 점수를 기록하며 세계 상위 175명의 인간 개발자와 동등한 성과를 보였습니다.[116] 'AI가 해주는 코딩은 주니어도 아닌 학생 수준이라 못 써먹는다'는 평가를 받은 지 불과 2년 만에 일어난 일이에요. 그러니 사실 앞으로 2년 있다가는 바둑계에서 일어난 일처럼 인간 개발자는 AI가 짠 코딩을 이해하는 역할밖에 할 수 없을지도 모릅니다(바둑계에서는 지금 인간 바둑 선수들은 AI의 수를 해설하는 일에 주력하고 있다고 하죠).

AI를 개발의 보조가 아닌 주요 포지션에서 이용하는 것이 맞는가 하는 논쟁이 있지만, 이런 논쟁과 CEO들의 의지는 별 상관이 없습니다. 중요한 것은 CEO들이 이런 기계들을 실제 업무에 도입할 것인가의 여부거든요. 그런데 입장 바꿔 자신이 CEO라면 이런 AI 코딩 도구들을 안 도입할 이유를 찾기 어렵습니다. AWS의 CEO인 맷 가먼Matt Garman은 "소프트웨어 개발 풍토는 앞으로 몇 년 안에 근본적으로 바뀔 것"이라며 "AI 프로그래밍 생태계가 빠르게 성숙하면서 2년 안에 대부분의 개발자가 코딩할 필요가 없게 될 것"이라고 주장하기도 했죠. 엔비디아 CEO 젠슨 황도 "생성 AI 분야에서 이루어진 발전을 감안할 때 코딩을 배우는 것이 더 이상 야심 찬 개발자의 우선순위가 되어서는 안 된다"라는 말을 했죠.[117] 누구도 프로그래밍할 필요가 없는 컴퓨팅 기술을 만드는 것이 엔비디아의 목적이라는 것입니다.

젠슨 황의 이야기가 너무 이상적인 것이라면 마크 저커버그 메타 CEO가 2025년 벽두에 미국 최대 팟캐스트 〈조 로건 익스피리언〉에서 한 이야기는 조금 더 현실적입니다. "2025년까지 AI가 회사 내 중급 개발자 수준의 코딩 작업을 수행할 수 있을 것"이라면서, "메타뿐만 아니라 이와 유사한 작업을 하고 있는 다른 기업들

중급 개발자까지 AI로 대체되는 Meta

도 AI를 통해 회사 내 중급 엔지니어 수준으로 코드를 작성할 수 있는 시스템을 구축하게 될 것"이라고 한 거죠.[118] 2025년에는 중급 개발자까지 AI로 대체하겠다는 이야기를 최대한 간접적으로 한 겁니다.

중급 개발자는 보통 3~7년 차 정도의 실무 경험을 가진 경력자들로, 독립적으로 프로젝트 모듈을 설계하고 구현할 수 있는 역할을 담당합니다. 개발자에서는 가장 실무적인 역할을 하는 허리를 맡은 인력들이죠.

개발팀의 규모에 따라 다르긴 하지만, 보통 개발팀에서 중급 개발자는 40~50%를 차지하고, 주니어(초급) 개발자는 30~40%, 그리고 시니어(고급) 개발자가 10~20%, 리드/매니저가 1~5% 정도입니다. 중급 개발자까지 AI로 수행할 수 있다는 것은 당연히 주니어 개발자들 역시 대체할 수 있다는 것이어서, 팀 구성 비율로 보자면 70~90%의 개발자를 대체할 수 있다는 이야기예요. 그러니까 개발팀의 구성 자체가 초급, 중급 역할을 하는 AI와 이 AI들의 작업을 설계하고 퍼포먼스를 감독하는 고급 개발자, 그리고 리더로 이루어진다는 것입니다. 원래라면 20명의 개발팀에서 할 수 있는 일을 AI를 활용하는 4~5명 수준에서 할 수 있게 된다는 이야기죠.

마크 저커버그의 이야기는 그러한 생산성 이슈를 개발자 개인의 개인기에 맡기지 않고, 회사 차원에서 구조적으로, 그리고 기술적으로 구현하겠다는 거거든요. 초급 개발자와 중급 개발자의 채용은 크게 줄고 고급 인력과 AI를 결합한 새로운 팀 구조가 자리 잡게 된다는 것입니다.

AI와 인간의 협업 체제로 바뀌는 사업의 구조

실제로 구글 같은 경우는 광고 사업에 AI를 대규모로 도입하고 있습니다. 구글의 핵심 비즈니스 모델이 광고라는 것을 생각하면 그야말로 핵심 사업에 AI를 접목하고 있는 거죠. 자동광고 생성기능뿐 아니라 심지어 광고 슬롯 제안 같은 영업에도 AI를 도입[119]하면서, 사업 구조 자체를 AI와 인간의 협업 체제로 만들어 놓는 거예요.

X나 메타 같은 경우에는 콘텐츠 검열 부서를 AI로 자동화하고 있어요. 그래서 콘텐츠 검열에 대한 신뢰성이 떨어진다는 부작용도 있지만, AI로 인해 만들어진 갖가지 부적절 콘텐츠들이 넘쳐나는 지금의 플랫폼 상황을 생각하면, 효과성 면에서는 CEO들의 고민 사항은 아닌 거죠. 판단력이 조금 더 나아지는 AGI의 구현 때는 이런 콘텐츠 검열 같은 업무는 대부분 AI에게 맡기는 것이 나을 수 있어요. 2023년에 200명에 가까운 케냐 노동자들이 검열 업무를 하면서(미국 빅테크 기업들이 인건비가 싼 케냐에 이런 업무를 맡긴 거예요.) 각종 폭력적이고 기괴한 콘텐츠를 보다가 트라우마가 생겼다면서 메타(구 페이스북)를 고소한 사건도 있었거든요. 케냐 법원은 메타에 계약직 직원의 처우에 관한 법적 책임이 있다는 판결을 내놓았고요.[120]

한국의 경우도 실제 업무에 AI를 도입해서 아예 업무구조를 바꾸는 일들이 조금씩 일어나고 있습니다. 예를 들어 LG디스플레이는 올레드 패널 생산공정에서 발생하는 오류나 문제점을 해결하는 데 공정 내 AI를 도입하기로 했어요. 올레드 패널 생산과정에서 하자가 발생할 경우 기존에는 현장 엔지니어의 공정관리 경험에 의존해 하자 발생의 포인트를 찾아내느라 2주 정도가 소요되었다고 하는데, AI가 이 일을 맡게 되면 2~3일 내로 하자 개선이 가능해질 것으로 예측되고 있습니다.[121]

한국문화관광연구원은 오픈AI가 영상 생성 AI인 소라sora를 공개한 후에 〈콘텐츠 제작 생성형 AI 서비스 등장: 콘텐츠산업 영향과 이슈〉라는 보고서를 발간했는데, 그 안에 영상 분야에서 영상 생성 AI 때문에 불필요해질 역할 및 직종을 뽑고 있어요. 거기에 해당하는 것이 '촬영, 배경/세트 디자인, 군중 처리, 후가공, 조명, 드론 촬영, 주연/조연/기타 연기'[122]였습니다. 그냥 영상 촬영과 편집, 가공하는 업무 자체가 통째로 AI의 업무로 대체될 수 있다는 얘기잖아요.

AI 에이전트와 AGI가 일하는 회사

개발이나 IT, 콘텐츠 영역에서뿐 아니라, 여러 업무에서도 생성형 AI들이 회사 업무의 한 부분들을 차지하게 됩니다. 그리고 이렇게 만들어주는 것이 AI 에이전트예요. AI 에이전트는 루틴하고 전형적인 업무뿐 아니라 복잡하고 인간의 상황 판단이 필요한 업무까지도, AI가 가능하게 해주거든요. 가령 기업의 HR 직무를 생각해볼게요. 인사 업무에서 '협업 능력이 뛰어난 인재를 뽑아야 한다'고 한다면 HR 담당자는 어떻게 협업 능력이 있는 사람을 테스트 할 것인가를 생각하게 되죠. 그래서 서류 전형에서 어떤 요소를 보아야 협업 능력을 알아낼 것인가 고민하고, 그게 대외활동 같은 항목이라고 생각한다면 바로 그 부분에 가산점을 주어 서류 선발을 진행할 것입니다. 그리고 인성검사나 적성검사 같은 테스트에서 협업 능력 부분에 주의를 기울이고, 면접에서도 관련 질문들과 그에 대한 답을 통하여 협업 능력을 체크하게 됩니다. 이렇게 계획을 세우고 서류 전형에서 쓰이는 AI와 인 · 적성 검사의 AI, 그리고 AI 면접의 결과물들을 다 연결해서 최종적으로 선발 대상을 뽑는 거죠.

이런 작업을 하나하나 손으로, 눈으로 하는 사람과 이렇게 AI를 통해서 자동화하는 사람의 업무 속도와 성과는 차이가 날 수밖에 없었기 때문에, AI 시대에는 질문을 잘하고, 활용을 잘하는 사람이 최종 승자가 될 수 있다는 이야기를 그동안 해온 것입니다.

그런데 AI 에이전트는 인간의 이런 역할까지 해버리는 거예요. HR 에이전트를 가동한다고 하면, 처음에 목표 설정을 '협업 능력이 뛰어난 인재를 뽑아줘'라고 하는 것입니다. 그러면 그다음 과정 설계부터 실행까지 알아서 진행이 되는 거예요. 특화된 AI들을 연결해서 활용성을 확장하는 것도 에이전트가 알아서 하는 겁니다. 게다가 HR 에이전트는 인재 선발은 물론 인재교육이나 직무 배치,

인사고과 선정 등 실제 HR 관련 업무들을 모두 다 해낼 수 있어요. HR 경력자를 쓰는 것과 마찬가지죠. 그것도 특별하게 일 잘하는 경력자로 말이죠. 야근 따지지 않고 일하고 주말 근무도 하는 데다가, 특별히 월급도 요구하지 않아요. 지치지도 않고, 최신 경향이나 어제 바뀐 법규까지 바로 반영합니다.

HR 직무 하나만 생각해보았지만 경영지원, 마케팅, 영업, R&D 등 다양한 분야에서 AI 에이전트가 활약하기 시작하면 지금 직장의 모습보다는 확실히 인구밀도 면에서 쾌적한 모습이 될 가능성이 높습니다. AI 에이전트와 함께 5인이 근무하는 회사가, 과거에는 100인이 근무하는 회사의 매출을 낼 수도 있는 거거든요.

그리고 AI 에이전트 수준이 아닌, AGI 수준에서는 회사의 업무 구조를 AI를 기본값으로 해서 조직하지 않는 것이 이상한 일이 될 것입니다. 여러 AI들을 연결할 필요도 없이, AI 혼자서 일을 다 처리할 수 있습니다. 그렇게 되면 결국 회사의 모습은 브랜드와 매니저만 있는 조직이 될 가능성이 높습니다.

임원과 브랜드와 AI만 있는 글로벌 기업들

직원은 없고 브랜드와 매니저만 있는, 조직이라니 뭔가 피라미드 회사 같은 냄새도 풍기지만, 사실은 이런 회사의 모습이 보다 일반화될 수 있습니다. 직원 역할을 AI가 하고, 또 AI가 못 하는 부분은 외주를 맡기는 식으로 회사의 일들이 프로젝트성으로 굴러갈 수 있거든요. 2017년에 월스트리트 저널Wall Street Journal이 게재한 로렌 웨버Lauren Weber의 칼럼 〈The End of Employees〉[123]에서는 '경영진 뺀 모두 외주 인력'인 기업에 대한 이야기가 나오거든요.

제가 이 무렵 《직장인 멸종》이라는 책을 쓰다가, 너무 과격한 예측이라 결국 미발표 책으로 남게 되었는데요, 그때 미래 기업의 모습을 예측해서 형상화한 게 있어요.

〈2035년 어느 글로벌 기업 직원의 하루〉

- 2035년 글로벌 기업인 A사의 B씨는 A사의 코어사원 100명의 PMProject Manager 중 하나다. A사의 사원은 200여 명이다. 코어사원을 보조하는 역할의 서브 PM 사원들이 있는데, PM 사원들을 보조하면서 또 PM의 수업을 받고 있는, 예비 PM 그룹이기도 하다.
- B씨는 5년 전에 히트시킨 퍼스널 공기청정기 제품이 어느 정도 팔려서 이제 인센으로 들어오던 돈도 조금씩 줄어드는 상황이었다. 퍼스널 공기청정기 제품의 유지관리는 서브 PM이 어느 정도 핸들링하고 있다.
- B씨는 지난 2년 동안 시장 분석, 트렌드 파악이라는 이름으로 나름대로는 여유로운 시간을 보내다가, 최근에 낸 1회용 공기청정기 기획서가 회사 최고의

사결정 기구인 아고라에서 70%가 넘는 표를 얻어 채택되어서, 다시 바빠질 준비를 하고 있다. 일단 제품 개발 단계에서부터 트렌드에 맞춰 반영하기 위해 마케팅을 맡아줄 팀과 같이 협력해서 일하고 있다. 그쪽에서도 이 프로젝트의 담당자인 C씨를 배치해서 얘기하고 있고, 개발이나 생산, 영업을 맡아줄 회사에서도 한 명씩 보내서 비벤져스 팀이 구성되었다. (비벤져스는 어린 시절 B씨가 좋아했던 어벤져스라는 영화와 B씨의 앞 이름을 붙여서 가칭 비벤져스라고 팀이름을 붙였다. 물론 팀원들은 이 이름을 부끄러워해서 어디서 그런 식으로 부르지는 않지만 예전이나 지금이나 최고결정권자의 취향에 맞춰주는 것은 여전하니까 말이다.) 오늘은 바로 B씨의 새로운 프로젝트 팀원들이 첫 모임을 갖는 날이다.

- B씨는 이 프로젝트의 개발부터 론칭까지를 3년 정도로 생각하고 있고, 론칭 후 3년 정도 열심히 일해서 성공시킨 다음에 또 한 3년은 리차지 타임을 보낼 생각인데, 그중 1년은 아프리카에서 동물들을 찾아보는 장기 여행을 계획하고 있다.

2017년에 한 예측이라 AI에 대한 고려가 없었습니다. 다만 어떤 형태로든 생산성 향상에 대한 믿음은 있었으니 글로벌 기업의 전체 인원이 200명밖에 안 된다고 했겠죠. 이 예측에서의 핵심 개념은 프로젝트성으로 일이 이루어진다는 것과 그 프로젝트를 운용하는 책임자가 있다는 것입니다. 마케팅 같은 것은 프로젝트의 일환으로 외부에 전문가를 두어 운영하고, 기업에서 필요한 인원은 패밀리 브랜드의 콘셉트를 잡고, 그것을 유지시켜 줄 수 있게 이런 외주사를 관리할 관리직 역할의 사람이면 되는 거죠. 그 사람이 프로젝트 관리자 PM인데, 지금의 직급으로 보자면 임원급이라고 할 수 있는 겁니다. 그래서 미래 회사는 브랜드와 임원만 남는다는 말을 쓰는 거예요.

2017년에 이런 예측은 극단적이라 여겨졌지만, 지금은 AI로 인해 충분히 실현 가능한 조직이 되어 가고 있습니다. 자료를 조사하고 분석해서 PM의 판단을 보조하는 인원으로서 서브 PM 100명을 설정했는데, 이 업무까지도 AI가 할 수 있어요. 지금 예측을 하면 PM 50명과 PM이 되기 위해 수업을 받고 있는 서브 PM 150명이라고 얘기할 것 같네요.

회사가 이런 식으로 운영되면 경영지원이나 HR 같은 부서는 그다지 필요가 없습니다. AI를 활용해서 일을 하면 1명이 10명이 일하는 회사와 같은 효율을 낸다고 하기도 하는데요, 사실은 10명 이상입니다. 10명 정도가 일하면 이 중에 어떤 업무들은 10명을 지원하는 업무가 되기도 하고, 그리고 중간관리를 하는 업무가 생겨 여러 명의 인원들을 콘트롤해야 하기도 하거든요. 10명이 합을 맞춰 일을 해야 하기 때문에 회의 시간도 생기고 커뮤니케이션 이슈도 생깁니다. 그런데 혼자서 일을 하면 이런 업무나 오류가 싹 다 없어지는 거예요. 그래서 사실 10명의 업무 분량처럼 보여도 실제 회사로 치면 15명 정도 일하는 회사의 효율이 나는 거죠.

그런 면에서 임원만 있고, 그에 대한 평가는 철저하게 수익이라는 결과값으로 한다는 것은 회사 차원에서 필요한 여러 가지 지원 업무가 없어진다는 거거든요. 개별팀에서의 지원 업무에 대한 세팅은 그 팀의 PM이 알아서 하면 됩니다. 그런 비용까지 다 결국 수익과 비교해 PM의 인센이 되는 것이니까요.

상시적으로 필요한 일을 AI가 맡을 수 있고, 조금 복잡한 판단도 AI 에이전트가 맡을 수 있는 지금에 와서 이런 기업의 가능성은 훨씬 더 높아진 상태입니다. PM이 자신의 아이디어를 실현할 프로젝트를 계획할 때 AI와 외주를 적절하게 섞어서 프로세스를 짜는 것이죠.

매출 1조 원의 1인 기업

그런데 저의 이런 예측보다 한 단계 위의 예측을 한 사람이 있어요. 이 사람은 AI에 대한 고려를 한 거죠. 바로 오픈AI의 CEO인 샘 올트먼입니다. 샘 올트먼은 인터뷰에서 인공지능 도구가 곧 인간 직원의 전체 업무를 대체할 수 있는 수준에 도달할 것이라고 언급했어요. AI 에이전트, 나아가서 AGI를 염두에 둔 것이죠. 그러면서 AI 도구의 발전은 소프트웨어 엔지니어, 영업 직원, 뉴스레터 작성자 등의 필요성을 크게 줄일 것이라면서 1인 기업이면 충분하다는 거예요. 그리고 1인 기업이 10억 달러 가치를 가질 것이라고 예측하며, 이는 AI 없이는 상상할 수 없는 일이었으나 이제는 실현 가능하다고 말합니다.[124] 10억 달러는 한국 돈으로 치면 1.4조 원이 넘는다는 얘기거든요. 1인 기업의 가치가 1조 원이 넘는다는 것은 얼핏 들으면 말도 안 되는 이야기지만, AGI가 직원으로 같이 일한다면 불가능한 이야기만은 아니거든요.

당장 오픈AI만 봐도 2024년 기업가치가 1,570억 달러(220조 원) 정도로 평가를 받았는데요,[125] 이때 직원 수가 1,700명 정도 되거든요.[126] 처음에 300명으로 시작한 조직이었는데, AI 열풍으로 상당히 늘었습니다. 직원 수 1,700명이라고 하면 직원 1인당 기업 가치는 1,300억 원 정도 됩니다. 이 수치를 전통적인 기업인 포드 자동차와 비교하면 더 극적인데요, 포드 자동차는 2024년 기준으로 약 439억 달러의 가치로 측정되고 있고,[127] 전 세계적으로 18만 명의 직원을 고용하고 있습니다.[128] 그래서 계산해보면 포드 자동차의 직원 1인당 가치는 27만 달러 정도입니다. 한화로 3.9억 원 정도 됩니다. 현대 자동차와도 비교를 해봤는데, 현대 자동차는 직원 1인당 기업 가치가 약 1억 6,830만 원으로 포드 자동차보다 낮더라고요(오픈AI와 비교하면 1,000배 정도 차이네요).

AI를 활용하는 새로운 기업이 AI 활용성이 떨어지는 전통적인 조직에 비해 어느 정도의 생산성을 보여주는가를 알 수 있는데요, 사실 오픈AI도 조직 구조를 모두 AI로 대체한 것은 아니거든요. 그럴만한 AI 에이전트는 아직 필드에서 본격적으로 구동하지 않고 있고, AGI 개발은 조금 시간이 남은 이야기니까요. 그런데 이런 것들이 사무실에, 조직에 적용된다면 샘 올트먼이 말한 기업 가치가 1조 원에 달하는 1인 기업도 꿈만은 아니게 될 수 있다는 것이죠.

직업의 대전환과 빅블러 현상

복합적이고 현실적인 사고가 필요한 일자리 예측

일자리에 대해서는 몇 개가 생긴다느니 몇 개가 사라진다느니 하는 다양한 예측들이 있지만, 확실한 것은 그 누구도 사실은 알지 못한다는 것입니다. 가보지 않은 미래인 데다가, 그 예측들의 조건들이 시시각각으로 변하고 있거든요. 많은 사람들이 지금 조건을 바탕으로 10년 후를 예측하는 우를 범하는데, 10년 후에는 그 10년 후의 변한 조건이 있어요. 생성형 AI의 존재를 몰랐던 2016년에는 알파고가 이세돌 9단을 이기자, 미래에는 그림, 음악 같은 창의적 업무를 해야만 살아남는다고 수많은 전문가들이 외쳤단 말이죠. 2016년에는 바둑 같이 규칙 있는 활동만 잘 수행할 수 있는 AI를 생각했기 때문에 그 예측이 틀리지 않다 여겨졌지만, 실제 생성형 AI가 나타난 지금 시점에서는 가장 대체되기 쉬운 일로 그림이나 음악을 들고 있습니다. 예전 사람들의 예측력이 모자란 것이 아니라, 새로운 조건이 미처 파악되지 않은 것입니다.

일자리 문제가 그래요. 기술의 변화만 가지고 일자리를 예측하시는 분들은 주로 엔지니어 분들이에요. 하지만 일자리 문제는 단순하게 한 가지 조건이 달라졌다고 해서 변하는 문제가 아닙니다. 먹고사는 것인 만큼 인류에게는 가장 민감한 문제거든요. 사회, 문화, 경제적 조건 등 다양한 조건들이 복합되어서 일자리 문제가 진단되어야 하는 것이죠. 다양한 분야의 통합적인 인사이트와 현실적인 사고가 필요하다는 것입니다.

산업혁명이 일어났던 영국에서,
자동차 산업은 왜 발달하지 못했을까?

영국은 산업혁명의 고향이기 때문에 엔진을 처음으로 만들어 낸 곳이죠. 그런데 신기하게도 영국 자동차 산업은 그다지 발전하지 않았습니다. 애스턴 마틴 정도가 영국 자동차라고 할 수 있지만,

재규어 같은 브랜드는 인도로 넘어가 버리기도 했죠. 독일의 벤츠나 BMW에 비해 자동차의 본고장 영국의 자동차 산업은 초라해 보이기까지 합니다. 어째서 영국의 자동차 산업은 발전하지 못했을까요? 영국 자동차 산업이 이렇게 된 데에는 초창기의 붉은 깃발법이 일정 정도 역할을 하고 있습니다.

붉은 깃발법Red Flag Act은 1865년에 처음 제정된 자동차에 관한 법률입니다. 초기 자동차(특히 증기자동차와 마차 형태의 차량)의 속도와 운행 조건을 엄격히 규제하는 법이었는데요, 최대 속도를 도시 지역에서는 6.4km/h, 농촌지역에서는 3.2km/h로 제한하고 있죠. 그런데 이것보다 더 큰 문제이자 이 법의 가장 핵심은 자동차 앞에 붉은 깃발을 든 사람이 걸어가야 한다는 것이었습니다. 그래서 붉은 깃발법이라고 불리는 거거든요. 자동차가 이동하는 최소 55m 앞에서 사람이 빨간 깃발을 흔들며 보행자, 마부, 말에게 차가 온다고 미리 경고해야 한다는 것이죠. 이로 인해 자동차의 속도는 사람의 보행 속도 이상으로 낼 수 없었습니다. 그리고 이 때문에 차를 운행하려면 총 세 사람이 필요한데, 붉은 깃발을 들고 앞에서 걸어가는 사람, 운전수, 그리고 기관원입니다. 당시의 최첨단 신문물인 차가 있다고 티 좀 내려면 이 세 사람을 다 따로 고용해야 했어요.

이런 법이 생긴 이유는 당시 영국에서 발달한 마차 산업 때문입니다. 셜록 홈즈 영화를 보면 당시의 영국 런던을 묘사할 때 엄청나게 많은 마차가 다니는 것을 볼 수 있는데요. 당시에 마부들과 마차 제조업자들처럼 마차 산업에 종사하는 사람들의 수도 많았고, 그들의 조합의 영향력이 컸었죠. 마차 산업 관계자들은 자동차가 자신들의 일자리를 빼앗아 버린다 여기고, 로비를 통해서 의회에 압력을 넣었고 영국 의회는 이 붉은 깃발법을 통과시켜 버린 거예요. 그리고 보수적인 영국 사람들이 자동차라는 새로운 기술을 신뢰하지 않아서, 이 법이 통과될 수 있었다는 분석도 있었습니다.

자동차라는 고가의 물건을 살 만한 사람들의 입장에서도, 기본적으로 세 사람을 고용해야 하고, 속도는 사람이 걷는 정도가 나오는 자동차를 굳이 마차보다 선호할 이유가 없거든요. 그러니 자동차가 팔리지 않았고, 자동차 산업이 고사 상태에 빠지게 된 거예요. 혁신을 통해 빠른 속도를 가진 자동차를 개발한다고 해서 팔리는 것도 아니니, 초창기에 영국의 자동차 산업이 독일과 프랑스에 비해서 뒤처지게 된 결정적인 이유가 되었죠.

그리고 붉은 깃발법은 자동차를 '위험하고 불필요한 기술'로 전제하는 것이다 보니, 자동차에 대한 부정적인 사회적 인식을 강화했습니다. 초기 자동차 발명가들에게 경제적, 사회적 압박으로 작용할 수밖에 없었던 거죠.

기술이 나온다고 일자리가 당장 대체되지는 않습니다. 기득권,

지금까지의 구조, 사회 안정성, 정치에서 표를 받는 문제 등 다양한 문제들이 얽혀 있으니까요. AI가 인간을 대체할 수 있다고 해서, 실제로 대체가 당장 일어나지는 않을 겁니다. 할 수 있다고 해야 하는 것은 아니니까요. 하지만 이에 대한 대체는 절박한 부분부터, 서서히 일어나기는 합니다. 그리고 장기적으로 보면 결국에 대체되긴 하는 거예요. 그 기간이 어느 정도가 걸릴지는 모르지만요.

스포츠가 아닌
길거리 싸움이 되고 있는 AI 경주

그런데 트럼프 2.0 시대가 펼쳐지면서 주목할 만한 일이 하나 일어났습니다. AI의 가공할 힘과 잠재력 때문에 신중론도 공존하던 미국이 트럼프 대통령 취임과 더불어 눈에 띄게 공세적으로 돌아선 겁니다.

2023년 바이든 전 대통령이 제정한 AI 규제법이 있거든요. 국가안보, 경제, 공중 보건에 영향을 미칠 수 있는 AI 관련 모델을 개발할 때 정부에 알리도록 요구하는 내용, AI 시스템을 테스트하기 위한 표준과 지표 개발 의무, 편견과 차별을 제한하는 조항 등을 포함하고 있었는데,[129] 이런 규제들이 기술 혁신을 방해하는 것이라는 AI 업계의 비판이 있어 오긴 했습니다. 그런데 트럼프 대통령이 취임과 더불어 사인한 'AI에서 미국 리더십을 위한 장벽 제거' 행정명령은 AI 산업을 규제하는 이런 각종 정책과 명령을 철회하는 내용[130]이었죠.

AI 발전을 규제할 최소한의 조항을 트럼프 대통령이 무력화시켜버린 만큼 미국 AI 업계는 지금보다 더 빠른 속도로 새로운 혁신을 만들어 낼 토대를 마련했습니다. 지금 AI 발전 속도는 역사상 처음 보는 것인데, 앞으로는 그야말로 전무후무한 발전의 급가속을 보게 될 가능성이 많아요. 그런데 그 가운데 안전 가이드는 없어진 거거든요. 어떤 여파가 인류에게 닥칠지는 가보아야 알 수밖에 없게 되었어요.

가뜩이나 미국에 뒤진 상태에서 다른 나라들이 윤리와 철학을 따져가며 돌다리를 두들겨보고 있는 행위를 할 시간은 없어졌거든요. 특히 미국에 대적할 정도의 기술적 성취를 가진 나라는 중국인데, 중국은 원래 기술에서는 과감하게 전진을 택하는 면이 있다 보니 이 두 나라가 질주에 가깝게 달려가게 된 거예요. 세계적으로 벌어지고 있는 AI 경주는 트랙에서 육상경기 룰을 따라 치러지고 있는 게 아니라, 길거리에서 과정에 상관없이 그냥 가장 빨리 들어오는 사람에게 상금을 몰아주는 길거리 경기로 치러지고 있는 셈이에요.

일자리에 대한 안전판도 이 경기에서는 제거될 수 있어요. 일자

미국과 중국의 AI 경쟁이 길거리 경기로 치러진다, 반 고흐의 그림 풍으로 생성

리를 보장해주느라고 AI 혁신을 늦게 도입하게 되면 전 세계적인 경쟁에서 아예 탈락할 수도 있거든요. 하지만 법을 제정하는 사람들이 국회의원이다 보니 표를 의식하게 되어서, 표를 무기로 직업 단체들이 위협하게 되면 반대로 AI 기술 발전을 뒤로 늦추는 방향의 법이 제정될 수도 있습니다. 그래서 기술 발전 양상만 보고 일자리 예상을 하는 것은 어렵다는 것입니다.

다만 이렇게 되면 산업적으로 뒤처지게 되고, 결국 한 분야가 고사될 수 있기 때문에 뒤늦게라도 조정은 일어나거든요. 예를 들어 한국은 공유차 플랫폼 우버의 도입을 택시 조합이 원천 차단한 적이 있습니다. 우버는 2013년 한국에서 서비스를 시작하며 서울에서 택시 대체 교통수단으로 자리 잡으려 했는데, 택시 조합은 우버가 면허 없이 운행하면서 불법적으로 영업한다고 주장하며 대규모 시위와 국회의원 로비를 통해 규제안을 마련했어요. 그래서 한국 정부는 우버를 불법 영업으로 규정하고 우버코리아 CEO를 기소하기도 했었죠.

이렇게 해서 미국의 우버나 동남아의 그립 같은 공유 자동차 플랫폼 산업은 한국에 자리를 잡지 못하게 된 것입니다. 적어도 이 산업에서 한국은 경험이 없어서, 외국에 경쟁력 있는 서비스를 출시하기에는 한계가 있습니다.

다행스러운 것은 AI에 대해서는 이런 식의 저항은 일어날 수가 없긴 하다는 거예요. AI는 인프라이기 때문에, 초고속 인터넷을 전국에 깐다고 했을 때, 그것을 적극적으로 반대할 산업이 없는 것과 마찬가지죠.

일자리에서 일어날 확실한 변화들

일자리에서도 다양한 변화들이 예상이 되는데요, 다만 먹고사는 문제인 만큼 속단하는 것은 이르죠. 그래도 일자리 면에서 확실하게 예상되는 변화는 기존에 없었던 직업이 생길 수 있다는 것, 직업의 뚜렷한 경계가 사라지고 예전으로 치면 멀티잡을 가진 복합 직업들이 등장할 수 있다는 것, 그리고 아르바이트는 초토화될 수 있다는 것 정도입니다. 은퇴의 연장이나 1인 기업의 활성화들 역시 어느 정도는 확실한 변화라고 할 수 있고요.

1) 새로운 직업의 탄생

AI는 기술 혁신의 중심에 있으므로, 새로운 기술을 다룰 직업이 등장하는 것은 자연스러운 현상입니다. 과거 인터넷의 도입으로 웹 디자이너나 소셜 미디어 매니저 같은 직업이 생겨난 것처럼, AI 역시 비즈니스 모델에 따라 새로운 직업이 생겨나게 됩니다. 다만 아직까지 어떤 것이 안정적인 직업이 될 것인가는 지켜볼 일이죠. 챗GPT가 대중들에게 공개되자 프롬프트 엔지니어라는 직업이 유망할 것이라고 전망하는 사람들이 있었는데, 저는 그때도 직업으로서의 프롬프트 엔지니어가 유망할 것이라고 생각하지는 않았거든요.

그런 것까지 다 해주는 서비스가 곧 등장할 거라고 생각을 했는데, 그것이 AI 에이전트라는 이름으로 지금 나오고 있는 거잖아요. 중간 단계에서 프롬프트를 세세하게 조정해서 결과를 향해 가는 게 아니라, 목표만 주면 중간 프롬프트까지 알아서 생성하며 퍼포먼스를 주는 프로세스가요.

그래도 조금 더 근본적인 차원에서 AI 시스템 유영 전문가, 데이터 커리큘럼 디자이너, AI 윤리 전문가, AI 금융 전문가 같은 직업들은 충분히 예상할 수 있죠. 그래도 결국 이것은 비즈니스 모델의 문제로, 비즈니스 모델이 나오고 산업적으로 돌아가기 시작하면 파생 직업들은 상당히 다양하게 많이 생길 수 있습니다.

2) 직업의 뚜렷한 경계가 사라지고 복합 직업 등장

AI가 다양한 기능을 통합적으로 수행하게 되면서, 사람도 여러 기술을 활용하는 복합적인 역할을 맡아야 할 가능성이 높아졌습니다. 대표적으로 최근 신문기사들을 보면, 기사와 같이 실리는 일러스트를 생성형 AI로 구현하는 경우들이 많거든요. 예전에는 기자가 기사를 쓰면 그 내용을 숙지하고 일러스트레이터가 따로 그림을 그렸는데요, 이제는 기자가 직접 텍스트를 입력해서 관련 그림을 뽑아냅니다. 일러스트레이터에 설명하는 것이나, AI에 설명하는 것이나 기자 입장에서는 비슷한 것이니까, AI에서 그림 여러 개를 뽑아내 자신의 취향이나 의도에 가장 잘 맞는 그림을 사용하는 것이 조금 더 기사에 적합한 일러스트라고 할 수 있을 겁니다. 이렇게 보면 이제 기자는 기사를 쓰기도 하고, 그 기사에 맞는 그림을 만들어 내는 사람이기도 한 거죠.

당연히 기업은 비용 절감을 위해 멀티스킬을 가진 사람을 선호하는 경향이 있으며, AI는 이를 뒷받침하는 도구 역할을 할 수 있습니다. 예전에는 분석, 기획, 제작이 다 따로 존재하는 일이라면 이제는 마케팅 전략을 AI로 분석하여 그것을 바탕으로 콘텐츠 기획을 하고, 그 기획대로 제작까지 하는 '멀티태스커'형 마케터가 더 각광받는다는 겁니다.

이런 현상을 직업의 빅블러 현상이라고 할 수 있는데, 원래 빅블러라는 말은 '산업 간의 경계가 모호해지는 것을 의미하며 변화의 속도가 빨라지면서 존재하던 것의 경계가 뒤섞이는 현상'[131]을 말합니다. 네이버가 네이버페이로 돈을 버는 것은 사실은 IT와 금융의 경계가 섞여 버린 것이거든요. 이런 빅블러라는 말은 직업에서도 직업의 경계가 섞여 버리는 현상을 지칭할 때 쓰이기 시작을 했어요. 일명 '야쿠르트 아줌마'로 불리는 프레시 매니저들이 서울시와 협력해 고령화 1인 가구를 돌보는 복지사 역할을 하기로 한 것[132]은 업무가 섞여 버린 것입니다.

앞으로의 직업에서, 직무에서 빅블러 현상은 더욱 가속화됩니다. AI로 개인이 처리할 수 있는 일이 많아지면서(시간적으로, 능력적으로요) 여러 업무를 해야 하는 상황이 계속 생길 거거든요.

3) 아르바이트의 초토화

이미 아르바이트 업계는 적극적으로 AI로 대체되고 있습니다.

단순하고 반복적인 노동은 AI와 로봇으로 대체될 가능성이 높은데, 원래 아르바이트 일들의 특성이 그렇거든요. 숙련되지 않은 사람이 약간의 설명만 들어도 금방 할 수 있는 일들이 보통 아르바이트 업무로 나오는 것이니까요.

자동화 비용이 모든 중소규모 사업체에서 부담할 수 있을 만큼 저렴해지지 않을 수 있어서, 다시 말하면 차라리 인간 아르바이트를 쓰는 게 더 저렴해서 아르바이트는 안전할 수 있다는 예상을 하는 사람도 있지만, 이런 사람은 지금 자영업자의 현실을 모르는 사람들입니다. 얼마 전 미래회관이라는 고깃집 프랜차이즈의 이승훈 대표가 지인 8명 정도를 초청해서 다녀온 적이 있는데, 가보니 대표가 직접 고기를 구워주고 있는 겁니다. 깜짝 이벤트인가 하고 감동받을 뻔했지만, 알고 보니 아르바이트생이 사전에 알리지도 않고 갑자기 무단결근을 하는 바람에 '땜빵'이 없어 대표가 직접 일선에 투입된 것이었죠. 그래서 기껏 사람들을 초청해 놓고 테이블에 앉아서 이야기도 못 하고, 다른 손님들 테이블에 왔다갔다하면서 고기를 구워주시더라고요. 궁금해서 물어봤어요. "그러면 그 아르바이트생은 다음 날 나오냐?"고요. 보통은 다음 날 나와서 "아파서 일찌감치 잠들어서 연락도 안 되었다"는 식으로 태연하게 거짓말을 한다는 겁니다. 그게 거짓말이라는 것을 아는 것은 한두 번도 아니고 늘 있는 일이라서래요. 그런데도 아르바이트생 구하기 힘들어서 자르지도 못한다는 겁니다. 그래서 이승훈 대표도 약간 비용이 더 들더라도 AI를 통해 자동화할 수 있다면 불안정한 아르바이트생보다는 안정적인 시스템을 선택하겠다고 하더라고요.

일의 책임감에 대해서 비교적 자유로운 잘파세대가 노동 시장에 등장을 하면서, 대표들은 최저시급보다도 업무의 안정성을 고민하게 되었어요. 아르바이트 업무를 하다가도 자신과 맞지 않는 무언가를 발견하면 당장 그 자리에서 나가는 친구들이 꽤 자주 등장을 하고 있는데, 사장 입장에서는 이렇게 아르바이트생을 '모시고' 불안정하게 장사를 하는 것보다는 원가를 조금 더 들이더라도 안정적으로 일을 하는 게 낫거든요. 요즘 젊은 요식업 사장님들이 푸드테크에 관심을 보이는 것이 단순한 겉멋 때문만은 아닌 거예요.

그래도 감정적 공감이 필요한 서비스나 창의적인 작업은 여전히 아르바이트가 필요하긴 합니다. 베이비시터나 개를 산책시키는 아르바이트 같은 경우는 아무래도 기계보다는 인간 아르바이트의 세심한 손길이 더 필요하거든요.

젊은 층 입장에서는 음식점이나 패스트푸드 아르바이트 같이 손쉽게 구할 수 있는 아르바이트가 차츰 없어지면서, 아르바이트를 구하는 데 점점 애를 먹게 될 가능성이 있죠. 그래서 아르바이트보다는 콘텐츠 비즈니스를 통해서 소소하게 돈을 버는 것을 자신의 아르바이트로 삼을 가능성이 더 많아지고 있어요. 블로그 운영, 인

스타 광고 같은 것들인데 직업적으로 하는 게 아니라 정말 아르바이트 정도로 할 수 있는 운영을 하는 거죠. 이제 아르바이트는 1인 기업처럼 될 가능성이 많아서 AI 시대에는 아르바이트 하면 생각나는 대표적인 일 자체가 완전히 달라질 수 있습니다.

4) 은퇴의 연장

AI와 자동화는 데이터 조사라든가 통계분석 같은 '노가다'에 가까운 일들도 대신 해줍니다. 그것도 아주 효과적으로요. 나이가 들면 떨어지는 스피드도 AI는 충분히 보완해줘요. 따라서 노년층도 AI의 도움을 받아 지식 기반 직업을 유지할 가능성이 높습니다.

실제 회사에서 이사나 부장 같은 경우를 보면 데이터 조사나 정리 같은 기본 작업들은 밑에서 다 해서 올라오고, 이 사람들은 처음에 방향을 잡거나 중간에 가이드를 주고, 최종 결과에 책임을 지는 것이잖아요. AI가 이런 주니어, 시니어 직원의 역할을 해주고, 인간은 최종적으로 마지막에 리더의 역할만 하면 되는 것이니까, 노년층이 하기에도 업무는 충분히 가능한 것이 됩니다. 너무 트렌드에 뒤처지지만 않는다면 회사 입장에서도 경험 많은 사람의 인사이트와 휴먼터치가 열정적인 초보 데이터 분석가보다는 더 필요합니다. 후자는 AI로 대체할 수 있으니까요.

그리고 노령화 사회에서 고령 인구의 경제 활동 참여를 유도하려는 정책적 요구도 증가하고 있기도 해요. 2024년 12월 26일 한국은 초고령 사회에 진입을 했습니다. 65세 이상 인구가 전체 인구의 20%를 넘는 사회가 초고령 사회인데요, 합계 출산율이 0.7명대인 한국은 앞으로도 이 노령화가 빠르게 진행되거든요. 고령층이 일하지 않으면 안 되는 사회인 것입니다. 이 가운데 AI가 나와서 고령층의 일을 거들어 주게 되었으니 한국의 인구 구조에서 보면 다행한 일이라고 할 수도 있어요.

5) 1인 기업의 활성화

1인 기업에 대한 가능성은 계속 이야기했는데, AI가 복잡한 작업을 자동화하면서, 개인도 소규모 비즈니스를 운영하는 것이 쉬워질 것이기 때문이죠. 한 사람이 AI 기반의 이커머스, 디자인, 콘텐츠 제작, 마케팅까지 모두 처리하는 것입니다. 다만 AI 도구가 보편화되면, 소규모 사업체끼리 경쟁이 심화되고, 결국 대형 기업들이 기술적으로 우위를 점하는 경우가 많아서 1인 기업으로는 한계가 있을 것이라는 예측도 있습니다.

하지만 초창기에는 얼마든지 가능성이 있고, 지금이 시기적으로 보면 AI의 극초창기이거든요. 스타벅스도 처음에는 시애틀에 있는 점포 하나로 시작했고, 백종원의 더본코리아 프랜차이즈도 시작은 논현동 쌈밥집이었습니다.

1인 기업을 운영하기에 훨씬 쉬운 환경이 되었고, 그 기업을 탄탄하게 운영하는 것도 가능하게 해주는 AI 환경이니 1인 기업이 최종 목표라기보다는 시작점이라고 생각하면 확실히 예전보다는 훨씬 더 큰 기회의 시기라는 것이 느껴지실 겁니다. 그리고 고만고만한 1인 기업이라고 해도 AI가 없을 때는 10명 정도가 일해야 나오는 매출의 규모는 나올 수 있거든요. 생산성이 그만큼 향상되었으니까요.

실체를 얻는 AI
: 휴머노이드와 공존하는 사회

CES 무대에 선 14대의 휴머노이드들

2025 CES 발표에서 엔비디아 CEO 젠슨 황은 무대에 오릅니다. CES는 한 해의 IT와 기술의 향방을 가늠하는 최고, 최대의 기술쇼라고 할 수 있고, 엔비디아는 인공지능을 구축하는 주요 칩을 생산한 덕분에 세계 시총 1위를 차지하기도 하는 대표적인 라이징 기업이라고 할 수 있습니다. 그러니 CES에 선 젠슨 황이라는 이슈는 전 세계인들의 주목을 한 몸에 받을 수밖에 없는 이벤트였습니다. 그런데 젠슨 황은 그 시선을 한 몸에 받기 부담스러운지 무려 14

2025년 CES 젠슨 황 기조 연설 유튜브 Live 캡쳐 화면[133]

가지 몸에 이 시선을 나누어 버렸어요. 자신의 발표 무대에 각 나라, 각 기업에서 생산한, 엔비디아의 글로벌 파트너사들의 휴머노이드들 14대를 같이 무대에 올린 겁니다.

그러면서 젠슨 황은 로봇 공학에서 챗GPT 모멘트가 왔다고 선언을 했죠.[134] 그 말은 챗GPT 등장 직후 생성형 AI가 급팽창했던 2023년처럼, 2025년은 로봇 산업이 본격 개화하는 시점이라고 이야기하는 거예요.

이 무대에 오르지는 않았지만 테슬라의 테슬라봇도 상당히 진척된 성능을 보여주는 영상들을 계속 공개하고 있죠. 최근 들어 휴머노이드들이 갑자기 약진하고 있다는 생각이 드는 것은 사실 AI의 폭발적 성장과 깊은 관련이 있습니다. 휴머노이드는 모터와 관절로 움직임을 가지게 하는 것이 다가 아니라 그 몸체를 움직이는 소프트웨어가 중요하거든요. 그런데 기존의 알고리즘에 의한 논리적 동작 프로세스 정도로는 공장에서 컨베이어 벨트에 의한 생산을 하거나, 치킨집에서 일정 온도와 시간을 보면서 닭을 튀기는 정도의 동작을 제어하는 것 정도만 가능합니다. 하지만 일정하고 루틴한 작업이 아니고, 한 곳에 고정된 것이 아닌 휴머노이드에게 모든 일어날 상황과 조건을 사전에 정리해서 알고리즘에 탑재하는 것에는 한계가 있습니다.

그런데 생성형 AI는 다양한 조건에 맞춰 휴머노이드를 '생각'하고 '추론'해서 움직일 수 있게 해줍니다. 특별히 젠슨 황은 기조 발표에서 피지컬 AI라는 용어를 썼는데요, 피지컬 AI는 물리적 세계를 인식하고 이해하며 자율적으로 학습 · 판단해 실제 환경에서 활용되는 AI 기술을 말합니다. 이 AI 기술은 로봇이나 자율주행차 같이 물리적 장치에 적용해, 실제 현실 세계에서 주변과 상호작용하며 자율적이고 지능적으로 그 디바이스를 작동하도록 하는 AI인 겁니다. 피지컬 AI는 현실 세계를 이해하는 도구인 만큼 텍스트, 이미지뿐 아니라 소리나 중력, 마찰, 관성과 같은 물리적 역할을 이해하고 기하학적, 공간적 관계를 파악하며 원인과 결과를 이해할 수 있습니다. 디지털이 아닌 실제 물리 세계를 바탕으로 한 판단이 가능한 것이죠.[135]

젠슨 황은 누구나 이 피지컬 AI를 개발하고 적용할 수 있도록 코스모스라는 피지컬 AI 개발을 촉진하는 플랫폼을 출시했습니다.

코스모스는 물리적 법칙이 적용되는 현실 같은 3D환경을 생성하고, 로봇이나 자율주행차가 가상환경이지만 현실세계를 학습하는 것처럼 학습을 돕습니다. 제한된 데이터가 제공되어도 AI가 이를 합성해 기하급수적으로 많은 실제 같은 데이터로 만들고, 이를 활용해 로봇과 자율주행차 개발 및 모델 고도화에 활용할 수 있어요.[136]

언어 AI가 LLM을 기반으로 작동하듯이, 이 코스모스는 물리·공간적 속성을 포함해 현실 세계의 역학을 이해하는 생성형 AI 모델인 '월드 파운데이션 모델WFM'로 작동합니다.[137] 그러니까 LLM을 쓰게 해줄테니 챗봇을 개발해서 비즈니스를 하라는 식으로, WFM을 활용해서 지능을 만들어 로봇들의 머리에 넣으라는 거죠.

이 덕에 후발 주자들이라고 해도 로봇 학습을 0에서부터 시작할 필요는 없어진 겁니다. 비용도 크게 줄어들게 되었고요. 그러니 휴머노이드나 자율주행차 형태뿐 아니라 실제 물리 세계에서 동작하는 다양한 형태의 디바이스들도 모두 이 덕분에 진화의 속도를 가속하게 될 것으로 보이죠.

휴머노이드 비즈니스 모델

기업의 입장에서는 AI를 활용해서 돈을 벌어야 하잖아요. 그런데 당장 투자한 자본에 비해 충분한 수익이 나는 비즈니스 모델은 제한적입니다. 그러니 다양한 모습으로 생성형 AI를 쓰는 것에 과금을 해야 하는데요, 지금의 스마트폰에 넣기에는 한계가 있습니다. 무엇보다 이미 많은 사람들이 스마트폰을 가지고 있거든요. 새로운 구매가 일어날 확률이 지극히 적죠. 또한 이미 스마트폰을 판매해서 이득을 보는 기업들은 고착되어 있습니다.

그래서 로봇이 등장합니다. 로봇을 구입한 가정은 거의 없습니다. 로봇청소기와는 다르니까요. 만약 로봇 안에 생성형 AI가 들어가서 구동하는데, 로봇이 가정의 필수품이 된다면, 생성형 AI는 월 구독 모델로 매달 안정적인 수입을 올릴 수 있습니다. 가정에 들어온 로봇이 점심, 저녁 준비도 하고 청소도 하고, 심지어 다음 날 가져갈 보고서도 써준다면 이 로봇을 사랑하지 않고 배길 방법이 없거든요. 혼자 사는 사람에게는 케어뿐만 아니라 대화 상대 역할을 제공할 수도 있죠.

이런 기능 덕분에 사람들은 로봇을 사용하는 데 월 구독료를 지불하게 될 것입니다. 기업들이 테슬라 자동차처럼 기계를 사고도 소프트웨어는 월 구독료로 따로 쓰게 할 수도 있으니까요. 휴머노이드 기기가 정수기처럼 처음에 임대로 쓰고 월에 얼마씩 내는 방법으로 보급될 수도 있죠. 그러니까 로봇은 새로운 상품인 것이고, 아직까지 지배적 사업자가 나온 것이 아니라 기업들 입장에서는 새로운 마켓인 셈입니다. 비즈니스 구조도 어느 것이 가장 좋을지 이제부터 짜야 하는 것이죠.

가정에 들어가는 휴머노이드의 지배적 사업자가 되는 경우, 각 가정에 광고판을 들여보낸 것이나 마찬가지고, 더 나은 서비스를 위해 그 가정의 데이터를 모으는 것도 가능해집니다. 지난 10여 년간 스마트폰의 지배적 사업자로서 좋은 지위와 이득을 누려온 애플의 위치를 차지할 수도 있는 만큼 글로벌 기업들은 휴머노이드 전쟁에 뛰어든 상태인 거죠. 젠슨 황은 휴머노이드의 운영 체제의 근간을 자기들이 공급하겠다고 나서면서, 그런 의지를 보여주기 위해 로봇들과 같이 CES 무대에 선 것입니다.

이 휴머노이드 비즈니스의 승자가 누가 되었든 간에 한 가지 확실한 것은 향후 2~3년 안에 본격적인 가정용 휴머노이드 공급이 시작된다는 것이죠. 현재로서는 과연 가정에 로봇이 필요한가 생각이 들 수도 있는데요, 그런 생각은 제가 1990년 말에 독일에 가서 네비게이션을 처음 보고 한 생각이나 마찬가지예요. '길을 모르는 사람이나 쓰지 누가 비싼 돈 들여 네비게이션을 설치할까?' 생각했었는데요, 지금은 아는 길도 기본적으로 스마트폰 네비게이션을 다 틀어 놓고 가잖아요.

로봇이 일단 보급되기 시작하면 기업들은 각종 사용처를 만들어, 너도나도 경쟁적으로 쓰는 분위기로 만들 것입니다. 그래서인지 (늘 과장되게 예측하기를 좋아하지만, 사실 방향성 면에서는 틀린 적이

별로 없었던) 일론 머스크는 2040년에 지구상에 100억 대의 휴머노이드가 있을 것이라 예상하기도 했어요.[138]

실체를 가진 AGI는 신인류가 될까?

2016년 AI 알파고는 이세돌과 한국에서 바둑 대국을 했죠. 이 대국이 TV로 중계되었는데, 그때 중계를 본 아이들이 이런 말을 하곤 했어요. '알파고가 정말 사람이랑 똑같이 생겼다'고요. 사실 알파고는 컴퓨터 안에만 존재해서 실체가 없었고, 알파고의 개발사인 딥마인드의 대만계 직원이자 아마추어 6단인 아자황이라는 엔지니어가 알파고를 대신해 바둑알을 놓은 것인데,[139] 많은 아이들은 이 사람이 알파고라고 생각해서 휴머노이드 기술이 대단하다고 느꼈다고 하죠.

사실 지금의 챗GPT도 실체는 없습니다. 화면 안에 존재하는 것뿐이죠. AI 에이전트가 되어서 하나의 업무 주체가 되더라도, AGI로 진화해서 결정의 주체가 되더라도 AI는 여전히 실체가 없기 때문에 사실 하나의 주체로서 인식되기 어렵기도 합니다.

그런데 그런 AI가 휴머노이드를 통해서 실체를 가지게 되고, 판단한 부분을 직접 구현도 할 수 있는 물리적 메커니즘을 얻게 된다고 하면 하나의 주체로서 인식되는 것이 매우 자연스러워집니다. AI를 우리 세계의 한 부분으로 받아들이기가 보다 쉬워지는 것이죠.

그리고 물리적 실체를 가지게 된 AI는 보다 다양한 분야에 종사할 수도 있어요. 공장이나 물류 같은 육체 노동이 필요한 곳에서 휴머노이드들이 쓰일 수 있고요, 위험한 소방작업이나 경찰 업무에도 AI를 탑재한 휴머노이드가 투입될 수 있습니다. 그리고 문화, 케어, 스포츠 같은 사람만의 영역이라고 생각할 수 있는 곳에도 실체를 가진 AI가 사용될 수 있어요. 연기를 하거나 어르신을 모시고 산책을 하고, 테니스 코치를 하는 휴머노이드를 상상할 수도 있죠.

실체를 가진 AGI는 어쩌면 신인류라고 불러도 될지도 모르겠어요. 로봇이라는 단어가 처음 쓰인 카렐 차페크의 희곡《로숨의 유니버설 로봇》에서는 로봇에 의해서 인간이 멸종되고, 로봇인 새로운 인류로 대체되거든요.[140] 그렇게까지는 되지 않도록 인간은 이런 신인류들과 공존할 (혹은 제어할) 방법을 찾아야 하지 않을까 합니다.

사회 계층 구조의 재편성과 AI 불평등

전문 정보로서 이루어지는 정보의 독점과 사유화

예전에 재판의 판결문에 대해서 친구와 이야기를 나눈 적이 있습니다. '판결치 아니할 수 없다고 생각하지 않을 수 없지 아니한 상황에 놓였다고 이야기하지 아니할 수 없다'라는 식으로 써서 도대체 무슨 말인지 모르겠다는 이야기였어요. 조금 과장되게 말한 것이긴 하지만, 간단하게 '이러저러한 점 때문에 무죄다, 유죄다' 하면 되는 것을 장황한 말투와 어려운 법률 용어들 사이에 섞어 놓아서, 쉽게 알아듣기 힘들게 만드는 경우들이 있거든요.

보통의 재판 관계 문서들은 마치 암호를 아는 자들만이 소통할 수 있게 암호화된 문서 같다는 생각을 했습니다. 그러고 보면 과거 기득권들은 정보를 독점하면서 자신들의 신분이나 권력을 유지했죠. 특히 글자를 아는 사람은 소수였고, 글자를 알아야 책이나 문서를 볼 수 있었기 때문에 이는 정보 통제의 핵심 요소였습니다.

옛날이야기 가운데, 글자를 모르는 하인에게 편지 전달 심부름을 시켰는데 알고 보니 그 편지의 내용이 '편지를 가지고 오는 자를 죽이라'는 내용이었다는 그런 이야기들이 있잖아요. 다행히 심성 착한 하인은 까치나 토끼를 구해줌으로써, 그들의 보은 과정에서 그런 정황을 알게 돼서, '편지를 전하는 사람에게 금은보화를 내리라'는 편지로 바꿔치긴 하지만요. (알고 보면 하인이 아주 순수한 사람만은 아닌 거죠.) '이 편지를 가지고 가는 자를 죽이라는 메시지를 전달하는 메신저'의 이야기는 글자를 독점한 소수 계층이 지배하는 시대의 기울어진 운동장의 모습을 잘 보여줍니다.

다행히 200여 년 전 학교가 설립되고, 지금은 중등 교육까지 의무화되면서 글자를 모르는 사람은 거의 사라졌죠. 그러니 이제는 모두 평등한 사회, 일부 세력들이 정보를 독점하지 않는 사회가 실현이 된 것일까요? 당연히 그렇지 않습니다. 역사는 언제나 어떤 방식으로든 차별화를 꿈꾸는 사람과 그것을 막으려는 사람이 존재하고, 그사이의 투쟁으로 이루어져 왔습니다.

현대에 와서 정보의 독점과 사유화는 전문 정보로서 나타나게 됩니다. 컴퓨터나 인터넷을 아는 사람들이 엄청난 성공을 거두는 시대, 의료 정보나 법률 정보를 아는 사람들은 어느 정도 이상의 기득권을 차지하는 시대, 그리고 그런 것들을 자격증으로 제한해서 정보를 다루는 자격을 제한하는 시대인 거죠.

너드남들의 시대

법조인, 의료인뿐 아니라 수많은 전문직들은 자신들만의 용어와 자격증 제도 같은 것으로 대중들의 접근을 막고, 그들만의 리그를 만들어서 기득권을 유지하는 경향이 있습니다. 지금만의 이야기가 아니에요. 인류 전체적으로는 신분제라는 제도를 만들었고, 중세 때는 직업이 본격화되면서 길드라는 제도로 사람들은 자신의 기득권 지키기를 유지했죠. 기득권의 중심에는 정보가 있습니다. 자신들만 알고 있는 정보를 권력으로 바꿔서 기득권 지키기에 쓴 건데요, AI는 정보, 특히 전문 지식의 대중화까지 가능하게 합니다.

유발 하라리가 《넥서스》에서 기득권의 핵심 요소로서 정보가 있다고 주장을 하는데요, 이런 주장을 참고한다면 AI는 현대판 신분제를 깨는 데 결정적인 역할을 할 수 있게 되는 거죠.

컴퓨터 좀 아는 사람, IT 좀 하는 사람은 지난 30~40년간의 세계가 매우 흥미진진했습니다. 이런 사람들에게 많은 기회가 열렸던 시대잖아요. 최근에 스파이 영화들을 보면 팀 안에 반드시 끼어 있는 게 해킹 전문가들이죠. 자유자재로 남의 전자 디바이스를 다루는 사람들이 스파이 팀에서는 꼭 필요한 인재들입니다. 50년도 전에 숀 코네리가 007을 맡았던 영화에서는 총과 차, 그리고 마티니밖에 필요가 없었거든요.

지난 반세기 동안 컴퓨터 언어를 아는 너드남들, 공대남들은 세상을 지배하고, 세계적인 갑부가 됩니다. 빌 게이츠, 마크 저커버그, 일론 머스크 등이 전통적인 기준에서 보면 고등학교에서 인기남 재질은 아니죠. 하지만 컴퓨터와 인터넷의 발달은 이들을 이 시대 최고의 인플루언서로 만들어 버렸어요(말 한마디로 전 세계의 주식하는 사람들의 마음을 위로든, 아래로든 '심쿵'하게 만들 수 있는 사람들이잖아요). 이들이 공통적으로 가졌던 것은 컴퓨터 언어를 알아서, 필요한 개발을 직접 할 수 있었던 능력이에요. 이런 너드남들의 이야기를 소재로 한 미국 CBS방송국의 〈빅뱅이론〉이라는 시트콤은 시즌 12까지 방송되면서 후반부 시리즈들은 미국 시청률 1, 2위를 다툴 정도로 인기를 끌었죠. 이런 너드남들은 과거 드라마에서는 주인공의 학교 친구 정도로 잠깐 나오는 역할이었는데, 공학, 과학의 힘이 지난 40~50년을 지배하는 동안 이런 캐릭터들이 어느새 사회의 중요한 역할을 차지하게 된 거예요(일단 부자들 가운데 공학

빅뱅이론 시트콤의 공식 포스터[141]

으로 성공한 사람이 많으니까요).

비즈니스가 될 만한 서비스나 상품을 생각해도, 그것을 직접 개발을 통해서 구현해보는 사람과 그것을 구현하는 데 시간과 돈을 들이는 사람과는 출발선에서의 차이가 나게 마련입니다. 특히 외주 개발은 발주자의 아이디어대로 안 나올 확률이 100%입니다. 무조건 수정하게 되어 있고, 더 많은 돈을 들여 수정을 해도, 결국 원래대로는 아닌 선에서 타협을 하게 되죠. 그래서 스타트업이 성공하기 위해서는 무조건 개발자가 창업자 그룹에 한 명 이상은 끼어 있어야 했어요.

네이버의 창업자인 이해진 의장은 서울대학교 전자계산기공학과를 졸업하고 KAIST 대학원에서 전산학 석사 학위를 취득하고 삼성SDS에 입사한 '찐' 개발자 출신이죠. 김범수 카카오 창업주는 서울대학교 산업공학과를 나왔지만 삼성SDS에 입사해서 개발자의 길을 걸은, 역시 개발자 출신입니다.

그런데 AI는 이런 벽을 걷어내주고 있어요. 얼마 전 SNS를 보다가 코딩을 전혀 모르던 아이가 AI로 코딩을 해서 화성과 지구의 충돌 시뮬레이션 모델을 구현했다는 이야기를 보기도 했습니다. 이 아이가 이렇게 관심을 가지게 된다면 자신의 쇼핑몰을 AI 코딩으로 구현해서 비즈니스에 뛰어드는 미래도 충분히 그려지네요. 특히 지금보다 향상된 AI가, 에이전트 역할을 해주게 되면 '~한 프로그램을 개발하고 싶은데, 코딩해줘'라는 한마디 명령만으로도 코딩이 구현되거든요.

중세 길드와 유사하게 유지되는 전문직의 울타리

한국에는 8대 전문직이라고 칭해지는 변호사, 변리사, 세무사, 법무사, 관세사, 감정평가사, 회계사, 노무사라는 직업이 있습니다. 이 직업을 영위하기 위해서는 어려운 시험을 통과해서 자격증을 따야 하기 때문에 8대 자격증이라고도 불리죠. 그런데 2023년에 한국은행에서 발표한 보고서에 따르면 AI 대체 가능성이 높은 직업으로 의사, 건축가, 회계사, 법조인들을 뽑고 있어요. AI 대체 위험도가 80% 이상입니다.[142] 8대 전문직이 어떤 식으로든 이 AI 대체 위험도가 높은 직업군들과 관계가 되죠.

말하자면 전문지식을 필요로 하는 일들에 AI가 선제적으로 사용될 위험이 높고, 이런 일들은 비용도 많이 드니 AI로 비용을 낮춘다는 면에서도 AI 노출도가 높다는 이야기입니다. 앞서 보았던 공정과 신뢰의 문제도 있고요. 사실 전문직들은 중세 시대의 길드처럼 운영이 되었거든요. 판타지 만화를 보아도 길드에서 모험가 등록을 한 후 길드조합장이 발행한 신분증을 받아야만 모험을 할 수 있죠. 그냥 모험을 하고 몬스터를 때려잡으면 아무리 탁월한 실력이 있어도 실적을 인정받지 못합니다. 마찬가지로 전문직들은 자격증을 따고 협회에 속해서 활동을 해야만 인정을 받습니다.

이런 길드 활동을 인정했던 이유는 실제 전문지식이 필요한 직역이고, 무허가로 엉터리 지식이 난무하게 되면 사회적 혼란이 초래될 수도 있으니 그랬던 면이 있죠. 유사의료 행위를 통해서 민간요법으로 치료를 하는 가짜 의사들이 지금도 종종 있거든요.

그런데 AI를 활용해 실제 전문지식에 쉽게 도달할 수 있고, 적절하게 활용할 수 있다면 이런 양상은 단번에 깨지게 됩니다. 실제 법조계에서는 AI의 본격적인 사용은 제한됩니다. "AI는 법률 전문가의 보조수단, 도구로써 기능할 수는 있지만 그 이상도 이하도 아니다"라는 것이 법조계의 공식적인 입장에 가깝죠. 사실 이런 입장도 챗GPT가 나왔던 초창기에 '할루시에이션의 오류가 있으니 믿을 수 없어서 사용할 수 없다'는 거부감에 비하면 상당히 많이 타협을 한 것이긴 합니다.

그런데 일선에서는 단지 보조수단이라고만 볼 수 없을 정도로 사용성을 강화시키는 변호사들도 있습니다. 법률 · 판례 자료 검색, 계약서 초안 작성, 의견서 작성 같은 것을 변호사 혼자서 다 하게 되면 반나절 정도 걸릴 일인데요, AI의 도움을 받으면 15분 만에 처리 가능합니다.[143] AI로 계약서 초안을 작성 후 변호사가 다시 검토한다고는 하지만, 반복된 계약서 작성 업무 때문에 변호사들이 사용하는 AI는 어느 정도 훈련이 된 상태거든요. 몇 번 사용하면서 수정을 해주니, 이제는 수정할 부분이 거의 없는 계약서가 초안으로 나오게 된 것이죠. 그래서 서류 작업은 AI에 맡기고, 인간 변호사는 변호 전략과 영업, 고객 대응에 집중해서 일을 분담하는 것이 AI를 잘 활용하는 변호사들의 모습입니다.

그런데 대중의 입장에서 이런 프로세스를 보자면 어떤 일들은 변호사의 역할을 살짝 빼버려도 어느 정도의 법적인 활동이 가능할 것도 같단 말이죠. 계약서 초안 작성과 검토 같은 경우도 굳이 변호사의 컨설팅을 받아야 할까 생각하게 됩니다. 특히 AI 에이전트는 작성, 검토에 수정까지 이런 활동에 특화되어서 나올 것인데 말입니다.

전문지식으로 지켜나갔던 현대판 신분제의 종말

AI 에이전트는 사용자가 목적하는 일을 처리해주는 거잖아요, 그 과정에서 복잡한 법률적인 과정이 있어도, 그런 부분을 변호사 이상으로 깔끔하게 처리해줄 수 있습니다. 프로그램이 필요하면 스스로 코딩을 해서 결과물을 이용할 것이고요. 사람이 이런 과정을 거치려면 돈과 비용, 그리고 언제 끝날지 몰라서 힘들게 하는 시간이라는 리소스가 들게 되고, 그 과정에서 지치게 되거든요. 그래서 대리인들을 써서 일을 처리해왔고, 그에 맞춰 비용을 지불했죠. 그 비용을 지불할 수 있는 사람이 결국 더 많은 기회를 손에 넣는 구조였던 거죠. 그런데 AI 에이전트는 그런 구조를 일거에 바꿔버릴 수 있어요.

기가 막힌 아이디어가 있어도 영화를 만들 인력과 비용이 없으면, 웹툰을 그릴 그림 실력이 없으면, 소설을 쓸 수 있는 시간이나 필력이 없으면 이 아이디어를 형상화하기 어려웠습니다. 그런데 AI 에이전트는 그 실력과 시간, 비용을 보충해줍니다.

AI 에이전트는 현대적 신분제의 파라미드를 일거에 부숴버릴 수 있는 10,000톤짜리 망치입니다. 앞으로는 정보와 자격증을 가진 사람들의 시대가 아니라, 의지와 학습 능력을 가진 사람들의 시대가 됩니다. 의지를 가지고 AI 에이전트를 활용해서, 새롭게 나오는 환경과 정보를 빠르게 이해하면서 이 AI 에이전트를 조정하면 원하는 결과에 다다를 수 있으니까요.

전문지식으로 보호받던 현대판 신분제는 AI로 인해 재조정될 가능성을 가지게 되었습니다. 하지만 기득권은 앉아서 구조조정 당하지는 않습니다. 영국의 붉은 깃발법처럼 여러 가지 방법으로 자신들이 누리던 혜택이 손가락 사이로 빠져나가게 놔두지는 않을 것인데요, 당연히 처음 수순은 AI를 활용해서 해당 직역을 수행하는 것을 부정하는 것입니다. 하지만 그 직업에 있는 사람들의 요구나 기술, 대중들의 눈이 있기 때문에 해당 직역의 사람들이 AI를 보조도구로 사용할 수 있다 정도까지는 갈 수밖에 없죠.

그다음이 문제인데요, 해당 직역의 사람들이 AI를 주 도구로 사용하게 되면, 결국 클릭할 수 있는 사람이라면 대부분 그렇게 사용할 수 있다는 얘기거든요. 전문용어의 보고서, 수치나 그래프, 그림처럼 암호화된 결과가 나와도 그걸 쉽게 해석해달라고 AI에게 요청할 수도 있고요. 이렇게 되면 결국 AI의 대중적 사용을 제한하는 식의 법을 제정하려고 하거나, 자격증으로 전문 AI 사용에 제한을 거는 방향으로 나아가게 됩니다. 당연히 대중적으로는 저항에 부딪힐 수밖에 없죠.

해당 직역 단체의 힘에 따라 수성에 성공하거나 실패하기도 하겠지만 결국에는 대중들에게 해당 직역의 AI 사용이 허용될 수밖에 없습니다. 시간의 차이가 있을 뿐이죠. AI라는 파훼법이 알려져 있는데, 대중들이 그것을 사용하지 않을 리 없거든요. 전문지식으로 지켜나갔던 현대판 신분제는 그래서 그 종말을 슬슬 생각하지 않을 수 없게 되었습니다.

금융과 자산 관리의 AI 기반 혁신 : 금융 빅뱅

AI 트레이딩이 나오기까지

미국의 독주로 흘러가던 AI 판에 긴장을 준 중국 AI 딥시크의 설립자는 중국 광둥성 출신인 1985년생 량원펑이라는 사람입니다. 저장대에서 컴퓨터 공학을 전공한 후에 2015년 대학 친구 2명과 함께 '하이-플라이어High-Flyer'라는 헤지펀드를 설립했습니다. 이때 모은 돈으로 소규모 AI 연구소를 설립해 운영하다 독립적인 회사로 분리해 2023년 5월 딥시크를 창업한 것이죠.[144]

이 사람이 돈을 번 방법은 컴퓨터 트레이딩이에요. 컴퓨터 트레이딩에 딥러닝 기법을 선구적으로 적용해 자금을 모아서, 펀드 자산 규모가 80억 달러(약 11조 5,000억 원) 수준으로 늘어났다고 하죠.

그러고 보면 컴퓨터 프로그램에 의지해서 돈을 벌어보겠다고 주식 투자에 컴퓨터를 끌고 들어오는 것은 꽤 유서 깊은 일입니다. 1960~70년대에 처음으로 금융 시장에 컴퓨터가 도입되면서 기술적 분석이나 차트 분석으로 주식 거래가 이루어졌죠. 80~90년대에는 전산화된 거래 시스템으로 본격적으로 컴퓨터가 주식 시장에 쓰이기 시작합니다.

2000년대에는 시스템 트레이딩이라는 말을 썼어요. 시스템 트레이딩이란 '컴퓨터 프로그램이 거래량 추이, 주가 흐름 등 기술적 분석을 수행해 매매 시점을 포착해주면 이에 따라 기계적으로 주식을 매매하는 방식·소문이나 감感에 의존하지 않고 철저하게 기술적 분석에만 의존하는 투자기법'[145]입니다. 인간적 불안감, 희망 같은 것을 배재하고 정말 수치적으로만 거래에 응하겠다는 의지죠.

그리고 2010년대쯤에는 사람들은 자신의 결정에 의심을 품고, 아예 컴퓨터가 다 해주길 원하게 되었습니다. '알고리즘 트레이딩Algorithmic Trading'이라는 말이 나왔죠. 인간의 개입 없이 컴퓨터 프로그램과 수학적 모델을 사용해 자동으로 주식, 채권, 파생상품 등을 거래하는 방식입니다. 가격 변동과 시장 조건에 따라 미리 설정된 알고리즘 기반으로 자동으로 거래 결정을 내리고 실행하는 것입니다.

그런데 이런 트레이딩의 문제는 시장의 갑작스러운 변동성을 충분히 예측하거나 대처하지 못하는 경우가 많았다는 겁니다. 그리고 전통적인 알고리즘은 제한된 데이터만을 활용하기 때문에 복잡하고 다차원적인 금융 데이터를 효과적으로 처리하지 못했습니다.

그래서 AI 등장 이후에 나온 AI 트레이딩은 이런 변동성을 예측하는 보완점을 가지게 돼요. 딥러닝 알고리즘이 비선형적 시장 패턴과 관계를 분석해서, 갑작스러운 변동성마저 예측을 하죠. 그리고 AI의 자연어 처리 기술을 활용해서 단순히 나오는 수치만 보는 것이 아니라, 뉴스, 소셜 미디어, 시장 보고서를 분석해 시장을 예측하기도 합니다. 앞서 딥시크의 량원펑이 성공한 트레이딩이 바로 이런 딥러닝 알고리즘에 기반한 AI 트레이딩인 거예요.

AI 에이전트가 인간보다 수익률이 좋을 가능성이 많은 이유

사람이 주식거래를 결정할 때는 다양한 결정 요소가 있죠. AI는 사람이 놓치는 요소도 다 고려할 수 있고, 사람이 휩쓸리기 쉬운 감정을 배제하고 투자 결정을 할 수도 있습니다. 사실 개미 투자자들은 필패잖아요. 기관 투자자들의 조직적인 움직임을 알지 못하고, 눈앞에 보이는 흐름에 혹하기 쉽거든요. 그러다 보니 자신의 결정을 잘 믿지 못합니다. 이분들이 하루 종일 유튜브를 보며 다른 사람들은 어떻게 하나, 전문가들은 뭐라고 말하나 체크하는 것은 정보를 다양하게 얻으려는 것도 있지만, 근본적으로는 자신의 판단에 믿음이 부족하기 때문인 것도 있죠.

그래서 믿을 만한 누군가가 있다면 자기 대신 투자를 해줬으면 좋겠다는 생각은 투자자라면 누구나 가지고 있을 겁니다. 그러니까 ETF 같은 증권사 상품들이 팔리는 거겠죠. 하지만 사실 증권사도 자신의 이익이 있기 때문에, 그에 대해서도 투자자들은 의문을 가지고 있거든요. 자신에게 맞는 상품을 추천해도, '나에게 딱 맞는 상품이 아닌 결국 증권사 이익이 큰 상품을 권하는 거겠지?'라고 생각하는 거죠.

이런 상황에서 정량적인 수치뿐 아니라 정성적인 정보까지 다 합해서, 나에게 딱 맞는 취향으로 세팅된 AI가 대신 투자를 해준다고 하면 많은 사람들이 투자를 맡길 가능성이 많아요. 특히 전문투자자가 아닌, 직장에 다니며 재테크를 하는 사람들 입장에서는 이것이 최선의 선택이 될 것입니다.

그래서 앞으로 AI가 트레이딩을 주도하게 되면 자신의 투자를 AI에 믿고 맡길 사람은 늘어나게 될 거고요. 그것이 증권사나 은행의 영업 차원으로 단체로 들어가는 게 아니라, 개인화 되어서 집에서도 자신의 컴퓨터를 통해서 AI 트레이딩이 가능하게 된다면 더 더욱 AI 트레이딩이 늘어나게 됩니다.

이제 여기에 AGI의 구현을 생각해보죠. 사실 AGI까지 안 가고 AI 에이전트만 되어도 마찬가지입니다. 인간의 직관과 결합된 AI 시스템이 스스로 전략을 생성하고 최적화해서 트레이딩의 주체로서 직접 사고파는 것까지 시전하게 됩니다. 설정한 목표에 맞게 움직여서 프로세스를 완성하게 되죠. 그러니 '1년 안에 100% 수익률'이라는 목표를 설정하면, 내 AI는 조금 공격적으로 움직이면서 이 목표 달성을 해낼 가능성이 인간보다는 많습니다. 이유는 AI 에이전트만 되어도 전 세계 시장 데이터, 뉴스, 소셜 미디어 정보를 실시간으로 분석하기 때문에 시장 데이터 분석 속도가 매우 빨라지고 즉시 반영되기 때문입니다. 그리고 금리 인상 같은 알려진 정보는 말할 것도 없고, 인간 트레이더가 예측하지 못하는 비선형적 관계와 미세한 패턴까지 감지해서 인간의 예측을 초월하는 예측에 도달할 수 있기 때문에 예측 정확도가 상승하죠. (그래도 이 AI 하단에는 '잃을 수도 있으니 최종 실행에 대한 결정은 인간의 책임입니다'라는 문구가 표시되어 있을 테니, 이 부분을 간과하지는 마셔야 합니다.)

AGI가 주도하는 초단기 트레이딩

AI 에이전트나 AGI가 트레이딩을 주도한다고 하면 재테크 판은 지금까지와는 완전히 다른 양상을 보이게 될 것입니다. 먼저 초기 단계에서는 몇몇 대형 금융 기관과 헤지펀드가 AGI를 트레이딩에 선제적으로 도입하겠죠. 그러면 기존의 알고리즘보다 훨씬 빠르고 효율적으로 데이터를 처리하고 의사 결정을 내리게 됩니다. 이때는 AGI가 대중화 단계가 아니기 때문에, 기관들만 도입을 하게 되는 거거든요.

초창기에 AGI를 최초로 도입한 기관들은 막대한 이익을 창출하게 될 텐데요, 주식 시장은 제로 섬 게임이기 때문에 이 돈은 사실 AGI를 사용할 수 없는 중소기업과 개인 투자자의 것이겠죠. AGI를 사용하는 것과 그렇지 않은 트레이딩의 차이가 크게 나게 됩니다.

하지만 AGI의 확산기에 이르면 대다수 금융 기관과 개인 투자자도 AGI를 사용할 수 있게 되죠. 이렇게 되면 시장에서의 정보 격차가 거의 사라지거든요. 칠레에서 일어난 일까지 투자 결정에 반영되면서 모든 투자자가 거의 동일한 데이터를 이용하게 됩니다. 이렇게 되면 AGI가 비슷한 판단을 내리면서 동시다발적 매수나 매도가 발생하게 돼요. 갑자기 주문이나 주식이 쏟아지니 가격

AI로 인해 초스피드 경쟁이 되어 버리는 트레이딩

변동성은 급증하게 되고요. 이런 상황을 이르는 말을 '플래시 크래시flash crash'라고 하거든요. '현대 금융에서 매우 짧은 기간 내에 발생한 증권 가격의 매우 빠르고 깊으며 변동성이 큰 하락 후 빠른 회복'[146]을 의미합니다.

이런 시장에서 이익을 내려면 초단기 트레이딩을 하는 것이 방법입니다. 정보가 순식간에 전 세계로 퍼져 버리지만 그래도 몇 초 차이는 있잖아요. 그게 심해지면 밀리초 단위로 거래가 이루어지며, 인간 트레이더가 개입할 여지가 거의 없어지죠. 이런 상황이 되면 인간 트레이더는 AGI의 의사결정을 감시하고 전략을 검토하는 보조적인 역할이 되는 거죠. 사실 상황이 이쯤 되면 각국 정부는 변동성을 억제하기 위해 새로운 규제를 도입할 가능성이 많아요.

그러다가 완전 AGI 시장이 되면 사실상 인간의 개입은 소멸되는 겁니다. 모든 거래가 AGI에 의해 수행되며, 인간은 시장 관리 및 규제에만 관여하게 돼요. 이미 AGI 간의 복잡한 상호작용으로 인해 시장 움직임을 인간의 직관으로 예측한다는 것은 불가능하게 되어 버리는 상황입니다. AGI가 인간의 개입 없이 스스로 전략을 학습하고 최적화하는 거죠. 인간은 '굿이나 보고 떡이나 먹으면 되는 상황'에 도달하지만 안타깝게도 떡을 먹으려면 자본과 인프라가 필요한 상황이기도 한 거죠. 초단기 거래로 0.01%의 이익을 본다 해보죠. 1,000만 원의 0.01%는 천 원이지만, 1조 원의 0.01%는 10억이거든요. 초단기 거래는 빈도로 낮은 수익률을 커버하는 방법이지만, 1,000원을 100번 쌓는 것과 10억을 100번 쌓는 것은 다르잖아요.

초단기 거래가 아니라 지금처럼 중·장기 투자 기조를 가지고 간다 치면, 수많은 수치가 AI로 통제되면서 글로벌한 폭락과 폭등이 일어난다는 것이니까, 이 순간을 잘 잡으면 막대한 이익을 볼 수도 있다는 거죠. 반면 막대한 손해에 대한 가능성은 그에 따르는 그림자가 되는 것이고요.

이런 상황에서 소규모 투자자는 AGI를 사용할 수 있는 자본과 인프라가 부족하여 시장에서 배제될 수도 있습니다. 아마 윤리적 문제가 대두될 것입니다. AGI가 금융 시장을 독점하거나, 특정 세력의 이익을 위해 조작될 가능성이 생기거든요. 예를 들어 워런 버핏 같은 사람이 주식을 사고파는 것은 전 세계 주식 시장에 영향을 주는데, 워런 버핏이 자신의 행동에 따른 주가를 예측하고 그에 맞춰 이익을 볼 수 있게 세팅을 한 뒤에 움직인다면, 이러한 판에서 수익을 거두는 것은 결국 워런 버핏이거든요(워런 버핏이 그렇다는 것이 아니라, 예를 들어 그렇다는 거죠).

AGI를 써도 결국 돈 버는 것은 쉽지 않다

AGI가 운영하는 트레이딩은 정보 비대칭 문제를 해결해서, 모든 투자자가 동일한 정보를 동시에 이용할 수 있고, 전 세계 자본을 가장 효율적인 프로젝트에 배분할 수도 있고, 개인 투자자들의 도구를 강화해서 개미들도 AGI 기반으로 투자 결정을 개선할 수 있을 것입니다.

하지만 AGI 간의 경쟁으로 인한 초단기 거래가 시장을 불안정하게 만들 가능성이 있고, 기술적 격차로 인해 기관과 개미 간의 금융 불평등이 오히려 심화될 수도 있다는 점, 그리고 무엇보다 AGI의 대규모 동시 행동으로 플래시 크래시 위험이 늘 존재하며,

그로 인해 예상치 못한 시장 붕괴를 유발할 수 있다는 점에서 위험성이 있습니다.

아무리 AGI가 발달해서 나를 대신해 트레이딩을 해준다고 해도, 결국 돈 버는 것은 쉽지 않다는 겁니다. 내가 AGI를 쓸 수 있을 정도라면, 남들도 다 AGI를 쓰고 있는 상태라고 생각해야 하기 때문이죠.

AGI는 금융 시장을 근본적으로 바꾸겠지만, 기술적으로만 시장이 진화하게 내버려 두지는 않을 것이고요, 각국 정부는 여러 규제를 통해 어느 정도 속도와 방향을 통제하게 될 것입니다. 다만 공포나 희망에 움직이지 않고 오히려 조그만 팩트에 민감하게 움직이는 AGI 플레이어들의 참전은 확실히 지금까지와는 다른 금융 시장의 분위기를 만들어 낼 것입니다. 지금은 호재, 악재처럼 왜 주식이 오르고 내리는지 어느 정도 이유가 있다면, AGI가 주도하는 금융 시장에서는 왜 오르고 내렸는지 인지할 사이도 없이 폭등과 폭락이 교차할 수도 있죠. 세계가 글로벌화되어 있다 보니 일론 머스크, 젠슨 황 같은 사람의 말 한마디가 순식간에 퍼져서 글로벌 움직임을 일으키거든요. 2025년 1월에 엔비디아 애널리스트 데이 행사에서 젠슨 황은 '양자컴퓨터의 상용화에 20년 정도 걸릴 것'이라고 말을 했어요. 이 한마디 말이 퍼져서 다음 날 양자컴퓨터 관련주는 반토막이 났습니다. 리게티는 45.41%, 퀀텀컴퓨팅은

43.34%, 아이온Q 같은 경우는 39.00% 주가가 마이너스 났어요.[147] 하루 만에 말이죠.

만약 AGI가 운용을 한다면 이 한마디 말 때문에 주가가 반토막 나는 데 하루가 아닌 10분밖에 안 걸릴 수도 있습니다. 그러면 사람 입장에서는 이 주가가 왜 이러는지도 모른 채, 시간이 지난 뒤에야 무슨 일이 일어났는지 알게 되는 거죠.

그러니 인간의 지혜와 규제, 그리고 글로벌 협력이 함께해야 AGI와 같이 운용하는 금융 시장 시스템이 구축될 거예요.

양자컴퓨팅과 AI의 결합 : 새로운 미래의 열쇠

슈퍼컴퓨터로 1만 년이 걸릴 계산을 200초에 한다고?

2019년 구글은 아주 황당한 발표를 합니다. 자기들이 시카모어라는 컴퓨터를 개발했는데, 그 컴퓨터의 성능이 상상초월이라는 거죠. 현대의 슈퍼컴퓨터들은 대부분 페타플롭스 수준의 계산 능력을 가지고 있습니다. 페타는 10^{15}을 뜻하며, 페타플롭스는 1초에 10^{15}번의 부동소수점 계산을 할 수 있는 성능으로, 간단히 말하면 1초에 1000조 번의 계산을 한다는 거예요. 구글이 저 발표를 할 때 가장 성능이 좋았던 게 IBM사의 서밋이었거든요. 이 서밋이

122.3 페타플롭스였습니다.

그런데 구글은 이 슈퍼컴퓨터로 하면 1만 년 정도 걸리는 계산을 시카모어를 써서 200초에 해결했다는 겁니다. 1만 년이면 인간의 역사로 치면 신석기 시대까지 거슬러 올라가야 하거든요. 그것을 200초에 해결했다니, 이건 어그로도 너무 어그로다 싶잖아요. 그런데 이렇게 차원이 다른 성능을 발휘할 수 있다고 이야기할 수 있는 근거가 있긴 했거든요.

구글이 발표한 시카모어가 바로 양자컴퓨터였습니다. 양자컴퓨터라는 용어가 대중들에게 알려진 게 바로 이 구글의 발표 때문이었습니다. 그전에는 소수 연구자들만 양자컴퓨터라는 가능성을 알고 있다가, 구글의 발표로 대중들에게 이 새로운 가능성이 주목을 받았는데요, 사람들은 이것저것 양자컴퓨터가 할 수 있는 일을 생각해보다가 충격적인 사실을 알게 돼요.

현재 가장 많이 쓰이고 있는 암호체계가 RSA암호거든요. 이것을 처음 개발한 MIT의 로널드 리베스트Ronald Rivest, 아디 샤미르Adi Shamir, 레오나르도 애들먼Leonard Adleman의 이름을 딴 거예요. 이 암호 체계는 중요 정보를 두 개의 소수로 표현한 후, 두 수의 곱을 힌트와 함께 전송해 암호로 사용하는 것입니다. 예를 들어 두 수의 곱이 175,828,273이라는 수라면, 이 수가 나오기 위해 필요한 두 수가 도대체 어떤 수인지를 찾아야 하는 거거든요. 이 계산이 기존

컴퓨터로 하면 거의 불가능하다는 거죠.

그런데 양자컴퓨터는 이것을 순식간에 계산해 버리는 겁니다. 그러면 어떤 일이 벌어질까요? 바로 지구상의 모든 보안 체계가 뚫리게 되는 거예요. 은행은 말할 것도 없고, 국방이나 의료 등 모든 것이 양자컴퓨터를 사용하는 해커에 의해 장악되게 됩니다. 사람들은 양자컴퓨터가 실제로 실용화된다면 인류에게는 재앙과 같은 일이 일어날 수도 있다는 가능성을 알고 깜짝 놀라게 돼요.

양자컴퓨터는 불로장생의 키

양자컴퓨터의 파괴력을 강조하다 보니 이렇게 부정적인 이야기를 먼저 하게 되었지만, 사실 양자컴퓨터의 파괴력은 그동안 인류가 가져왔던 한계를 뛰어넘는다는 데에 있습니다. 인간 역사의 대부분 기간에 인간의 기대수명은 20~30세 정도였습니다(지금처럼 선진국들이 그래도 80세를 바라보게 된 것은 100년여 만에 급격하게 이 기대수명이 늘어서예요). 인간의 수명을 짧게 만든 것은 굶주림과 질병이었는데, 굶주림은 인공비료 제조로 어느 정도 해결돼요. 그리고 질병의 치료 역시 지난 100여 년간 많이 발전한 것이 사실입니다. 하지만 아직까지 인간은 아는 것보다 모르는 것이 더 많습니다. 특히 우리 몸의 면역 체계는 자체적으로 전염병을 물리치는 강력한 무기인데, 이 면역체계가 작동하는 원리를 우리는 모릅니다. 미래에는 양자컴퓨터가 면역체계의 작동 원리를 분자 수준에서 규명하여, 적절하게 면역체계가 작동할 수 있도록 조절할 수 있습니다. 그리고 이렇게 양자컴퓨터를 통해서 면역체계의 미스터리가 풀린다면 암과 알츠하이머, 파킨슨병, 루게릭병과 같은 난치병이나 불치병들의 치료법도 알 수 있게 됩니다. 이런 병들의 유전자를 규명해서 어떤 부분이 문제인지 정확히 알 수 있고, 양자컴퓨터를 이용해서 유전자 가위 기술을 최고 정밀도로 이어 붙이면 부작용을 최소화하면서 치료할 수 있습니다.

이제 이것을 조금만 더 발전시키면 양자컴퓨터는 인간의 최종 꿈인 영생에 도전하는 도구가 됩니다. 그것은 노화를 하나의 질환으로 생각하는 것인데요, 노화와 죽음의 원인이 DNA와 세포에 누적된 유전적 오류 때문이라는 것이죠. 양자컴퓨터는 이 과정과 오류를 분석해서 오류를 복구할 수 있습니다. 늙은 세포가 젊은 세포로 되돌아가도록 재프로그래밍도 가능하다고 합니다. 쉽게 얘기하면 노화가 왜 일어나는지 밝혀낸 다음에, 그 원인을 제거하고 거꾸로 작용하게 하면 된다는 얘기거든요. 2000년도 전에 진시황이 찾아 헤매던 불로장생의 열매가 사실은 양자컴퓨터일 수 있을 가능성이 있는 것입니다.

양자컴퓨터로 인류의 영생까지 도전해볼 수 있다니, 이쯤 되면 조금 더 눈을 들어 우주적 차원에서의 양자컴퓨터를 생각해볼 수도 있겠습니다. 글자 그대로 양자컴퓨터를 우주의 진실을 규명하는 데에 쓰는 것이죠. 우주의 탄생부터 지금 같은 우주가 되는 데까지 어떤 과정을 거쳐 왔는지 시뮬레이션을 통해 그 모델을 찾아내는 겁니다. 그 가운데 여러 가지 우주의 비밀이 풀릴 것으로 기대되고 있어요.

암흑물질, 암흑에너지, 블랙홀, 입자의 표준모형 등 사실 인간이 아는 것은 거의 없습니다. 현상을 관찰하고 짐작할 뿐 왜 그런지에 대해서 알 수 없는데요, 양자컴퓨터로 데이터를 분석하고 시뮬레이션 해봄으로써 진실을 규명할 수 있는 것이죠.

배트맨의 지혜와 슈퍼맨의 힘이 합쳐진 완벽한 슈퍼히어로

이러한 양자컴퓨터가 AI와 결합한다고 생각해보면 그야말로 배트맨의 지혜와 슈퍼맨의 힘이 합쳐진 완벽한 슈퍼히어로가 탄생하는 것이죠. AI가 전 세계의 핫이슈가 되면서 가장 혜택을 많이 본 기업이 엔비디아입니다. 엔비디아는 AI가 동작을 할 때 필요한 칩을 만드는 회사예요. 오픈AI 같은 업체에서 아무리 좋은 AI 모델을 설계해도, 컴퓨팅 파워가 따라오지 않으면 구현할 수가 없잖아요. 그래서 한때는 이 엔비디아의 칩을 구하기 위해 AI 업계가 돈을 싸 들고 줄을 설 지경이었죠.

더 낮은 사양의 칩으로도 훌륭한 성능을 내는 딥시크의 발표 이후에 고성능, 고비용 칩에 대한 필요는 조금 줄어들었다 해도, 고성능 칩에다 최적화 모델까지 얹으면 더 나은 성능이 나오는 것은 당연한 일입니다. 그러니 AGI를 위해서는 컴퓨팅 파워는 강해지고, 소프트 파워는 최적화되는 이 같은 일이 중첩적으로 계속 일어나야 할 것입니다.

어쨌거나 엔비디아의 성장을 보면 AI 성능에 하드웨어적인 뒷받침이 얼마나 중요한지 알 수 있죠. 그런데 그 하드웨어가 아예 차원을 바꿔서 양자컴퓨터로 전환된다면, 그때 나올 AI의 성능은 얼마나 어마어마할지 가늠할 수 없을 지경입니다. 사실 앞서 예를 든 인간의 영생이나 우주의 비밀은 우리가 푸는 것이 아니라, 양자컴퓨터를 장착한 AGI가 풀 가능성이 많죠. '인간의 영생의 키를 찾아내라'는 목표 아래, 사실 인간은 이해할 수 없는 어떤 약물을 만들어 낼 수도 있을 겁니다.

실험실에서 나와
상용화가 시작된 양자컴퓨터

지금까지 이렇게 양자컴퓨터에 대해서 이야기하니까 무슨 만능 도깨비 방망이라도 되는 듯한 느낌이 드는데요. 맞습니다. 양자컴퓨터가 바로 그 도깨비 방망이죠. 우주의 입자보다 많은 데이터와 과정들을 시뮬레이션할 수 있어서, 모래사장 위에 떨어져 있는 바늘도 쉽고 빠르게 찾아낼 수 있는 기계이기 때문에 가능한 일입니다. 중요한 것은 이 양자컴퓨터의 개발이 100년 걸릴 일은 아니라는 것입니다.

양자컴퓨터의 상용화에 대한 이슈가 있는데요, 2024년 12월에 구글은 자체 개발한 양자컴퓨터 윌로우Willow를 발표합니다. 현재 가장 빠른 슈퍼컴퓨터가 10셉틸리언(10^{25})년 걸리는 문제를 5분 만에 푸는 어마어마한 성능을 자랑했죠.[148] 이 소식 덕분에 양자컴퓨터 관련 주식은 급등을 합니다. 그러다가 2025년에 젠슨 황이 '양자컴퓨터 상용화에 20년 정도 걸릴 것'이라는 발언을 했고, 뒤이어 마크 저커버그 역시 "양자컴퓨터가 매우 유용한 패러다임이 되려면 아직 갈 길이 꽤 멀다"[149]라고 말해서, 양자컴퓨터 관련주는 급락을 하게 돼요. 사실 이런 발언들이 나오자 양자컴퓨터 스타트업 중심으로 이미 양자컴퓨터는 상용화되어 있다는 반론이 나오기도

구글이 발표한 윌로우 양자 칩, 구글 코리아 공식 블로그[150]

했습니다. 디웨이브 퀀텀의 앨런 바라츠 CEO는 "양자컴은 이미 상용화됐고 기업과 연구자, 정부의 실제 문제를 해결하고 있다. 상용화는 30년 후도, 20년 후도, 15년 후도 아닌 바로 지금"이라고 밝히기도 했죠.[151]

그러다가 트럼프 대통령이 2기 취임에서 AI 규제 철폐 행정명령에 서명을 하면서, 연관된 양자컴퓨터 관련주는 기대감에 다시 급등합니다. 그러니까 지금 양자컴퓨터 관련 주식은 빅마우스의 말 한마디, 관련 기업의 발표 하나하나에 민감하게 반응하고 있다는 것입니다. 이렇게 양자컴퓨터에 관심이 집중되는 이유는 양자컴퓨터가 실험실에서 나와 조금씩 상용화의 단계를 밟고 있기 때문입니다. IBM, 구글, 아마존 등은 클라우드 기반 양자컴퓨팅 서비스QaaS를 이미 제공 중입니다. 그리고 리게티LRigetti, 아이온큐IonQ 양자 스타트업들은 특정 산업 문제 해결에 특화된 양자 솔루션을 개발했고요. 완전한 상용화는 아니지만 부분적인 상용화는 하고 있는 거예요.

양자 오류가 보정되고 더 다양한 분야에서 양자컴퓨터가 쓰일 때가 그다음 단계의 상용화고, 마지막에 전통적인 컴퓨터를 완전히 대체하면서 거의 전 분야에 이용할 수 있을 때가 범용적 상용화로 완성되는 때예요. 이 시기까지 젠슨 황의 말처럼 20년 정도 걸릴 수도 있을 것입니다. 사실 지금의 컴퓨터를 전면 대체하는 한 차원 높은 단계의 디바이스를 전 세계에 공급하는 일인 셈이니, 20년은 그리 길지 않은 시간일 수 있죠.

반면 범용적 양자컴퓨터는 자고 일어나면 갑자기 하루 만에 나오지는 않습니다. 지금 일부 상용화되어서 쓰이고도 있고, 앞으로 조금씩 더 넓게, 더 많이 사용성이 강화되면서 쓰이게 될 거예요. 그러다가 범용형을 보게 되는 것이니까, 어떤 면에서는 이미 양자컴퓨터는 쓰이고 있다고 볼 수도 있습니다.

ASI와 양자컴퓨터의 결합이라니

양자컴퓨터와 AI는 밀접한 연관이 있어요. 트럼프의 AI 규제 철폐 명령에 양자컴퓨터 주가가 급등했다는 사실이 이를 잘 말해주고 있습니다. 그러니까 AI가 양자컴퓨터에 얹혀져 성능을 발휘하는 때가 진정으로 무서운 성능의 ASI를 마주하는 때라는 것을 인류는 감각적으로 느끼고 있는지도 모르겠습니다.

AGI를 넘어 인간의 지능을 초월하는 ASI가, 압도적인 성능의 양자컴퓨터로 어떤 일을 하게 될까요? 지금으로서는 짐작조차 할 수 없지만, 아마 몇십 년 내에 직접 눈으로 확인할 수 있을 듯합니다.

데이터가 권력과 자본이 되는 시대

오즈를 향해 뻗은 다양한 길

딥시크의 스푸트니크 모멘트 덕분에 전 세계적으로 AI 생태계 구축 경쟁이 일어나게 되었습니다. 어차피 기술은 상향평준화되거든요. 성능은 높아지고 비용은 낮아져 보급되기 마련이어서, AI 생태계는 치열한 경쟁이 예고되고는 있었거든요. 앞으로 몇십 년의 인프라가 될 AI에 뒤처져서는 국가 경쟁력도 기업 경쟁력도 없으니까요. 그런데 딥시크는 그것이 3~4년 후의 이야기가 아니라, 당장 올해부터라도 시작될 수 있다는 것을 증명한 것입니다.

어마어마한 자본 때문에 포기했던 미국과의 초격차가, 사실은 착시현상일 수 있다는 희망, 그리고 미국 페이스에 휘말리지 않고 다른 방법들을 찾으려고 노력하면 찾을 수도 있겠다는 가능성을 딥시크가 포장지에 담아 전 세계에 선물한 셈입니다. 이제 세계 각국은 미국 빅테크들이 주도하는 '쩐의 전쟁'에서 벗어나 경쟁력을 가질 수 있다는 믿음 아래, 자국만의 AI 모델 개발에 나설 것입니다. AI는 나라마다 안보 이슈를 일으키기 때문에 가능한 자국에서 만들려고 할 거거든요. 불가능한 게 아닌 것 같이 보이니까, 각 국 정부는 자국만의 AI 모델을 개발하는 데 지원을 아끼지 않을 것입니다.

그래서 미국을 비롯한 AI 선진국들은 자국의 AI 개발을 마치면 국제적인 협약으로 다른 나라의 AI 개발을 규제할 가능성이 있습니다. 핵무기가 그렇잖아요. 핵무기를 이미 가진 나라들은 다른 나라들이 핵무기를 가지게 되는 것을 극도로 경계합니다. 하지만 AI는 무기보다는 성격상 컴퓨터나 인터넷 같은 인프라에 가까우니 핵무기처럼 노골적으로 규제하지는 못하죠. 엔비디아의 GPU 수출을 통제하는 것처럼 간접적인 (사실 이게 더 직접적인 듯하지만) 방법으로 다른 나라의 AI 개발을 견제할 것입니다.

하지만 딥시크가 보여준 다른 길은 미국 빅테크나 오픈AI가 가는 길이 유일한 길이 아닐 수도 있다는 가능성을 보여준 거거든요. 오즈로 가는 길이 노란 벽돌길뿐 아니라 숲속 길, 하늘 길, 바닷길

등 다양한 길이 있다는 것을 알게 되었으니 보다 많은 사람들이 오즈를 향해 떠날 거거든요. 오픈AI의 길, 딥시크의 길이 아니라하더라도, 또 다른 길이 있을 수 있다는 전제를 가지고 다양한 방법으로 AI 모델 개발에 뛰어드는 거죠.

기업들도 자기 기업 브랜드의 AI 모델을 만들어 내기 위해 나서게 됩니다. 한 기업의 DNA가 고스란히 담겨 있는 AI 에이전트와 AGI는 그 기업의 상징이면서 실제가 됩니다. 그 기업의 브랜드 유지, 조직관리, 상품개발, 영업확장, 조직문화 관리, 효과적 마케팅 등 모든 부분에서 아주 유용하게 쓰이게 되죠.

그러니까 수많은 AI 모델들이 만들어지면서, 다양한 LLM들이 존재하게 됩니다. 그러면 초창기 SNS가 유저 확보 경쟁을 했듯, 이 AI 모델들은 치열한 경쟁을 하게 되죠. 챗GPT만 알려진 초창기에 비해서 벌써 대중들이 직접 쓰는 LLM만 해도 퍼플렉시티, 클로드, 제미나이 등으로 세분화되기 시작했습니다.

원재료가 좋은 요리는 그냥 내도 맛있다

이런 상황에서 주목을 받을 것은 데이터입니다. AI 모델이 결국에는 상향평준화된다면 차이는 데이터에서 나게 되거든요. 아무리 요리사가 갖가지 기술과 양념으로 요리를 맛있게 한다 해도, 원재료가 상해 있다면 그 요리는 못 먹습니다. 싱싱하고 좋은 원재료가 있다면 요리사는 화려한 스킬은 자제하고, 그 원재료의 고유한 맛을 잘 드러내는 방식으로 요리를 하죠. 사실 원재료가 싱싱하고 좋으면 그냥 그대로 내도 맛있습니다. 그게 그 재료를 제일 맛있게 먹는 방법입니다.

아무리 대단한 추론 기능이 있어도 데이터가 부실하면 좋은 대답이 나올 수 없죠. 굉장히 똑똑한 초등학생이 미분에 대해 설명하는 느낌이랄까요. 기본적으로 똑똑하기는 하지만 미분에 대해 아직 배우지 않아서 설명이 부실할 수밖에 없습니다. 반면 데이터가 좋다면 중간 정도의 추론 기능만 되어도 어느 정도 괜찮은 답변이 나올 수 있죠. 가르치는 데 재능이 없는 전공 교수님이 전공 과목에 대해 설명하는 느낌이랄까요. 어렵고 이해하기 힘들긴 하지만 곰곰이 내용들을 보면 다 맞는 이야기고, 중요한 이야기인 겁니다.

따라서 AI 모델을 구축하다 보면 데이터의 중요성에 대해 깨닫고 데이터 확보 경쟁에 들어갈 수밖에 없습니다. 구글의 제미나이가 초창기 AI 모델 경쟁에 뒤졌을 때 저를 포함해서 많은 사람들은 그래도 제미나이가 구글의 방대한 데이터베이스를 마음껏 이용할 수 있으니, 금방 챗GPT를 앞지를 수 있을 것이라 생각했어요. 처음 스타트업 수준이었던 챗GPT는 다른 사람들이 경계하지 않을 때는 여러 플랫폼들의 데이터를 학습 자료로 이용했지만, 다른 기업들이 경계하면서 그 부분에 문제 제기를 하기 시작했거든요. 대표적으로 AI 학습에 자사의 데이터를 사용했다면서 뉴욕타임스가 소송을 제기했고, 캐나다 언론 5곳에서도 소송을 했어요.

그런데 오픈AI는 이 문제를 투자받은 막대한 돈으로 풀기 시작했습니다. 좋은 데이터를 가진 플랫폼들과 계약을 하기 시작한 거죠. 세계 최대 미디어그룹인 뉴스코퍼레이션을 비롯해서 AP통신, 파이낸셜타임스FT, 독일 미디어그룹 악셀 스프링, 프랑스의 르 몽드 등과 콘텐츠 사용 협약을 체결[152]하면서, 데이터 학습 문제 해결에 나섰습니다.

미디어 그룹이 가진 양질의 데이터는 인터넷 유저들이 남긴 블로그 글과는 다르잖아요. 발로 뛰는 취재와 팩트체크, 전문가들의 서술, 엄격한 교정 · 교열 등을 거친 정제된 데이터들입니다. 처음 생성형 AI가 나왔을 때는 그런가 보다 하고 넘어갔던 미디어 그룹들이 본격적으로 자사의 데이터를 보호하며 나서기 시작하면서, AI 기업들은 이런 데이터를 가진 기업들과 공식적인 계약을 맺기 시작한 거죠.

구글도 월스트리트 저널 등을 가진 뉴스코퍼레이션과 계약을 맺었죠. 원래 뉴스코퍼레이션은 구글이 뉴스 콘텐츠 무임승차를 한다며 문제를 삼아왔었는데요, 최근 정식으로 AI에 활용할 수 있게 뉴스 사용 계약을 맺은 것입니다.[153] 말하자면 어제까지 '도둑놈'이라고 욕했는데, 오늘부터는 '고객님'이 된 상황인 거죠.

AI 경쟁에서 기술적인 부분이 어느 정도 평준화되면 다음 단계의 핵심 경쟁 포인트는 얼마나 양질의 데이터를 확보하느냐의 문제가 될 것입니다. AI가 자사 데이터를 학습에 썼는지 아닌지 사실 공식적으로 AI 회사가 공표하지 않는 한 알 길이 없는 게 사실입니다. 하지만 AI가 내주는 결과를 자사 데이터와 비교하면서 그 혐의를 찾는 것인데요, 이런 일들이 상당히 품이 많이 들고 소송에라도 들어가면 귀찮은 일이잖아요. 그래서 데이터를 가진 원소스 업체들에서는 처음에는 그냥 넘어가기도 했죠. 하지만 AI가 전 세계적인 핵심 기술로 떠오르면서 이에 대한 정책을 강화하고 있어요. 철저히 가려내서 제한을 해야, 정식적인 계약 제안이 들어오고 그것이 자사의 매출로 이어질 수 있거든요.

텍스트의 경우만 이야기했지만, 영상, 사진, 음악 등 이런 문제가 얽혀있는 기업들이 많습니다. 이미지 플랫폼인 게티이미지가 이미지 생성 AI인 스테빌리티 AI를 고소했고, 기업도 아닌 미국의 예술가가 AI 학습에 자신의 작품을 무단 사용했다며 역시 이미지 생성 AI인 미드저니를 고소하기도 했어요.

AI 경쟁의 다음 단계는 양질의 데이터 확보가 될 것입니다. 그러니까 양질의 데이터를 가지고 있는 기업들은 이 데이터를 어떻게 활용할지 앞으로의 대응이 중요하겠죠. 그리고 기존의 기업들은 자사가 가진 데이터를 어떻게 상품화해서 잘 활용할 수 있을지 고민해 보아야 할 것입니다.

개별 기업이
데이터를 활용하는 방법

데이터 활용에 대한 고민은 콘텐츠 기업만 하는 것이 아닙니다. 다른 기업들 역시 자사가 가진 데이터를 최대한 활용해야 합니다. 예전에 한 교육기업에 컨설팅을 해준 적이 있는데, 자신들의 강의를 이용하는 유저들이 어떤 사람들인지 전혀 파악을 안 하고 있더라고요. 조금 더 정확하게 말하면, 그 데이터를 가지고 자신들의 서비스를 고도화하는 데 이용하지 않더라는 것이죠. 데이터라는 것이 꼭 고객의 신상 정보를 말하는 것은 아닙니다. 어떤 사람이 어떤 강의를 많이 듣는지 아는 것도 필요하지만, 날씨와의 상관관계는 없는지, 어떤 서비스를 제공하면 유저들은 어떤 식으로 반응하는지, 어떤 식으로 상담하는 것이 수강으로 이어지는 확률이 높은지 같은 데이터를 그냥 개인들의 감으로 가지고 있지, 수치화하지 않는 거죠. 제가 보기에는 수많은 데이터들이 그냥 쓰레기통으로 들어가고 있는 상황이어서 안타까웠어요.

자사의 데이터들이 AI 경쟁에서 어떻게 쓰이면 좋을지 예를 들어 설명해볼게요. 현대백화점이라고 해보면, AI 모델이 보편화되면 이 백화점 고객들만을 위하여 따로 쇼핑을 도와주는 AI 에이전트를 구축할 수 있거든요. 다른 일도 처리할 수 있겠지만 차별점은 쇼핑이죠. 현대백화점만이 가진 판매 데이터로 쇼핑에 대한 완전 전문적인 운용을 할 수 있습니다. 한국에서 쇼핑 트렌드를 알아야겠다고 생각하면 일단 이 현백 AI에 들어와서 살펴보고, 이 AI 에이전트와 같이 쇼핑을 하는 것이 가장 빠른 길입니다.

'아주 비싸지는 않으면서도 남들이 보기에 럭셔리한 느낌을 주는 물건을 골라줘' 같은 명령에 그냥 반응을 하는 게 아니거든요. 실제로 럭셔리한 이미지를 형성한 브랜드 중에 가성비 좋은 것을 추려낸 후에, 그중 고객의 취향에 맞는 것을 추려내는 과정을 전문적인 데이터를 바탕으로 수행하게 됩니다. 여기에는 실제 다른 고객들의 반응이나 쇼핑 행동까지 다 고려한 데이터들이 작동하니까 아주 실제적이면서도 효과적인, 그러면서도 트렌디한 쇼핑이 이루어질 수 있는 거죠.

현대백화점이 직접 AI를 구축할 생각이 없다면, 이런 데이터를 특정 AI 모델에 제공해서 그 모델이 구축하는 쇼핑에이전시를 특화시킬 수도 있습니다. 그러면서 AI 업체에서 데이터 사용료를 지불받는 형식이죠. 이런 식으로 비즈니스 모델은 데이터를 매출로 바꿀 수 있을 뿐더러, 그 AI 에이전트를 사용하는 사람들의 쇼핑을 현대백화점으로 끌고 오는 효과도 있어서 자사의 영업도 확대할 수 있다는 장점이 있죠.

문제는 IT나 콘텐츠 같이 데이터에 민감한 기업들이 아닌 한 데이터들이 수치화되어 있지 않다는 것입니다. 넷플릭스 같은 경우 한 번 본 영화를 바탕으로 유저의 취향을 파악해 비슷한 영화를 추천해준다고 알려져 있지만, 사실 넷플릭스가 수집하는 데이터는 그 정도가 아닙니다.

사용자가 언제 어디서 어떤 기기를 이용해서 어떤 영화를 보았는지, 그 영화의 추천 화면이 뜬 다음에 몇 초나 있다가 클릭을 했는지, 영화의 어떤 부분에서 멈췄고, 어떤 부분에서 빨리 가기를 눌렀고, 어떤 부분에서 아예 나갔는지, 직접 검색한 영화는 무엇인지 같은 다양한 정보들을 수집합니다.[154] 실제로 넷플릭스 계정 정보에 들어가면 자신의 이런 정보를 다운로드받을 수 있도록 하고 있어요. 이 정보를 보시면 영화 취향과 영상 시청 행태에 대해서 가족보다도 훨씬 더 나를 잘 알고 있는 게 넷플릭스라는 것을 느끼실 수 있을 겁니다.

전 세계적으로 많이 검색한 영화는 어느새 넷플릭스에 신작으로 올라온다는 관측도 있어요. 넷플릭스의 경쟁자를 영화관으로 생각하는 경우가 많은데, 사실 넷플릭스는 IT업에 더 가깝지 않을까 해요.

재주는 개인들이 넘고, 돈은 AI 기업들이 벌고, 번 돈을 가지는 사람은 플랫폼 기업들

개별 기업들이 AI 시대에 대비하는 좋은 방법 중 하나가 바로 자사가 가진 데이터를 고도화하고 정교하게 다듬는 것입니다. 그런데 개인들은 데이터에 대해서 어떻게 대응해야 할까요?

개인들의 데이터와 관련해서 한 가지 쟁점이 되는 문제가 있습니다. 신문사들이야 자기들이 돈을 들여 데이터를 생산해 내는 것이 맞지만 수많은 플랫폼 기업들은 데이터 생성에 직접 돈을 들이는 것이 아니라, 유저가 올린 데이터를 가지고 있는 것뿐이거든요. 그런데 AI 업체에 그 데이터를 제공해서 수익을 확보한다면 그것이 온전히 플랫폼 기업의 몫인가 하는 문제입니다. 아직까지 이런 시장이 본격화되었다고 말하기는 어렵기 때문에 논란까지는 되지 않았지만, 앞으로는 핵심 쟁점이 될 만한 문제입니다.

예를 들어 유튜브에 올린 수많은 영상들을 학습해서 영상 생성 AI를 만든 기업이 데이터 사용료를 유튜브에 준다면 유튜브는 그 수익을 유저들에게 돌려주어야 하는 게 아닐까요? 문제는 광고 수익의 경우 조회수 같은 분명한 기준이 있어서 어떻게 나눠야 할지

개인들이 데이터를 제공하고, 그것으로 기업들이 비즈니스하는 모습을 달리 풍으로 생성한 그림

비교적 분명한데, AI 학습에 이용된 영상이 어떤 것인지 알 길이 없는 상태에서 유저들에게 이 돈을 어떻게 나눠야 하는 것일까요? 그리고 무엇보다 유튜브는 그것을 나눠줄 생각이 있을까요?

실제로 유튜브는 2024년 12월에 자신의 영상을 기업의 인공지능AI 모델 훈련에 활용하도록 허용할 수 있는 새로운 설정 기능을 도입했습니다. 먼저 미국의 일부 크리에이터들에게 적용되는 식으로 순차적 도입입니다. 크리에이터들은 AI 훈련을 허용할 기업을 고를 수도 있어서, 어도비, 아마존, 메타, 마이크로소프트, 엔비디아, 오픈AI, 런웨이, 스태빌리티 AI 등 18개 기업이고, 모든 기업을 선택하면 이 18개에 속하지 않는 기업도 다 영상을 학습에 이용할 수 있어요.[155] 그런데 이건 외부 기업의 경우 그렇고 유튜브는 자체 AI 모델을 개발할 때는 이렇게 일일이 동의를 받지 않고도 유튜브에 영상을 올린 모든 사람들의 영상을 사용할 수 있습니다. 처음부터 약관이 그렇게 되어 있대요.

어쨌든 이런 설정 기능은 앞으로 AI 훈련에 대한 보상을 받을 수 있는 가능성을 열어준 조치로 평가받고는 있지만, 사실 어떤 영상이 얼마나 어떻게 사용되었는지 명시적으로 알 수 없는 상태에서 공정한 보상이 이루어지기는 어려울 듯합니다.

그리고 유튜브처럼 품이 많이 들어간 콘텐츠가 아닌 SNS 게시글 같은 경우는 어떨까요? X 같은 경우는 자사의 플랫폼에 올라온 게시글을 학습해서 xAI를 돌리는데, 사실 이 콘텐츠들은 다 유저가 작성한 것들이잖아요. 이에 대해서 보상을 할 수 있을까요?

플랫폼들은 유저의 콘텐츠를 가지고 자신들의 콘텐츠처럼 전용하고 수익을 독식하는 행태를 지속할 것입니다. 법적인 제재만 없다면요. 수익을 나눠주기도, 유저 콘텐츠 사용에 대해 증명하기도 애매하니까요.

그렇다면 개인들은 기껏 자신의 콘텐츠, 데이터를 플랫폼 기업들을 위해 무상으로 제공하고 있는 셈이거든요. 재주는 곰이 넘고 돈은 주인이 번다고 하잖아요. 이 경우는 재주는 개인들이 넘고,

돈은 AI 기업들이 벌고, 번 돈을 가지는 사람은 플랫폼 기업들이라고 할 수 있죠.

데이터 경제 시대의 도래

'4차 산업 시대의 석유가 바로 데이터'[156]라고 하잖아요. 과거 석유는 지정학적 운이 작용한 나라들의 독차지였어요. 중동에 있는 나라들이면, 석유가 나는 위치에 나라가 있었다는 이유만으로 부를 얻은 거죠. 그런데 데이터는 그렇지 않습니다. 물론 인구가 많은 나라가 유리할 수 있지만, 경제적 능력이 있는 나라의 데이터, 그리고 다양하고 정직하게 수집되고 가공된 데이터들이 의미가 있죠.

그리고 개인들은 자신의 데이터에 대해서 관심을 기울이면서, 이런 데이터를 활용할 수 있는 방법들이 앞으로 속속 나올 거거든요. 이미 '마이데이터MyData'라고 해서 개인이 자신의 데이터를 직접 관리하고, 이를 활용하여 맞춤형 서비스를 받을 수 있도록 하는 개념이 제시된 적이 있죠. 일부 금융권이나 공공 분야에 적용되기는 했지만 처음 구상만큼 잘된 것은 아닙니다.

아무래도 개인이 자신의 데이터 사용료를 받을 수 있는 데이터 수익화 모델이 본격적으로 등장해야 정착할 듯합니다(유튜브가 유저들에게 광고 수익을 분배하면서 빵 터졌듯이 말이죠). 하지만 그렇게 먼 훗날의 이야기는 아닙니다. AI 경쟁으로 인해 데이터의 중요성이 더욱 강화되고, 그에 따라 사용자가 직접 자신의 데이터를 제공하고, 그 대가로 혜택을 받는 데이터 경제 시대 도래가 앞당겨질 수 있거든요. 금융, 의료뿐만 아니라 교육, 모빌리티, 콘텐츠 산업 등 산업 전반으로 확산되어 데이터가 돈이 되고 권력이 되는 사회가 지금 매우 가깝게 다가오고 있습니다.

3부

AI가 변화시키는 산업의 미래

의료 : AGI 의사와 인간-AI의 협력 모델

'장비'가 중요한 의료계

얼마 전 병원에 갔는데, 그 병원에는 필요한 장비가 없다면서 그런 장비가 있는 병원을 알려주더라고요. 언제부터인가 병원은 '장비빨'이 매우 중요하게 되었습니다. 사실 의료는 처음부터 그랬는지도 모릅니다. 최신 장비의 보유 여부에 따라 병의 진단과 치료 여부가 달라집니다. 의사들이 개원을 할 때 처음에 빚을 지고 시작하는데, 그 빚의 대부분은 장비 구입에 들어가는 비용입니다.

큰 병원이나 대학병원에는 각종 좋은 장비가 있죠. 예를 들어 세브란스 병원은 중입자 치료기를 갖췄는데, 이 기계는 '꿈의 암 치료 기계'라고 불립니다.[157] 모든 암에 다 적용되는 것은 아니고, 주로 전립선암을 치료하는 기계로 간편하게 치료 가능하고 재발률도 낮다고 하죠. 이런 기계가 있으니 당연히 이런 기계를 다룰 줄 아는 의사들도 큰 병원에 있습니다.

그런데 이런 장비들이 AI 에이전트나 궁극적으로는 AGI로 업그레이드된다면 지금까지와는 다른 의료 시스템이 만들어질 수 있을 것입니다. 우선 병원이 할 수 있는 일의 범위와 경계까지 달라지게 됩니다. AI가 의료기기와 시스템에 도입되고 있는 지금 상태부터 AGI로 바뀐 후의 전망까지 살펴보죠.

다양한 역할과 모습으로 의료계에 적용되는 AI

현재 AI가 의료에 적용되는 양상을 보면 우선은 의료 데이터 분석 자동화에 쓰이고 있습니다. 특히 영상(CT, MRI, X-ray 등)진단 같은 경우는 이미 상당한 진전을 보이는 분야이고, 전자의무기록EMR을 분석하여 질병을 빠르고 정확하게 진단할 수 있습니다. 자연어 인식 기능이 발달함에 따라, EMR은 상당히 자동화되어 있는데요, 말하자면 의사와 환자가 그냥 마주 보고 대화를 나누기만 해도 이 대화가 자동으로 기록되고, 이 기록에서 드러나는 증상과 양상을 분석해서, AI가 진단까지 해준다는 것이죠. 얼마 전 의료 컨퍼런스에서 AI 도입 양상에 대한 발표를 본 적이 있는데, 최신 외국 사례 중, 응급구조 상황에서 구조사와 환자의 급박한 대화를 분석해서 앰뷸런스가 병원에 도착하기 전에, 대기하고 있는 응급 구조 팀에 환자의 상태를 자동으로 알리는 AI가 시험 중에 있다고 하더라고요.

환자 관련 데이터를 분석하는 AI는 자연스럽게 진단까지 도달하게 되는데요, 진단의 주체가 될 수는 없고요. 아직은 진단 보조 도구로서 존재하게 되죠. 의사가 생각하는 진단과 일치하면 의사의 진단에 조금 더 확신을 주게 되는 것이고, 의사가 생각하는 진단과 다르다면, 의사는 한 번 더 검사를 해본다거나 하면서 조금 더 신중하게 진단에 도달하게 됩니다. 결국에는 최종 진단의 의무와 책임은 인간 의사가 지게 됩니다. AI는 진단에 어시스턴트로 등장하게 되는 것이죠.

그리고 AI의 데이터 활용은 치료에 국한되지 않습니다. 병이 나타나기 전 여러 데이터를 종합해서 이상 징후를 경고하는 데 AI가 쓰이기도 하거든요. 프랑스 헬스케어 기업 위딩스Withings가 CES 2025에서 선보인 AI 거울 '옴니아OMNIA'는, 거울 앞에 서기만 해도 사용자의 이상을 감지합니다. 각종 건강 관련 지표를 수집해 체크해보고, AI가 운동을 권장하거나 병원 예약을 돕기도 하죠. 대만

헬스케어 스타트업 페이스하트FaceHeart의 AI 거울 '카디오미러CardioMirror'는 사용자가 거울 앞에 서면, 45초 만에 스트레스 지수, 혈압, 심박수, 산소포화도, 혈류 등 건강 관련 지표를 수집, 분석해 심부전과 같은 심장 관련 이상 징후를 90% 정확도로 감지하기도 합니다.[158]

치료보다는 예방이 훨씬 효과적이잖아요. AI는 치료에도 잘 쓰이지만, 방대하고 다양한 데이터를 분석해서 패턴이나 의미를 찾아내는 능력이 뛰어나다 보니 예방을 하는 것에 인간 의사보다 장점이 있어요. 당분간의 AI 헬스케어는 예방 위주의 활동이 될 것 같아요.

조금 다른 차원에서 AI가 의료계에 기여하는 양상을 보면, 신약 개발을 빼놓을 수가 없죠. 2024년 노벨화학상을 탄 3명 중 2명이 AI를 연구하는 회사인 딥마인드DeepMind의 관계자입니다. 딥마인드는 이세돌 9단을 바둑으로 이겼던 알파고의 개발사로도 유명하죠. 데미스 허사비스는 딥마인드의 공동 창립자이자 CEO고, 존 점퍼는 딥마인드의 선임 연구원으로, 알파폴드AlphaFold 프로그램 개발에 핵심적인 역할을 했습니다.[159]

인공지능을 개발하는 회사의 관계자들이 노벨화학상을 탈 수 있었던 것은 딥마인드가 알파고 이후 바둑 AI는 이미 인간계를 평정했기 때문에 더 이상 적수가 없다고 판단하고 알파고를 바둑계에서 은퇴시켰기 때문입니다. 그리고 알파코드 같이 복잡한 코딩을 해결해주는 AI를 만들기도 했는데요, 최근 가장 활발하게 성과를 내온 것이 신약 개발에 필수적인 단백질 구조를 예측하는 알파폴드였습니다[160](알파 씨인 것을 보니 알파고의 형제인 것을 아시겠죠).

AI의 복잡한 데이터 세트를 분석하는 능력을 통해 신약 발견을 가속화하고, 개인들의 잠재적인 부작용을 식별하며 임상 시험을 최적화할 수 있습니다. 실제로 2025년 다보스포럼에서 허사비스 CEO는 '보통 하나의 약을 개발하는 데에 평균 5년에서 10년이 걸리는데, 알파폴드를 통해서 이 기간을 1/10으로 단축할 수 있다'[161]고 말하면서, 현재 6개의 신약 프로그램을 동시에 진행하고 있다는 근황을 알렸습니다. 이런 기간 단축은 알파폴드의 강력한 단백질 구조 예측 능력 덕분인데, 알파폴드는 AI 기술을 기반으로 지구상에 존재하는 2억 개의 단백질 중 99%의 구조를 예측했다고 합니다. 만약 사람이 이러한 일을 직접 해야만 했다면 수백 · 수천 년이 걸렸을 것이라고 하죠.[162]

또 하나 AI가 특별한 능력을 발휘하는 것은 환자들의 개인 맞춤 치료입니다. AI는 환자의 유전자 정보와 생활습관을 기반으로 맞춤형 치료 계획을 자동으로 생성할 수 있습니다. 사실 유전체를 분석해서 개인들에 맞게 치료 방법부터, 약 제조까지 환자마다 다르게 할 수 있습니다. 약을 조금 더 세게 써야 할 환자라든가, 특정

성분에 알레르기를 가진 환자들을 구분해서 그에 맞게 치료를 할 수 있죠.

하나의 진단에 대해 보편적 치료를 하면 효율적일 수는 있지만 효과적일 수는 없습니다. 반면 맞춤형 치료는 효과적이긴 하지만 효율성은 떨어지죠. 개인의 유전체나 몸 상태에 맞춘 치료이기 때문에 개인들에게 효과적인 치료가 되긴 하지만, 빠른 시간 안에 진료를 하거나 치료를 할 수 없어 병원이 효율적으로 돌아갈 수는 없게 된다는 것이죠. 하지만 AI는 개인 맞춤에 들어가는 시간과 노력을 획기적으로 줄임으로써 개인 맞춤 치료, 처방, 투약 등을 가능하게 해줍니다. 효과성과 효율성을 동시에 높이는 것이 의료계에 도입되는 AI 시스템들의 역할인 거예요.

그리고 의료 비즈니스적으로 보자면 의료상담을 해주는 챗봇이 점점 효과적으로 쓰이고 있습니다. 치료 전, 치료 후의 경과나 예후 관리도 상담 챗봇으로 가능하고, 병원에 방문하기 전에 상담 챗봇과 이야기함으로써 불필요한 내원을 줄이거나, 적절한 치료 시기를 놓쳐 병 치료가 어려워지는 억울한 상황을 줄일 수 있습니다. 그리고 치료 후에도 자신의 상태를 챗봇에 공유함으로써 혹시라도 있을 부작용이나 이상 현상에 대해서는 빠르게 대처할 수 있습니다.

그리고 무엇보다 병원의 행정업무 자동화나 진료 예약 등 행정

업무에도 AI는 적극적으로 도입되어서 쓰이기 시작하고 있어요. 의료계는 생명과 관계된 분야라서 뭐 하나 바뀌는 것이 상당히 보수적이지만, 역시 생명에 관계된 분야다 보니 치료에 도움이 된다고 생각하는 새로운 방법론들에 상당히 열려 있기도 합니다. 계속 스터디하고 검증해서 필요하다고 생각하면 빠르게 도입하죠. 그런 의료계가 AI에 상당한 관심이 있거든요.

AI 의사와의 공동 진료

ANI 정도 수준의 AI 도입도 이렇게 의료계를 바꿀 수 있는데, 의료계에 AI 에이전트가 도입되는 것을 생각해보면 그건 지금까지의 AI 도입과는 완전히 다른 문제라는 것을 알 수 있어요. 에이전트는 하나의 결정 주체로서 AI를 인정한다는 이야기인데, 말하자면 AI 의사가 등장할 수도 있다는 거예요.

AI 에이전트는 실제 환자 진료 및 치료 결정을 내리는 단계에 도달할 수 있습니다. 하지만 AI는 책임을 질 수 없기 때문에, AI가 치료 설계를 한 후에 그것을 인간 의사에게 컨펌받는 식으로 공동 진료의 형태가 될 수 있어요. 앞서 AI와의 차이는 진단뿐 아니라 치료 설계에 AI가 개입해서, 독자적인 계획을 세운다는 것이죠.

AI 에이전트는 얼핏 드러나지 않는 환자의 특수 체질이나 유전자 분석까지 전부 고려하여 치료 계획을 세울 것이기 때문에, 의사가 자신의 생각을 확인하는 차원이 아니라, AI의 치료계획을 보고 승인하는 차원으로 진행이 될 것입니다.

AI 에이전트는 세밀한 휴머노이드나, 아니면 특정 수술에 적합하게 설계된 디바이스들에 탑재되면서 무인 수술 시스템을 보편화되게 할 수 있습니다. AI 에이전트가 실시간으로 환자의 생체 신호를 분석하며 복잡한 신경외과 수술도 초정밀하게 집도할 수 있습니다.

실제로 아직 에이전트 수준이라고 할 수 없는데도 AI가 인간 없이 무인으로 수술을 해낸 사례들이 쌓이고 있어요. 2022년 미국 존스 홉킨스대 연구진은 '스마트 조직 자율로봇STAR'을 개발했는데, 인간의 개입 없이 장과 장을 연결하는 수술을 해낸 세계 최초의 로봇입니다. 그리고 수술은 아니지만 스타트업 퍼셉티브는 단 15분 만에 충치 진단부터 크라운 시술까지 완료하는 완전 자동화된 로봇 치과 시스템을 개발하기도 했습니다. 치과 전문의가 하면 2시간 정도 걸리는 업무를 1/8 시간에 해낸 것입니다.[163]

조금 더 자율적인 기능과 활용이 가능해지는 AI 에이전트의 시기에는 보다 적극적인 의료 행위들이 가능해집니다. 이쯤 되면 기술의 문제보다는 법적인 문제가 의료 발전의 속도를 못 내게 브레이크를 잡을 확률이 높죠.

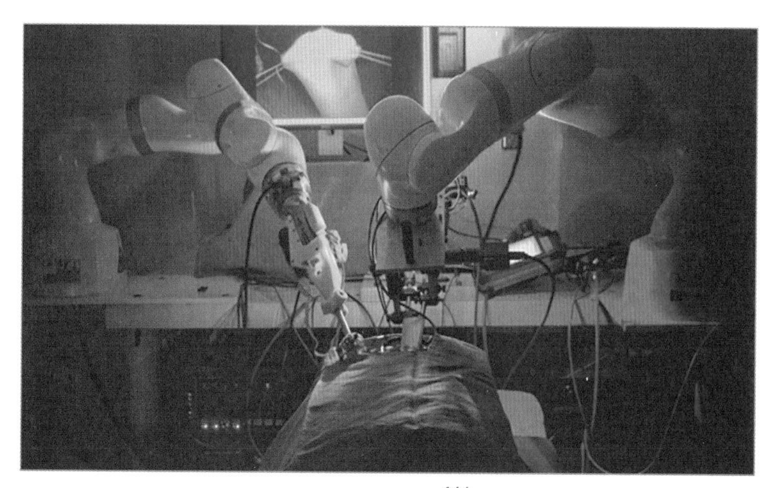

세계 최초의 자율형 수술용 로봇 STAR, 존스 홉킨스대[164]

그리고 또 하나 법적인 문제가 대두되는 것은 원격의료 문제예요. 한국에서는 코로나 때 한시적으로 허용되어서 시범사업의 형식으로 비대면 진료가 이어지고 있지만, 의료계의 강력한 반발로 법제화되어서 빠르게 나아가지는 못하고 있죠.[165] 그런데 지금 나오는 기술들에 AI 에이전트까지 가세한다면 원격의료의 기술적인 문제는 거의 없습니다.

쇼핑에는 AI 에이전트가 빠르게 도입되겠지만, 의료는 법적인 이슈부터 윤리적인 이슈까지 논란이 있을 문제가 한두 개가 아니기 때문에 AI 에이전트가 등장한다고 해도 어떤 산업보다도 적극적으로 먼저 수용하지는 않을 겁니다. 하지만 한 번 수용하면 그

속도는 빠르겠죠. 환자들은 건강에는 돈을 아끼지 않거든요. 효과 좋고 완치 가능한 방법이라면 그런 방법이 가능한 병원을 찾을 테니까요.

의료계의 AI 에이전트는 행정에서 제일 먼저 도입될 가능성이 있습니다. 사실 행정 부분은 다른 산업에서도 우선적으로 도입되는 것일 테니까요. 문서 정리나 보험 청구 작업, 환자들과의 커뮤니케이션이나 의료진의 일정 정리, 심지어 관련 연구논문 작성 등 환자의 의료 정보와 직접적으로 관련된 것이 아니면 행정에서의 AI 에이전트 도입은 의료진을 환자에게 집중하게 해주는 훌륭한 결정이 될 것입니다.

공감도가 더 뛰어난 AGI 의사

AGI 중심의 의료 생태계는 기술적으로보다는 제도적으로 꽤 늦게 승인될 가능성이 많죠. 하지만 AGI 의료가 구현만 된다면 현재의 의료진 부족 현상의 문제를 일거에 해결하게 됩니다. 최소한의 인간 개입만으로 운영되는 자율 AGI 병원이 등장할 수 있거든요. AGI를 치료의 주체나 운영의 주체로 인정하게 되면 진단, 치료, 간호, 행정 시스템이 완전히 자동화되어 인간 의사는 연구, 감독,

윤리적 판단에 집중할 수 있습니다.

이렇게 AGI를 통한 의료가 자동화된다면 병원 운영 비용이 감소하여 저렴한 의료 서비스를 제공할 수 있게 됩니다. 그 말은 전 세계적으로 의료 서비스 접근성이 좋아져서 의료 서비스의 평등화가 이루어질 수 있다는 말이 되는 것입니다. 가난한 사람들도 쉽게 병원을 찾을 수 있다는 것이죠.

그리고 의료 서비스 역시 개선될 수 있어요. 환자들은 의사와의 대화 길이에 호감도의 정도를 정하거든요. 2023년 미 샌디에이고 캘리포니아대UCSD 퀄컴연구소 연구팀은 의사와 챗GPT의 의료 상담을 비교해서 답변의 품질과 공감도 등을 평가했는데요, 전문가들은 78.6%의 비율로 의사 답변보다 챗GPT 답변이 낫다고 했습니다. 정보의 품질 면에서 챗GPT는 의사보다 우수하다는 비율이 3.6배 높았는데, 재미있는 점은 환자 질문에 공감하는 비율이 챗GPT는 45.1%였던 반면 의사는 4.6%밖에 안 되었습니다. 이에 대해 반론을 제시한 측에서는 전문가 패널의 평가가 주관적이고, 챗GPT의 답변에 평균 211단어가 들어간 반면 의사 답변에 평균 52단어가 들어가 훨씬 짧은데, 환자 질문에 대한 공감도 평가는 진정한 공감보다는 답변 길이에 더 영향을 받았을 수 있기 때문에 문제라고 지적을 했죠.[166]

그런데 이 반론도 생각해보면 결국 환자들은 보다 다양하고 많은 정보를 접하면서 공감을 느낀다는 이야기가 되는 것이죠. 그런 면에서 큰 병원에서 일하는 한국의 의사들은 근본적으로 환자와 공감할 수 없는 시스템이에요. 한국은 건강보험이 잘 되어 있어서 전 세계적으로 보면 의료 접근성이 상당히 좋은 편입니다. 하지만 그래서 환자 한 명에게 의사가 들이는 시간은 미국에 비하면 1/3 이하로 짧은 편입니다. 미국 의사는 환자 한 명에 평균 21.1분을 쓰는 데 비해서 한국은 6.3분을 씁니다.[167] 하지만 환자들의 체감은 이것보다 못해서 현장에서는 3.3.3. 진료라는 말을 우스갯소리로 쓰고 있기도 하죠(하지만 유머로서만 받아들이는 사람은 거의 없죠). 3시간 대기, 3분 진료, 3마디 대화라는 뜻입니다. 그냥 통칭 '3분 진료'[168]라고 하기도 하고요.

이런 상황에서 AGI가 폭넓은 데이터와 환자 개인 맞춤에 대한 정보를 가지고 충분한 시간을 들여 개인 상담을 해준다면 환자 입장에서는 인간 의사보다 AGI 의사를 선호할 수도 있어요. 자신만의 AGI 주치의는 새벽 3시에 챗봇으로 문의를 해도 친절하게 답변해주거든요. 마침 심심했는데 잘됐다며 흔쾌히 상담에 응합니다. 환자 입장에서의 만족도는 AGI가 훨씬 더 클 수 있습니다.

인간-AI 협력 의료의 완성

하지만 AGI 의사는 의료의 마지막까지 책임지지는 못할 것입니다. 그래서 AGI 의료는 인간-AI 협력 의료가 완성되는 것이라고 표현할 수 있겠습니다. 그런 면에서 보자면 지금은 여러 장비나 그에 따른 경험자들이 전부 대학병원이나 종합병원에 있기 때문에 병이 나면 큰 병원으로 몰리는 경향이 있습니다. 입원실이 부족해서 '해당 병원에 아는 의사 없냐?'는 질문을 입원하려는 지인에게 받은 적이 한 번 이상씩은 있을 겁니다.

그런데 AGI로 진단이나 치료가 어느 정도 평준화되면 동네 작은 병원에서도 많은 부분 처리가 가능해집니다. 웬만한 진단이나 치료는 어차피 AGI가 하기 때문에, 동네 병원이나 종합병원이나 다르지 않을 수 있거든요. 그런데 동네 병원은 정보를 딜러버리하는 의사가 그나마 단골이라고 아는 척해주고, 저번 증상도 기억하며 휴먼터치를 하니까 이왕이면 동네 병원에 가는 게 낫죠. 비싼 기계나 수술 로봇이 필요한 지경까지 가지 않는 한 굳이 종합병원에 갈 필요가 없어지는 거죠. 의료의 상향평준화를 기대해볼 만합니다.

현재 의료라고 하면 치료 중심이고 보편적 의료를 지향합니다. 하지만 AGI와 데이터를 바탕으로 재구성되는 새로운 시대의 의료는 예방 중심의 맞춤형 의료를 지향합니다. 2025 CES에서는 '장수'라는 분야가 등장해서 공감을 샀는데, 각종 디지털 헬스케어 같은 것들이 결국에는 무병장수로 모이더라고요. 보통은 치료보다는 예방이 훨씬 더 쉽고, 비용도 적게 들기 때문이죠. 그래서 의료 산업은 예방 중심의 AI 헬스케어 산업으로 중심 축이 이동하게 될 수도 있습니다.

스마트폰이나 가정에 보급된 휴머노이드가 어느 정도 예방 중심의 맞춤형 의료기기 역할을 하게 된다면, 1차적 의료기관의 역할을 AGI 기기가 하는 셈입니다. 미국처럼 처방전을 비대면으로 받을 수 있다면 문진을 통한 간단한 진료도 가능해지죠. 말하자면 동네 병원의 역할은 개인화되고 상시화되어서 의료케어 서비스로 바뀌고, 외상이라든가 조금 더 정확한 진료가 필요한 병은 그것이 가능한 장비를 갖춘 병원을 안내하고 예약까지 마쳐서, 의료케어를 완성하는 것이죠.

한 가지 AGI가 의료에 사용되면 연구에도 이용되어서 각종 질병이나 불편함이 해소될 수 있죠. 대머리 없는 사회를 만들 수도 있고요, 불치병이라는 감기도 정복할 수 있을지 모릅니다. 무엇보다 인류 역사적으로 늘 부자가 되면 관심과 자본을 기울이는 분야인 생명 연장 및 노화 억제 연구도 가속화할 수 있습니다. AGI는 노화의 원인을 분석하고, 세포 재생 기술을 개발하여 수명 연장을 가능하게 할 수 있습니다.

할아버지의 외모나 손녀의 외모가 그다지 큰 차이가 나지 않는 세상, 한 가족의 5대가 동시대를 사는 세상, 초고령화를 넘어서 한 사회의 평균 수명이 80세를 바라보는 세상 같은 것은 아직 오지 않아서, 이런 세상에는 어떤 생활양식이 지배적이 될지 알 수 없긴 합니다. (얼마 전 정유정 작가의《영원한 천국》이라는 작품을 보는데, 가상세계이긴 하지만 레지던스 입주민 평균 나이가 96세다 보니, 65세인 입주민을 '어린이'라고 부르는 장면이 있거든요. 일단 그런 세상은 가능할 것 같아요.)

교육: 맞춤형 AI 교사와 디지털 학습 혁신

500만 명의 학생에게 500만 개의 교과서를

교육 산업에서 AGI의 도입이 어떤 모습일지 상징적으로 보여주는 것이 한국에서 공식적으로 초·중·고등학교에 도입하려고 하는 AI 교과서입니다. AI라는 말에 딱 맞는 퀄리티라고 할 수 있을지는 모르겠으나, AI 교과서라는 네이밍 자체만으로도 상당히 빠른 혁신의 느낌이었죠. 2023년에 발표가 되었고, 2025년서부터는 단계적으로 일선 학교에서 적용되는데요, 문제는 이게 정쟁의 대상이 되어서 표류하게 되었다는 거죠. 일단 2025년에는 일선 학교의 자율에 맡기게 되었습니다.

AI 교과서를 빠르게 공교육에 도입해 학생들에게 AI 리터러시 능력을 키워준다는 의의가 AI 시대에 나쁠 것은 없지만, 이런 것들이 기술만 가지고 사회의 변화를 재단할 수 없다는 증거가 되는 거죠. 정쟁 포인트 중 하나가 되어서 정부의 거부권까지 쓰이게 될 줄은 아무도 몰랐거든요.[169]

하지만 이런 정치적 의미를 떠나서 그냥 AI 교과서라는 현상을 보면 교육과 AI의 결합이 어떤 식으로 이뤄질지는 분명하게 보입니다. 영국에서 개최된 에듀테크 박람회에 참가한 한국관 부스에 AI 교과서를 홍보하면서 "500만 명의 학생에게 500만 개의 교과서를"[170]이라는 문구를 썼거든요. 그러니까 완전한 수준별, 관심사별, 특성별 개인 맞춤 학습이 AI로 인해 가능해진다는 것이죠.

이제 교육은 AI로 인해 정말 개인화됩니다. AI가 교육계에 들어오면 교육계의 최종 지향점은 모두가 다른 교육을 받는 것입니다.

학교 교육의 획일화와 적성을 고려하지 않은 분과학문으로의 분화

학교는 고대 그리스를 넘어 기원전 4천 년 전인 수메르 시대에도 발견된, 인류의 역사와 더불어 존재한 교육 기관입니다. 그리스

시대에 존재한 플라톤의 아카데미아나 아리스토텔레스의 리케이온은 꽤 유명한 사립학원이죠.

중세 시대는 수도원이나 성당에서 주로 교육이 이루어졌죠. 이때는 신부가 되기 위해 수업을 받는 곳이 이런 교육 기관들이었는데, 이런 전통은 꽤 늦은 19세기까지 이어지기도 하죠. 헤르만 헤세의 소설 《수레바퀴 아래서》에서는 마을의 신동 취급을 받던 한스가 이런 신학교에 진학했다가, 지역에서 모인 난다 긴다 하는 수재들 틈바구니에 치이면서 적응하지 못하고 결국 학교를 쫓겨나와 동네에서 도제식으로 기계공 수업을 받게 되는 이야기예요.

고대부터 이때까지 교육은 투 트랙이었던 것입니다. 학교는 높은 신분의 사람들이 그 신분을 유지하기 위해 필요한 언어, 상식, 교양을 배우는 곳이었고, 직업적인 교육은 작업장, 직업별로 도제식으로 현장에서 이루어졌습니다. 사실 쓰리 트랙이기도 하네요. 조금 더 높은 신분으로 가면 가정교사가 개인을 가르쳤거든요. 왕이나 귀족들은 그 지위를 유지하는 데 필요한 수업을 개인 맞춤으로 받은 거죠. 리케이온을 설립한 아리스토텔레스도 처음에는 유럽 최초의 제국을 건설한 알렉산더 대왕의 가정교사였습니다.

지금 같은 공립학교의 모습을 갖춘 것은 근대가 되면서입니다. 프로이센 왕국은 군인들을 빠르게 양성해내는 방법으로 기초교육 제도를 마련했습니다. 그리고 산업혁명 때문에 공장에서 일할 일

꾼들을 양산할 필요가 생겼고, 엄마들의 노동력을 최대한 끌어내기 위해서 육아를 전담해줄 국가 기관이 필요했어요. 그렇게 설립된 근대적 학교는 사실은 군인과 노동자를 양성하기 위한 기관이었던 거죠. 학교의 모습이 교도소와 비슷한 체제로 운영되는 이유를 설명할 때 이런 이야기를 많이 합니다(귀족들은 가정교사나 사립학교라는 제도로 따로 교육을 받았죠).

이런 기원을 가졌기 때문에 학교 교육의 핵심은 획일화입니다. 가죽 다루는 사람, 기계공, 가축을 돌보는 사람, 마을의 행정을 하는 사람 등을 따로 교육하는 것이 아니라 선생님 하나가 수십 명을 동시에 가르치는 교육이었죠. 공장에서 일할 때 개별 직업 교육은 필요 없거든요. 그리고 부모의 원활한 노동을 위해 육아를 대신해주는 케어 기관이기도 했기 때문에, 효율적으로 운영될 필요도 있었고요.

대학에 올라가면 분과학문이라고 해서 전공을 나누지만 일부 국가에서는 이상적인 대학교육과는 거리가 있게 전개되면서 자신의 직업적성이나 흥미에 따라 전공을 선택하는 것이 아니라, 학교의 네임벨류에 따라 과에 상관없이 진학을 하게 되면서, 적성에 맞지 않는 고등 교육을 4년 이상 받는 일들이 흔하게 일어나게 되었죠. 2020년 통계청 조사를 보면 사회인 중 전공과 직업이 일치하는 경우는 37.2%에 불과합니다. 4년제 대학 이상 졸업자로 범위를 좁혀도 41.5%예요.[171] 10명 중 6명은 흥미도, 적성도, 예정에도 없었던 고등 교육을 4년이나 받게 되는 것입니다.

그리고 이 조사에서는 공대나 문과대의 구분이 없는데 보통 공대생들은 취업을 할 때, 직무적으로 아예 그 전공만 지원하게 하는 경우가 많거든요. 예를 들어 한전에서 특정 직무는 전기공학과만 지원하게 한다든가, 현대 자동차의 특정 직무는 기계공학과만 지원하게 하는 식으로 말이죠. 그래서 그나마 41.5%의 전공 일치도가 나온 것이라고 할 수 있어요. 문과대만 놓고 보면 기업들의 취업 공고에 '전공 불문'이라는 말은 그동안 배운 4년 동안의 고등 교육이 별 쓸데가 없다는 조금은 안타까운 말입니다.

실제로 대학에서 학생들은 졸업이 다가옴에 따라 자격증을 준비한다든가, 따로 학원에 다닌다든가 하는 식으로 취업을 준비하고, 실무적으로 필요한 교육은 인터넷 강의나 유튜브를 통해 배우는 경우들이 많죠.

직업은 한 사람의 정체성이 아니라, 그 사람의 지금 상태

사회가 급격하게 바뀌면서 직업은 한 사람의 정체성이 아니라, 그 사람의 지금 상태 정도가 되어 버렸습니다. 미래세대는 평생 3

개의 분야에서 5개 이상의 직업을 갖고, 19개 이상의 다른 직무를 갖는다는 미래학자들의 예측도 있죠.[172]

장인정신을 가지고 하나의 직업에 매진하려고 해도, 그 직업 자체가 없어지는 상황이 계속 생기기도 합니다. 가로등이 가스등이었던 시대에, 가스등에 불을 붙이는 사람을 가스라이터, 혹은 램프라이터라고 합니다. 1943년작인 생텍쥐페리의 《어린왕자》에도 이런 직업을 가진 사람이 나오죠. 하지만 전기등으로 바뀐 지금 이 직업은 역사적 직업으로 남게 되었습니다. AI가 홈페이지 만드는 작업을 자동화해서 제공하는 요즘의 추세를 보면, 홈페이지 디자이너 같은 직업도 역사적 직업이 될 수 있죠.

그리고 직업이 유지된다 해도 그 직업이 하던 일이 그대로 가는 것도 아닙니다. 예를 들어 은행원이라고 하면 전통적으로는 금융이나 경제 쪽을 배우고 셈이 빠른 사람을 많이 상상하게 되는데, 최근 은행권의 채용공고들을 보면 최고 우대하는 직원은 IT를 아는 사람들입니다. 몇 년 전에 강의를 끝내고 나가려는데, 수업을 듣던 제자 중에 한 명이 오더니 "이번 주에 은행 면접이 잡혀 있는데, 은행에서는 도대체 어떤 질문을 하냐?"고 물어보더라고요. 관련해서 이런저런 얘기를 해주는데, 은행 최종면접까지 올라간 친구 치고는 '예대마진(예금과 대출의 이자 차이로 생기는 마진)'이라든가, '여신(대출)' 같은 기본적인 금융 용어도 모르더라고요. 그래서

"어떻게 4대 은행 중 하나인 은행의 최종면접까지 가게 되었냐?" 고 했더니 자신은 전공이 IT인데, 은행에서도 IT쪽을 모집하길래 여기저기 넣는 김에 넣어봤다고 하면서, 네이버나 카카오 같은 곳을 가면 좋겠지만, 안전망을 설정하는 차원에서 여기 면접도 갈 거라고 하더라고요. 말하자면 은행에 대해서는 쥐뿔 관심도 없고 아는 것도 없지만, IT쪽을 모집한다고 하니 넣었다가 최종면접까지 간 거라는 거죠.

다시 말하면 금융권에서 선호하는 인재는 경영이나 경제학과를 나온 사람이 아니라 IT쪽을 전공한 사람이라는 거예요. 최근 은행들이 지점이나 ATM 기계들을 없애고, 스마트폰이나 PC로 은행 업무를 이용하는 사람이 늘어가는 경향들을 보면 은행원이라고 했을 때, 아직까지는 창구에서 고객을 상대하는 그런 모습을 떠올리지만, 앞으로는 점점 사무실에서 컴퓨터를 보고 있는 IT 인력에 더 가까운 모습으로 먼저 떠오를 듯도 합니다.

10여 년 전만 해도 금융권 취업을 하려면 필수적으로 따야 해서 금융 3종 세트로 불리던 자격증이 있었는데, 펀드투자상담사와 증권투자상담사, 파생상품상담사였습니다. 그런데 스펙 없이 취업하는 사회의 바람이 불면서 금융위원회에서는 공식적으로 '펀드투자상담사 등 이른바 금융 3종 세트에만 연간 응시인원이 10만 3,000명에 이르는 등 실제 업무역량과 연계성이 낮은 '취업용 자격증'

취득에 너무 많은 사회적 비용이 지불된다. 금융투자상품 판매, 권유 자격증이 금융회사 취업 요건으로 활용되지 않도록 자격제도 개선을 추진하겠다.'[173]라고 발표를 해버리죠. 3개를 다 따는 데 2년은 걸린다고 하는데, 2년 전부터 계속 자격증을 준비했던 사람들은 하루아침에 다시 출발선에 서게 되는 상황이 되었던 거죠.

직업의 빅블러 현상과 기술의 발달과 사회의 변화에 따라 직업이 감당하는 일의 범위가 계속 바뀌고 있어요. 그에 따라 그 직업에서 요구하는 조건, 지식 역시 바뀌죠. 끊임없이 책을 보고, 유튜브를 보고 공부를 해야 겨우겨우 따라잡을 수 있습니다. 하루아침에 바뀌는 일부터, 2~3년의 시간을 두고 천천히 바뀌는 업무까지 현대 사회의 직업과 직무는 절대 고정되어 있지 않습니다.

평생 교육이 반드시 필요하게 된 상황이고, 이런 교육을 빠르게 받아들여서 새로운 업무나 직업에 적응하는 사람만이 살아남을 수 있게 되는 시대인 거죠. 그래서 교육의 중요성과 교육 비즈니스의 전망은 눈에 띄게 좋은 편입니다.

정답이 아니라 적답이 필요하다

교육이 유용하기 위해서 반드시 선결되어야 할 과제는 '개인별 맞춤'이 실제 제대로 작동해야 한다는 것이죠. AI부터 AI 에이전트,

AGI까지 가더라도 '개인별 맞춤'이라는 핵심은 변하지 않습니다. 그것이 선생님의 감독하에 이루어질 것인가, 아니면 자율적으로 이루어질 것인가의 차이라고 할 수 있어요.

'개인별 맞춤'은 두 가지 방향에서 이루어지게 되는데요, 하나는 학습자에 대한 평가와 분석입니다. 맞춤 양복과 기성품 양복의 가장 큰 차이는 의뢰자의 몸의 수치를 재는가 아닌가입니다. 몸의 수치를 재야 양복을 어떻게 만들 것인지 그다음 설계가 되기 때문이죠. 마찬가지로 교육 설계를 하기 위해서는 대상자의 수준, 관심사, 집중력 유지 정도, 학습 능력 등 다양한 상황과 조건이 고려되어야 합니다.

AI는 학습 대상자의 성과에 따라 질문의 난이도를 조절하는 적응형 평가를 통해 학습자의 지식과 기술을 정확하게 측정할 수 있습니다. 학습 대상자가 어떤 태도로 어떻게 대답하느냐에 따라서 자연스럽게 학습자의 숙련도를 평가할 수 있는데요, AI 수준에서는 문제를 내고 그에 대한 답을 체크하면서 후속 질문을 조정하는 정도겠지만, 점점 AGI로 가면 자연스럽게 일상적인 대화를 하면서 학습 대상자의 수준과 관심을 분석할 수 있게 될 것입니다.

그렇게 분석된 결과를 가지고 AI는 대상자에 대한 학습 계획을 세워줍니다. 분과학문 체계처럼 정확하게 경계를 구분하는 것이 아니라, 처음부터 인문학적 소양이 있는 엔지니어, 체육을 전공한 경영자처럼 지식이 콜라보된 학습 커리큘럼이 설정되는 거죠. 이 사람만을 위한 커리큘럼인 거예요. AI는 이런 커리큘럼에 대한 점검을 인간 교사에게 받을 필요가 있죠. 올바른 설계인가에 대해서 상의를 하고 협의를 해서 인간 교사의 의견까지 반영한 수정안을 만드는 것입니다.

그런데 AI 에이전트를 거쳐서 AGI로 가면 교육의 적합성에 대한 평가보다는 윤리적으로 적절한가 정도의 점검만 받아도 될 것입니다. 목표로 세워진 학습자에게 최적화된 솔루션을 다양한 경우와 방법을 거쳐서 AGI가 찾아낸 상태일 테니까요. 다만 인간적인 감정이나 윤리적인 점검 정도는 그래도 필요하죠.

그리고 교수방법이나 과정, 전략 등도 AGI가 그 사람에게 맞는 방법론을 세울 수 있습니다. 유난히 집중력이 짧은 사람에게 2시간 내내 이어지는 교육은 효과적이지 않으니까, 이런 사람은 20분 단위로 교육 활동을 설계하는 거예요. 반면에 이렇게 짧게 잘라지면 번잡스럽다고 생각하는 사람도 있으니까 20분 단위의 교육 활동 설계가 정답은 아니거든요. 해당 대상자에게 맞는 적답인 거죠.

아이브 장원영의 문학 수업이나 배우 차은우가 가르쳐주는 수학

'개인별 맞춤'의 두 번째 방향은 실제 교수입니다. 설계가 끝났으면 그에 맞춰서 교육 내용을 생성해야 합니다. 학습자가 컴퓨터와 경제학에 관심이 있는 영화를 좋아하는 사람이라고 하면, 이 사람을 위해서 '가격 결정은 어떻게 이루어지는가?'에 대한 설명을 할 때는, 이 같은 조건을 입력하면서 경제학과 컴퓨터를 동시에 배우면서도, 영화를 비유적으로 써서 설명해달라고 하면 되거든요. 이런 프롬프터는 지금 수준의 챗GPT에도 통하는 것으로 학습자의 수준과 관심에 맞춘 교육 시나리오는 얼마든지 뽑아낼 수 있습니다.

AI 에이전트로 가면 이런 작업들이 루틴화되고 자동화되는 거예요. 교수자가 프롬프트를 통해서 개인들에게 필요한 교육 시나리오를 뽑아내 제공하는 것이 아니라, AI 에이전트가 직접 파악하고 분석한 학습 대상자의 여러 성향에 맞게 교육 시나리오를 커리큘럼에 맞게 세부적으로 뽑아내는 거죠.

거기에 생성형 AI로 만들어진 '가르치는 사람'이 등장합니다. 얼마 전 대치동에서 이름을 날리는 교육업체에 대화를 빙자(당)한 컨설팅을 해준 적이 있는데, 사교육계에서는 일타강사들의 아바타를 제작해서 교육이 이루어질 것인가에 대한 관심이 상당히 있더라고요. 학생들의 거부감, 쏠림현상 등 풀어야 할 현실적인 문제들이 많지만 방향성 자체만은 매우 흥미로운 이야기였습니다.

그런데 어차피 AI 휴먼이고 그것이 성능 향상으로 매우 사실적으로 갈 수 있다면 저는 로열티를 지불하고 아이들이 좋아하는 스타를 쓰는 것도 좋다고 생각합니다. 아이브 장원영의 문학 수업이나 배우 차은우가 가르쳐주는 수학 등은 아이들의 관심과 주목을 끌기에 더할 나위 없을 겁니다. 아니면 개인적으로 '최애'들이 다르니까, (로열티 계약이 되어 있다는 전제 아래) 자신의 최애를 선생님으로 설정하고, 그 최애가 가르쳐주는 강의를 듣게 하면 됩니다.

특히 성인 자격증 같이 돈을 내고 배우는 강의라면, 이왕이면 자신이 좋아하는 사람이 강의를 해주면 더 좋잖아요. 조금 더 잘 이해되고, 집중도 잘될 테니까요. 최애 선생님은 아이들만 선택할 것 같지는 않네요.

이런 강의 후에 피드백을 받거나 반응들을 캐치하게 됩니다. 그러니까 모니터 앞에 설치된 센서를 통해 어떤 부분에서 동공이 풀리면서 졸린 반응이 왔는지 캐치한 다음에, 다음 강연에 이 같은 피드백을 반영하는 것이죠. 이해를 못한 듯한 부분은, 대상자가 자존심 때문에 이해했다고 우기더라도 아랑곳하지 않고 추가학습 자료를 제공해서 이해를 돕기도 하고요.

스터디 카페가 되는 오프라인 학원,
엔터테인먼트 비즈니스가 되는 온라인 학원

이렇게 되면 교육 사업은 지금의 모습과는 조금 달라질 수 있는데요, 오프라인 교육 같은 경우는 부침을 겪을 수 있습니다. 개인별로 딱 맞는 수준에, 딱 맞는 내용의 강의를 해주는 디지털 강의를 놓아두고, 획일적인 내용으로 맞지도 않는 수준에 맞춰 몇십 명, 몇백 명에 이르는 단체를 한꺼번에 강의하는 오프라인 강의가 경쟁력을 유지하기란 쉽지 않죠. 오프라인 학원 사업은 독서실 사업처럼 바뀌어서 혼자 교육 받기에 의지가 약한 아이들이 멀티미디어실에서 자신에 맞는 교육을 받고, 지정된 좌석에서 자습을 할 수 있는 식으로 구성될 수 있습니다. 질문이나 개별 학습 상담도 AGI가 있으니, 이것을 보조할 보조선생님도 필요가 없어요. 그래서 AGI 시대의 보습학원은 PC방과 스터디 카페를 합친 것 같은 모습일 수 있죠.

반면 온라인 학원 사업은 교육 시나리오는 AGI가 알아서 생성을 하니, 신경 쓸 것은 가르치는 선생님들입니다. 고등학교 학원을 보면 수능은 인강, 내신은 동네 보습학원 하는 식으로 나눠서 들었는데요, 자신이 좋아하는 최애가 우리 학교의 중간고사 족보에 맞춰 중간고사 시험까지 대비를 해준다면, 굳이 보습학원에 갈 필요가 없거든요. 그래서 온라인 학원 사업은 지금의 교육 사업처럼 존재하기보다는 스타들을 관리하는 엔터테인먼트 사업의 모습과 중복되는 식으로 업의 특징이 살짝 바뀔 수 있습니다. 얼마나 아이들이 좋아하는 스타나 선생님들의 디지털 휴먼 사용 권리를 계약하고 효과적으로 관리할 수 있느냐가 사업의 성패가 될 수 있어요. 사실 최근의 고등 인강 업체들은 스타 선생님의 계약 여부나 수업 발언 내용에 따라 주가가 왔다갔다하는 지경이니 이미 어느 정도는 매니지먼트 사업에 가깝기도 하죠.

이상적인 AGI 시대의 공립학교 교육

학교 교육은 특히나 획일화될 수밖에 없습니다. 사교육은 자신의 수준에 맞춰 선생님이나 강의를 선택할 수 있으니, 그나마 수준별 학습은 되는 셈이거든요. 하지만 공립학교 교육 시스템에서 수월성 교육이 이루어지기는 힘듭니다. 우등반이 있다는 이야기는 열등반도 있다는 얘기인데, 이런 네이밍이나 구분 자체가 차별이 되는 것이니까요.

그런 면에서 지금까지 공교육보다는 사교육을 활용한 학습이 많이 이루어지는 게 현실이었습니다. 학생들은 자신이 실력에 맞게

AI로 개인별 맞춤 학습이 가능한 상황을 구스타프 클림트 풍으로 그린 그림

배워서 대학 합격 확률을 1%라도 높여야 했으니까요. 그래서 AGI로 인한 교육 혁명이 가장 시급한 곳이 공교육 현장이 아닐까 해요. 학교는 현실적으로 데이케어 센터의 기능도 있어서 아이들을 집에 머물게 하기에는 여러 가지로 문제가 많습니다. 아이들의 사회화 교육도 해야 하고요.

그래서 아이들은 학교에 와서 수업은 메타버스상에서 각자의 흥미와 수준에 맞춰 교육을 받습니다. 물론 최소한의 가이드가 있어서 어떤 수준 이상까지는 교육이 이루어진다는 합의는 존재하겠죠. 이런 교육이 끝나면 학교는 학생들이 서로 커뮤니케이션하고 협업을 연습할 수 있는 공간이 됩니다. 동아리가 활성화되어서 아이들은 로봇 레이스에 참여할 AI 모형 자동차를 같이 만들고, 노래 동아리에서는 AGI가 만들어준 노래를 직접 인간의 목소리로 발표하는 공연 연습을 합니다. 지역 사회를 위한 개선안을 찾아서 시의회에 제출하겠다는 정치에 관심 있는 친구들이 모인 동아리도 있죠.

선생님들은 바로 이런 학생들의 활동을 지도하고 도와주는 역할을 하면서, 아이들의 사회성 확립에 도움을 주게 돼요. 물론 AGI 교육 역시 잘 이루어지고 있는지, 혹시 동기부여가 필요한 아이들은 없는지 살펴보면서 관리하는 것도 중요한 업무 중 하나죠.

상당히 이상적이죠. 원래 교육이라는 게 이상을 실현하는 것이니까요. 이상적인 방향성을 생각하면 이런 식의 구조를 생각할 수 있다는 것이죠. 하지만 현실은 좀 다르긴 합니다. 우리의 현실은 어떨까요?

현실적인 변화는?

아이러니한 것은 교육 분야가 가장 보수적인 분야 중에 하나라는 것입니다. 한 교육업체의 직원은 저에게 이러닝 강의에 관한 종이 계약서를 보내주면서 '혁신을 가르치지만 정작 교육 업체는 전혀 혁신하지 않는다'면서 한탄을 하더라고요. 물론 전자 계약서를 통해서 빠르고 간단하게 업무를 처리하는 교육 업체도 많습니다. 그런데 전통적으로 이름이 있는 곳일수록 종이 계약서를 쓰는 곳들이 있더라고요.

생성형 AI는 개인 맞춤형 콘텐츠를 발생시킨다는 면에서 교육이 가장 많이 영향 받을 수밖에 없는 분야지만, 국가적인 움직임이 필요한 교육은 가장 변화가 어려운 분야이기도 합니다.

우리 사회가 인터넷이 보급되고 필요한 지식을 검색을 통해서 빠르게 찾을 수 있게 되면서 과거 인재의 기준이었던 성실함보다는 인사이트가 중요한 사회로 바뀌었습니다. 성실함이 중요한 인재의 기준이었던 시절에 인재를 뽑는 대표적인 방법이 암기시험이에요. 남들보다 암기를 잘한 사람이니 성실하게 공부한 사람인 거죠. 주어진 매뉴얼을 잘 외워서 성실하게 지킬 사람이기도 한 겁니다.

그런데 사회가 바뀌면서 이제는 매뉴얼대로 하기보다는 매뉴얼에 없는 문제를 어떻게 잘 해결하느냐인 문제해결력이 인재의 중요한 조건으로 등장을 하게 돼요. 관련 정보를 빠르게 파악하고, 그 가운데 인사이트를 찾아내는 것이 중요해졌죠. 이런 변화를 눈치 챈 사기업들은 인재를 뽑는 기준을 바꾸어 버립니다. 대표적으로 삼성그룹은 1995년에 종전의 암기 위주의 필기시험을 폐지하고 삼성직무적성검사Sam Sung Aptitude Test : S.S.A.T를 채용 수단으로 도입했습니다. (2015년 이후 삼성은 이 시험의 이름을 GSATGlobal Samsung Aptitude Test으로 바꿔서 지금도 시행하고 있어요.) 이것은 암기 시험이 아닌 능력 테스트로 기초능력 검사와 직무능력 검사로 나누어져 있는 시험이에요. 다른 대기업들도 유사한 시험인 HMAT(현대, 기아차), SKCTSK 등을 도입했죠.

이런 움직임을 알아차린 정부도 공무원 시험의 성격을 바꾸려고 했습니다. 2005년 공무원 5급 공채 시험인 행정고시에 처음으로 PSATPublic Service Aptitude Test를 도입한 거예요. 눈치채셨겠지만 GSAT에서 앞의 글자, 그러니까 Global Samsung 대신 Public Service(공직)이라는 말이 바뀌어 있고 뒤의 Aptitude Test는 똑같죠. 시험의 성격이 능력시험이라는 거예요.

그런데 최종적으로 가장 많은 사람이 대상인 공무원 9급 공채에 이 PSAT가 적용된 것이 2025년이고 지방직 공무원 9급 시험에는 2027년에 적용됩니다. 시대에 민감하게 반응하는 기업의 변화에 비해 30년 이상 느리게 반응한 거예요. 하지만 이런 시험을 만들어야 한다는 방향성에 대해서 의논하고 실제 처음 시행한 2005년에 비해서도 20년 이상 늦었죠. 그만큼 폭넓은 사람을 대상으로 한 국가적인 변화는 현실적으로 쉽지 않습니다.

교육에 대한 이야기를 하며 시험의 변화를 이야기하는 것은 우리나라 교육의 중심은 모두 수능을 향해 있기 때문입니다. 가끔 이런 생각해보지 않나요? '내가 사회생활하고 직업을 영위하면서 과연 미분을 얼마나 써먹어 보았는지?' 하고요. 대부분의 사람들에게 정답은 0번입니다. 단 한 번도 미분 지식을 써먹어 본 적이 없고, 또 그 지식이 없어 곤란을 겪은 적도 없어요.

수학 관계자분들(특히 사교육 강사들)은 '평생 써먹을 일 없는 미분을 왜 전 국민이 배워야 하는지?'에 대해서 수학교육을 통해 논리적 사고를 익히고, 문제를 풀 때 성취감을 얻을 수 있다고 대답을 하곤 합니다. 하지만 논리적 사고는 수학을 통해 간접적으로 배우는 것보다 논리학에서 직접적으로 배우는 것이 더 쉽고 재미있습니다. 그리고 친구들과 로켓을 직접 만들어 쏘아 보는 것이 성취감은 더 있죠. 이 과정에서 미분에 대한 지식이 필요하다면 그렇게 배우면 되고요.

수학을 배우고 논리학을 배우지 않는 이유는 수학만 수능에 나오기 때문입니다. 초등학교 때 아이의 심성을 위해 대안학교를 보냈던 학부모들도 중 · 고등학교 때는 동네 학원에 보내서 수학과 영어를 배우게 해요. 아무리 AGI로 아이들이 교육을 받아도 수능이 안 바뀐다면 결국 AGI를 통한 고도의 맞춤형 입시교육이 될 뿐입니다. 아이들의 적성과 특기를 가장 잘 살려줄 수 있는 교육 도구를 활용해서, 아이들의 수학 점수를 몇 점 더 올려주는 데 쓰는 거예요.

그래서 성인들의 직무 교육에서 AGI 교육은 먼저 성과를 발휘할 것입니다. 성인들은 실제 내용을 배우는 게 중요하고, 그래서 효과적인 교육을 스스로 택하게 되니까요.

빠르게 바뀌는 성인 교육 비즈니스

이론적이나 상황적으로 교육은 AI가 근본부터 가장 많이 바꿀 분야지만, 기존 인프라를 떠받치고 있는 수많은 사람들의 저항으로 쉽게 바뀔 수 없는 분야이기도 합니다. 학교의 형태나 학교에서 가르치는 내용 모두 그렇습니다. 하지만 교육이 얼마나 빠르게 AI 트랜스포메이션되느냐에 따라서 앞으로의 국가 경쟁력이 달라질 것은 확실합니다.

교육은 얼마나 빨리 AGI를 머금을 수 있을까요? 이상적으로 가야 하는 방향과 현실적으로 짐작되는 과정이 불일치하다 보니, 정말 예상을 하기 힘든 일입니다. 하지만 이런 부분에서 비교적 자유로운 성인 교육 비즈니스는 꽤 빠르게 변할 것입니다. 사람들은 자신에게 유용하고 실용적인 도움되는 것에는 돈을 쓰니까요.

F&B : AI 기반 식음료 산업의 변혁

자신만의 취향을 발견하고 요구하기 시작한 요즘 사람들

영어에 자신이 없는 사람이라면 미국에 갔을 때 스타벅스에서 주문하는 것이 얼마나 어려운지에 대해서 괴담 수준의 이야기를 들어본 적이 있을 겁니다. 그냥 바닐라 라떼 한 잔 달라고 했을 뿐인데 추가로 물어보는 게 왜 그렇게 많은지 말이죠. 사이즈, 샷 추가 여부, 우유의 종류, 설탕의 종류 등 고르려면 한도 끝도 없습니다. 손님 중에서는 온도와 양까지 정확하게 맞춰 달라는 사람도 있어요.

그런데 바로 이러한 다양함이 스타벅스의 발목을 잡고 있다고 하죠. 스타벅스의 라떼 음료를 주문할 방법이 3,830억 가지나 된다고 합니다.[174] 이렇게 저렇게 조합을 하다 보면 그렇게 될 듯도 합니다. 이 주문에 맞춰 커피를 만들자니 한 잔 만드는 데 시간이 오래 걸리고, 이로 인해 끝도 없이 대기 시간이 늘어나고, 결국 손님들은 불만을 외면으로 바꿔버리기 시작했다는 거예요.

한국 사람들은 사실 세트 메뉴를 좋아해서 이렇게 까다롭게 개인 맞춤을 요구하는 경향은 많지 않죠. 하지만 커피 같은 기호 식품 말고, 건강 관련 음식을 중심으로 자신만의 레시피를 고집하는 사람이 점점 늘고 있기도 해요. 그래서 비건들은 음식에 대해서는 예민하다는 편견이 있기도 한데, 사실은 정확하게 자신의 취향을 이야기하고 요구하는 것이죠. 이런 음식들은 자신의 의지와 관계가 있기 때문에 그렇긴 한데, 조금 더 가보면 점점 주장과 취향이 확고해지면서 보통의 음식들에서도 자신만의 레시피를 요구하기도 합니다.

AI를 활용한 데이터 분석이 F&B에 쓰이는 방법들

얼핏 먹고 마시는 F&B와 AI는 조금 어울리지 않는다고 생각하시는 분도 있으실 텐데요, 의외로 푸드테크는 활발하게 연구되고 있는 분야입니다. AI, 로봇, 네트워킹 같은 용어들이 음식과 결합되고 있어요. 식품 기업들은 신제품 개발에 AI를 활용하기도 하고요, 매장 중심의 프랜차이즈 기업들은 인건비 절감, 맛의 안정성, 운영 효율성 등 AI와 F&B의 결합을 연구하고 있습니다.

일차적으로 AI 수준에서는 데이터 분석이 먼저죠. 식품 기업들은 소비자들의 반응과 실제 통계들을 바탕으로 신제품을 개발하고 새로운 메뉴들을 추가하고 있어요. 오레오를 생산하는 대형 스낵 제조업체인 몬델리즈 인터내셔널은 인공지능을 사용하여 맛있는 새로운 레시피를 개발하고 그것을 빠른 속도로 시장에 출시하고 있습니다. AI가 신제품 개발을 맡은 이후로 몬델리즈는 기존보다 5배 정도 빠른 속도로 신제품을 출시하게 되었다고 합니다.[175] 실제 타겟target 같은 미국 슈퍼에 가보면 정말 다양한 맛의 오레오가 보기 좋게 쌓여 있는 것을 보곤 하는데, 이렇게 다양한 맛이 빠르게 출시되는 데 AI의 도움이 있었던 것이죠.

AI는 기업 수준에서뿐 아니라 일반 음식점에서도 작동합니다. 데이터를 분석한 후 그것을 알고리즘에 태워서 분석을 하게 됩니다. 배달음식뿐 아니라 일반 매장에서도 요즘은 테이블마다 설치된 개별 키오스크를 통해서 주문을 받습니다. 인건비 절감에 큰 도움이 될 뿐 아니라, 정확하게 어떤 음식이 몇 시쯤에 어떻게 주문되었고, 음식과의 조합은 어떤 식으로 이루어지는지 데이터가 쌓이게 돼요. 여기에 날씨나 국가적 스포츠 이벤트 같은 외부 조건들을 같이 입력하면, 그런 조건과의 상호작용이 어떻게 일어나는지도 알 수 있죠.

이런 데이터는 곧 수요 예측으로 이어지게 됩니다. 다음 날의 여러 조건들을 다 종합해서 어떤 메뉴가 얼마만큼 팔릴 것이라는 것을 예측하면, 그만큼 재료를 구입하고 그에 맞춰서 판매를 하게 되니 예측이 정확할수록 효율적인 재고관리를 할 수 있게 됩니다. 실제로 일반 매장보다 변수를 덜 생각해도 되는 배달음식 업체들은 AI를 활용한 재고 예측 프로그램들을 쓰는 곳이 많이 늘었습니다.

AI와 AGI가 F&B에 가져올 변화

AI 에이전트 수준에서는 조금 더 AI에 대한 의존성이 늘어나게 됩니다. 결정권을 가진 AI이기 때문에 앞서 재고 예측에서 그치는 것이 아니라 실제 재료 주문까지 AI가 처리하는 것이죠. 수요 예측을 통한 공급망 관리를 AI가 직접 하는 거예요.

그날의 메뉴라든가 신메뉴들도 계속적으로 개발하고 시도할 수 있습니다. 단순하게 새로운 레시피를 개발하는 데 그치는 것이 아니라, 메뉴판에 있는 것 중 특별히 판매가 부진한 것들에 대해서는 조금 더 개발을 한다든가, 새롭게 바꾸는 식으로 메뉴에 대한 결정권도 가져갈 수 있어요. 단순하게 팔리는 양만 가지고 결정하는 것이 아니라, SNS에 올라온 손님들의 후기나 평, 그리고 전체 시장의 트렌드까지 전부 다 조사해서 종합해 결정하는 것이죠.

새로운 레시피를 적용해도 그다지 어렵지 않은 것이 주방에서는 AI를 탑재한 로봇이 일하고 있기 때문입니다. 복잡한 요리 과정을 자동으로 수행하여 일관된 품질의 음식을 제공하는 로봇이 조리를 맡기 때문에, 미세한 레시피 변화에도 즉각적으로 반응을 해서 맛 실험을 해볼 수 있어요.

그리고 AI 에이전트는 음식점의 효율적인 구성에도 기여할 수 있습니다. 주방 동선의 효율적인 설계나 매장의 최적화된 구조 등을 제안할 수 있고, 가게 홍보나 운영 같은 행정적 업무에도 적극 참여할 수 있죠.

이쯤 되면 사장님은 앉아서 손님들과 대화하면서 휴먼터치에 힘쓰면 됩니다. 어차피 음식 맛과 위생은 평준화되었기 때문에 가게의 위치와 사장님의 손님 관리 능력이 음식점의 핵심 경쟁력이 됩니다.

AI 에이전트에서도 가능하지만 AGI 수준이 적용된다고 하면 한 번 이상 매장에 방문하는 손님들을 기억하고 그 손님의 취향에 맞춰 레시피를 달리할 수 있는 수준까지 가능합니다. 한 번 방문한 후 손님들의 맛 평가를 통해서 그 손님의 입맛을 파악하는 것이죠.

두 번 세 번 이 평가가 이루어지면 AGI는 손님의 입맛을 기억해서 해당 손님의 경우 그 손님이 가장 좋아하는 맛으로 음식을 조리해 냅니다.

손님에 대한 알레르기 정보나 식단 제한 등을 고려해서 메뉴 추천을 하는 식당들은 지금도 있지만, 아예 그 손님의 취향까지 고려하여 개인화된 메뉴를 만들어주는 것은 AGI로 자동화되지 않는 한 시간과 비용이 많이 걸리는 일이기 때문에 가능하지 않거든요. 이 정도 수준이 되면 앞서 언급했던 스타벅스의 병목 현상도 문제없이 해결될 수 있을 것입니다.

F&B와 IT의 경계에서 새롭게 등장하는 비즈니스들

그리고 AGI 형태가 되면 새로운 비즈니스들도 등장을 하게 되는데요, 비건 레스토랑으로 유명한 〈슬런치 팩토리〉 같은 경우는 AI를 활용한 새로운 비즈니스 모델을 정부의 지원을 받아 개발하고 있습니다. 개인의 레시피를 짜주는 것인데요, 개인들이 먹고 싶은 음식이 있으면, 비건 재료로 어떻게 그 음식과 비슷하게 맛을 낼 수 있는지 레시피를 제안해주는 거예요. 비건뿐 아니라 종교적, 신념적 이유로 먹지 않는 음식이 있다면 그 음식을 제외하고 그와

비건 전문 레스토랑 슬런치 팩토리의 메뉴들, 슬런치 팩토리 제공

비슷한 맛의 재료로 어떻게 그 맛을 낼 수 있는지 AI가 제시하는 것이죠. 그리고 레시피를 받은 사람이 직접 그 음식을 할 수도 있지만, 그대로 주문을 하면 비조리 상태로 밀키트를 배달하는 사업이죠. 물론 밀키트 제작까지 AI가 지시할 것인데요, AGI가 휴머노이드에 탑재된다면 이 밀키트 제작까지 자동으로 가능해지겠죠. 정부 지원으로 개발이 들어간 사업이니 그 전개를 기대해봅니다.

또 생각할 수 있는 것은 푸드로봇 대여 사업입니다. 요리를 제조할 수 있는 휴머노이드 로봇이나, 요리 전문으로 할 거면 주방 싱크대에 로봇 팔만 달린 형태도 가능한데요, 이 로봇이 냉장고의 재료를 파악해서 그 재료로 직접 음식을 조리해주는 것입니다. 영양이나 사용자의 맛 취향까지 생각해서 말이죠.

그리고 때로는 특별한 재료로 특별한 레시피를 제공해서 특별식을 먹을 수도 있는데요, 미쉐린 3성 셰프의 특별 레시피가 제공되는 것입니다. 하지만 미쉐린 3성 셰프라고 해서 무조건 모든 사람에게 맛있는 것은 아닐 테니까, 사용자의 피드백에 따라 강화학습된 AGI는 미쉐린 3성 셰프의 레시피에 사용자의 개인의 입맛까지 고려한 완전 맞춤형 요리를 만들어 내게 되는 것이죠.

새로운 레시피를 공급하고 가정에서 그것을 실행하게 하는 것을 구독모델로 돌리는 비즈니스를 생각해볼 수 있는데, 이쯤 되면 이게 F&B 사업인지 IT 사업인지 헷갈릴 수 있습니다. 아마 단순히 레시피만 제공하면 IT에 더 가까울 것이고, 일주일에 한 번씩은 특별 재료를 배송해서 특별 요리를 제공하는 식으로 구독형을 강화하면 F&B 사업에 가깝다 할 수 있겠는데요, 사실 산업 간 빅블러 시대에 기존의 산업 구분이 무슨 상관인가 하는 생각도 들어요.

F&B는 먹고사는 일차적인 문제이니만큼 지구상에 가장 많은 사람이 종사하는 비즈니스 중 하나일 겁니다. 따라서 이 비즈니스에 AGI가 도입된다는 것은 그야말로 전 지구적 파장을 불러올 만큼 파괴적 충격을 불러일으킬 수 있죠. 하지만 그런 만큼 AGI를 쓰느냐 안 쓰느냐에 따라 양극화 현상이 나타날 수 있는 대표적인 비즈니스 중 하나가 될 것입니다.

광고 / 홍보, 영화 : 광고 비즈니스의 파괴적 재구성과 퍼스널 영화의 탄생

코카콜라 광고가 욕을 먹는 이유

2024년 12월, 코카콜라는 생성형 AI로만 만든 코카콜라 시즌 광고를 공개합니다. 엄청난 욕을 먹었죠. '어색하다', '창의성이 없다.', '뭔 생각이냐?' 등 각종 비판이 쏟아졌는데요, 그 근본에는 일자리 대체에 대한 막연한 불안이 숨어 있었습니다.

1년 전쯤에 저는 슈퍼 휴먼 프로젝트를 생각한 적이 있었어요. 3~4명이 모여서 생성형 AI로 뮤지컬을 만들어 보자는 것이었습니다. 극본, 노래, 홍보, 행정 등 많은 부분을 AI로 제작하고, 춤이나

코카콜라가 AI를 활용해 만든 시즌 광고의 유튜브 캡처[176]

연기 같은 것은 사람을 모아서 프로젝트성으로 뮤지컬에 도전하자는 기획이었죠. 다른 직업이 있는 사람들이 AI를 활용해서 창작 뮤지컬까지 만들 수 있다는 것을 보여주면서 AI 덕분에 사람들은 슈퍼 파워를 얻게 되었다는 것을 보여주는 기획이었는데, 이 프로젝트를 같이 의논했던 친구가 진지하게 이런 말을 했습니다.

현재는 소중한습관이라는 회사의 CEO인 주성균 대표였는데 과거 레드불이나 필립 모리스, 앱솔루트 같은 글로벌 회사에서 마케팅 이사까지 했던 친구거든요. 이 친구가 "시도는 좋은데, 사람이 할 수 있는 일을 단지 AI로 빨리 했다 뿐이라면 욕을 먹을 수 있다. 사람이 하지 못하는 일, 예를 들어 '시트콤 뮤지컬'을 만들어 매일 연결되는 다른 내용의 뮤지컬을 올린다든가 하는 식의 퍼포먼스를 보여야, AI를 활용하는 것에 대해서 사람들이 용납할 것이다'라고 날카로운 지적을 하더라고요.

이 말이 타당하다 싶어서 이 프로젝트의 실행까지 가진 않았었는데요, 이 지적과 저의 공감에도 노골적으로 사람을 대체하려고 하는 AI와 그 시도들에 대해서 대중들은 충분히 적의를 가질 것이라는 생각이 들어 있었죠.

그런데 코카콜라라는 글로벌 기업이 이런 시도를 실제로 한 겁니다. 이미 보편화되고 있는 영상 생성 AI를 글로벌 캠페인에 활용을 한 것이죠. 코카콜라라는 기업이 예산이 없어서, 생성형 AI를 활용해 저렴하게 영상을 생산해보자고 결정하지는 않았을 겁니다. 새로운 시도를 한 것이죠. 완성도와 비난을 떠나서 이 광고는 글로벌 광고를 AI로만 만들어서 상업적으로 쓸 수 있다는 것을 보여준 사례가 되었습니다.

그런데 이 사례는 이후의 미디어 업계는 전면적인 재편이 불가피하다는 신호탄으로 보일 수밖에 없습니다. 실제 코카콜라의 광고는 말도 안 되게 이상한 정도는 아니고, 생성형 AI로만 만들어진 것이라는 것을 모르고 보면 그냥 CG에 돈을 좀 덜 들였든지, 아니면 옛날 스타일로 만든 광고 정도로 보였을 수 있어요.

그런데 이 광고가 생성형 AI로 만들어졌다고 하면, 이 정도 수준의 광고는 이제 방구석에서 혼자서도 만들 수 있다는 얘기예요. 영상 생성 AI 프로그램은 구독료만 내면(무료도 있지만 퀄리티와 사용 횟수 면에서는 구독료를 내는 게 아무래도 좋죠.) 이용할 수 있거든요. 스토리를 주고 길게 생성해도 되지만, 짧게 생성한 여러 개의 영상을 컷편집으로 이어 붙여 빠르게 영상을 전개시키는 것이 광고로는 더 나을 듯합니다.

지금 수준의 광고 전문가가 되는 방법

생성형 AI의 영향을 가장 많이 받는 분야 중에 거의 첫손에 꼽히는 것이 미디어 업계입니다. 그중에서도 광고/홍보 영역은 직격탄이라고 해도 좋을 만큼 즉각적인 영향을 받죠. 텍스트만 입력해도 그 텍스트에 맞는 영상을 뽑아주는 Text to Video 기술의 영상 생성 AI 때문입니다. Sora AI 같은 영상 생성 AI를 직접 쓰기도 하고, 조금 더 고품질의 영상을 뽑아내기 위해 미드저니로 그림을 생성하고, 그 그림을 젠 3 같은 영상 생성 AI에 넣어서 영상을 만드는 콤보의 방법을 쓰기도 합니다.

이렇게 되면 비용이 덕지덕지 들어간 고급 CG 기술 없이도, 상상만으로도 꽤 판타스틱한 장면들을 뽑아낼 수 있습니다. 더 위협적인 사실은 이런 작업이 직접적인 촬영 없이 이루어질 수 있다는 것이죠.

SNS에서 돌아가는 광고 정도는 얼마든지 영상 생성 AI로 만든 영상으로 돌려도 무리가 없는 수준입니다. 이제 TV 캠페인 같이 헤비한 광고가 아닌 정도는 집에서 개인이 만들어 낼 수 있다는 말이죠. 그래서 광고계는 기술이 아닌 아이디어 싸움이 됩니다. 영상도 생성 가능한데, 광고 문구나 광고에 쓰이는 그림, 디자인 같은 경우도 마찬가지잖아요.

현재 생성형 AI는 광고, 마케팅에서 가장 빠르게 수용되고 활용되었습니다. SNS 광고들은 생성형 AI로 만든 문구로 넘쳐나고 있어요. '확률적으로 가장 클릭이 많이 일어나고, 사람들의 주목도를 끄는 키워드로 광고 문구를 만들어줘'라고 말하면 데이터를 바탕으로 생성형 AI들이 순식간에 광고 문구들을 추천해주거든요.

생성형 AI들은 이미 광고, 마케팅에 충분히 이용되는데도 불구하고, AI 에이전트 수준으로 발전하게 되면 더욱 파괴적 혁신들이 이 업계를 덮치게 됩니다. AI 에이전트는 고객의 행동, 선호도, 인구 통계학적 데이터를 분석하여 개인화된 콘텐츠를 생성하고 큐레이션할 수 있거든요. 그러니까 사람마다 다른 광고 메시지를 내보낸다는 말입니다. 넷플릭스가 사용자의 이용 기록을 분석해서 사용자마다 다른 첫 화면을 내보내듯이 말이죠. AI 에이전트가 만들어낸 개인화된 광고들을 통해, 고객 참여도를 높이고, 브랜드 충성도를 강화할 수 있습니다. 그리고 광고의 운용에도 AI 에이전트는 직접적으로 참여합니다. AI 에이전트는 실시간 데이터를 분석하여 광고 캠페인의 타겟팅 전략을 조정하고, 예산 할당을 최적화하며, 광고 소재를 동적으로 변경할 수 있습니다. 이를 통해 광고 효율성을 높이고, ROI를 향상시킬 수 있습니다.

지금 SNS 광고를 잘하는 사람들을 보면 대부분 기가 막힌 광고 문구나 감각적인 그림으로 클릭을 일으키는 것이 아니라, 처음 광고를 내보내고 분석툴을 돌려서 이것저것 시도하면서 그때그때 나온 수치들을 바탕으로 최적화하는 식으로 광고 운용을 하더라고요. A/B 테스트로 조금 더 효율적인 그림을 찾고, 광고 문구에 따른 조회율의 변화를 보면서 효율적인 광고 문구를 찾아서 세팅을 하는 것이죠. 그런데 이 과정을 AI 에이전트가 자동으로 해주게 되니까, 누구나 광고 전문가가 될 수 있어요. 적어도 지금 수준의 전문가 말이죠.

AI 에이전트의 고도화 및 AGI로의 발전

AGI는 스스로 결정하는 주체이기 때문에 AGI가 마케팅에 들어

온다는 것은 AGI가 전체 마케팅 캠페인을 자율적으로 계획, 실행, 모니터링, 최적화하게 된다는 말입니다. 마케팅 책임자가 전략적 의사 결정만 하면, 그에 따라 세부적인 실행 계획을 짜고 그대로 움직일 수 있거든요.

필요하면 스스로 판단해서 영상을 만들 수도 있고, 그 영상을 어떤 방식으로 어디에 노출시킬지도 결정할 수 있죠. 그리고 AGI 수준의 AI는 방대한 데이터를 분석하여 시장 동향, 소비자 행동, 경쟁사 활동 등을 예측하고, 이에 기반한 전략을 스스로 수립할 수 있습니다. 그러면서도 AGI는 고객과의 상호작용을 통해 얻은 데이터를 분석하여, 고객의 요구와 기대에 맞는 맞춤형 서비스를 제공할 수 있습니다. 스스로 실행도 하는 거예요. 그러니까 보는 사람에 맞는 내용으로 광고를 구성해서 개인마다 다르게 전달한다는 거죠.

그리고 고객과 상호작용하는 마케팅을 실행할 수도 있습니다. 챗봇이나 음성봇의 형태로 고객의 문의에 답하면서, 그냥 답을 주는 정도가 아닌 구매유도까지 할 수 있는 교류를 나누게 할 수 있죠.[177] 고객의 문제를 해결하는 과정에서 공감과 이해로 고객의 구매결정까지 이끌어 내는 거예요.

영화를 만들기 위해 필요한 것은 의지와 시도뿐

2024년 크리스마스 이브에 한국에서는 특이한 영화 하나가 극장 개봉을 합니다. 상영 시간도 17분 29초밖에 안 되는 초단편인데요, 제목은 〈나야 문희〉였어요. 한국 배우 나문희의 얼굴로 만들어진 AI 배우가 등장하는 영화인데요, '나문희 배우 주연 생성형 AI 단편 영화 공모전'의 수상작들 중 5편을 묶어서 만든 영화예요.[178] 〈나야 문희〉의 의의는 세계 최초로 AI 배우가 등장한 상업 영화이기 때문입니다. 3,000원의 관람료를 받았거든요.

〈나야 문희〉에 대한 평가는 '시도는 참신하지만 아직은 어색하다' 정도예요. 사실 AI 영화들에 대한 대체적인 평가가 다 이 정도입니다. 하지만 중요한 점은 AI 영화라는 것이 가능해지도록 영상 생성 AI가 대중적으로 보급되기 시작하고 1년도 채 안 되는 시점에서 〈AI 국제 영화제〉들이 열리는 등 성과가 나기 시작했다는 거예요.

AI 영화의 가장 무서운 점은 가성비입니다. 기존 영화 촬영에 들어가는 시간과 인력, 비용 등을 생각하면 영화를 방구석에서 혼자 만들 수 있다는 가능성이 얼마나 매력적인지 알 수 있는 거죠. 2024년 12월에 부산에서 열린 〈부산국제인공지능영화제BIAIF〉에 참가한 창작자 대상으로 한 설문조사 결과, 'AI 영화 한 편을 제작하는 데 걸린 기간'을 평균 8~15일이라고 응답한 이가 전체의 31.8%, 그리고 4~7일이라고 대답한 사람이 28%, 2~3일이 14%였습니다. 그러니까 보름 안에 영화 한 편을 만들어 냈다는 사람의 비율이 합해서 75% 정도 되는 겁니다. 더 무서운 점은 제작비인데요, 화성에서의 삶을 그리는 영화도, 1800년대 조선을 재현하는 영화도 제작비는 영상 생성 AI 프로그램의 구독료와 작업하면서 감독이 마신 커피값 정도입니다.

영화 촬영과 편집에 대한 전문지식이 없어도 자신의 스토리를 영화로 만들어 낼 수 있다는 장점 때문에, AI 영화에 도전하는 사람은 시간이 갈수록 기하급수적으로 많아질 것입니다. 그리고 영상 생성 AI의 수준과 데이터가 하루가 다르게 향상되고 있기도 하고요. 유튜브의 많은 콘텐츠가 이러한 퍼스널 영화로 채워질 가능성이 많아요(저는 지금까지 영화 제작의 규모와 방법, 구성과 프로세스까지 완벽히 다른 이런 영화들을 '퍼스널 영화'라는 이름으로 따로 부르는 게 맞지 않나 생각합니다).

자신의 퍼스널 영화Personal Movie를 제작하려고 시도하는 사람들은 전 세계에서 늘어날 것이고, 이런 양적인 시도들이 순식간에 그럴듯한 AI 영화에 다다르게 할 가능성이 있습니다. 이제 문제는 기술이나 돈이 아니라 아이디어죠.

그런데 AI 에이전트, 나아가 AGI가 영화에 도입되면 아이디어도 해결될 수 있습니다. 필요한 것은 의지와 시도뿐일 수도 있어요. AI 에이전트나 AGI는 '세상에서 가장 재미있는 뮤지컬 영화', '피가 낭자한 하드코어 영화지만 그 안에 가족의 사랑이 들어 있는 영화' 같은 사용자의 요청에 맞춰 아이디어 구상부터 시나리오 작성, 디지털 배우 캐스팅, 그리고 촬영(?)에 최종 편집까지 영화 제작의 모든 단계를 자동화할 수 있습니다.

이쯤 되면 경쟁력은 유명인의 캐릭터 IP를 쓸 수 있는가 정도로 한정될 수도 있다는 생각이 드네요. 그래서 이때쯤 영화의 경쟁력은 마케팅 능력과 전문성이 아닐까 합니다. 아이디어와 시나리오까지 AI가 담당한다면 온 세상에 영화가 넘쳐날 텐데 이 영화들을 사람들에게 보게 하는 방법은 영화 외의 요소가 될 수밖에 없거든요. 마치 유튜브의 날것의 콘텐츠들이 TV의 정형화된 콘텐츠들을 이기고 인기를 끌었던 것처럼 눈에 띄는 특이한 점, 혹은 한 분야에서 뾰쪽하게 끝까지 파고들어가는 전문성 있는 영화가 인기를 끌 수 있다는 것이죠. 어떤 사람은 드라큘라 영화만 300편을 만들어서, 드라큘라 영화 장인으로 특화되는 식이죠. 사실 그런 전문성이 유튜브 콘텐츠들이 뜬 이유거든요.

내가 선택하는 영화가 아니라,
나에게 맞춰주는 영화

조금 다른 면에서 AGI가 생성하는 영화를 예상하이볼 수도 있는데요, 관람자와 상호소통하면서 보는 사람에 따라 내용이 달라지는 영화입니다. 사용자의 반응에 따라, 또는 직접적인 선택에 따라 영화 내용이 달라지는 영화인데, 사실 그동안의 상호소통 영화는 크게 성공하지 못한 편입니다. 넷플릭스가 2017년 〈장화 신은 고양이: 동화책 어드벤처〉를 시작으로 인터랙티브 콘텐츠 24종을 제작한 적이 있었거든요. 사용자의 선택에 따라 영화의 내용이 달라지는 콘텐츠들이었는데, 2024년 12월부로 4편을 제외하고 전부 삭제해 버렸어요. 콘텐츠 IP의 로열티보다 실적이 안 좋았기 때문이죠.[179]

그런데 이렇게 인터랙티브 영상들은 이미 다 찍어 놓은 영상들을 몇 가지 갈래길에서 다르게 선택해서 이어 붙이는 것뿐이라서 오히려 흥미진진함이 떨어집니다. 스토리는 예측을 못할 때 재미있고 반전의 묘미가 있는 법인데, 스토리 자체를 내가 선택하는 데로 끌고 가는 것이니까요.

그래서 AGI의 인터랙티브 영화는 선택을 주는 식으로 하면 안 되고, 사용자의 반응을 측정해서 그 반응에 따라 사용자가 예측 못하는 반전과 재미를 선사하는 식으로 제작되어야 합니다. 그러니까 사용자의 예측을 예측해서 그 반대로 해야, 보는 입장에서의 재미가 있는 거죠.

사람들의 유머 포인트나 감동 포인트도 모두 조금씩 다르기 마련이어서, AGI 영화는 바로 그런 포인트를 분석해서 그에 맞춰 영상을 제공하는 식으로 해야 성공할 수 있어요. 나의 웃음 포인트를 알기 때문에, 반드시 웃긴 영화가 되는 거거든요. 내가 선택하는 영화가 아니라, 나에게 맞춰주는 영화가 AGI로 자동 생성되는 영화가 가야 할 길입니다.

미디어, 언론, 출판 : 창작의 주체가 되는 AI

AI로 생성해서 자신의 이름으로 컨펌한 글은 누구의 글일까?

2025년 1월에 일론 머스크는 독일 보수 신문에 '독일대안당AfD만이 독일을 구할 수 있는 이유'라는 칼럼을 실었습니다. 머스크의 글은 실린 당시에는 내용 때문에 독일 정치권에서 논란을 끌어냈는데, 실리고 3주 정도 지난 시점에서는 제작 방법 때문에 전 세계 대중들의 논란을 끌어내게 되었습니다. 독일 일간 타게스슈피겔이 AI 챗봇 그록Grok에 요청했더니 머스크의 기고와 구분하기 어려울 정도로 문체와 논증 · 구조가 똑같은 텍스트가 나왔다고 보도했기

때문입니다.[180]

타게스슈피겔은 여러 인공지능 텍스트 탐지 프로그램을 돌려본 결과 이 기고문은 AI가 생성한 텍스트일 가능성이 크다고 판정했습니다. 사실 이 글이 실렸던 보수신문에서도 최소 3명의 직원이 신문을 발행하기 전, AI가 기고를 썼을 가능성이 있다고 판단을 했다고 하죠. 이 일이 화제가 되니까 여러 곳에서 AI 판독기를 돌려보고 있는데, AI 판독기 GPT제로에서는 AI를 사용했을 가능성이 93%로 나타났고, 또 다른 탐지 프로그램에서는 전체 텍스트의 79%를 AI가 쓴 것으로 판정했다고 합니다.[181]

이쯤 되면 AI가 쓴 것이 거의 맞는 것이 아닌가 굳어지는 분위기죠. 사실 일론 머스크의 평소 캐릭터를 생각해보면, 독일 신문의 기고 요청에 응해 책상 앞에 앉아 이리저리 수정해가며 시간을 들여 글을 썼다는 것보다는, '이런저런 내용으로 칼럼 써줘'라는 명령 한마디로 글을 생성해서 보냈다는 게 이미지에 맞는 일이긴 합니다.

그런데 다시 한 번 생각해볼 문제가 있습니다. 일론 머스크의 글이 AI로 쓴 것이면 안 될 이유가 있나요? 어쨌거나 그 글을 자신의 이름으로 보낸 것은 일론 머스크잖아요. 적어도 그 글의 내용에 대해서는 자신의 이름을 걸고 책임을 진다는 이야기죠. AI로 생성한 글의 내용에 대해서 동의하고, '자신이 썼어도 그 내용을 썼을 것이니 그 글에 대해 컨펌을 한 것이다' 이렇게 생각할 수 있지 않을까요?

재벌 회장님의 자서전은 누구나 그 글을 쓴 사람(고스트 라이터)이 따로 있다는 것을 알지만, 그냥 자서전이라고 인정하잖아요. 인간 작가가 아닌 AI가 쓴 것이긴 하지만 AI를 글쓰기의 도구로 생각한다면 꼭 직접 쓴 것만이 자신의 글이 아니라, 자신이 자신의 이름으로 나가는 것을 인정하면 자신의 글이 되는 것은 아닐까 하는 생각도 듭니다.

일론 머스크의 글이 논란이 되는 것은 여전히 AI로 쓴 글은 그 사람의 정직한 글이라기보다는 치팅을 한 것 같은 느낌이라는 전제가 있기 때문이죠. 앞으로는 이런 부분이 점점 논란이 될 듯합니다. 그런 글들이 많아질 테니까요.

기자가 여러 가지 팩트와 키워드를 집어넣고, 기사의 방향성을 지정한 후 생성형 AI에 넣어서 기사를 완성했어요. 그렇다면 이건 이 기자의 기사라고 할 수 없는 걸까요? 그런 것 치고는 신문사들은 AI를 기사 작성에 활용하려고 하고 있습니다. 팩트 위주의 스포츠나 금리 같은 금융 소식, 날씨 같은 기사들을 AI에 맡긴 경우들은 많습니다.

포춘코리아는 2024년 한 해 동안 AI기자 필립의 실험을 진행했습니다. 2월에 인턴 격으로 일을 시작한 필립은 다행히 구직에 성공을 해서 9월에 정기자 채용계약서를 작성했다고 합니다. 이 8개월간 필립이 작성한 기사의 수는 1,900건이었습니다.[182] 한 달에 237건씩을 쓴 셈입니다. 인간 기자였으면 혹사로 고소당했을 노동강도가 아닌가 싶은데, 필립은 에너지 드링크 한 번 마시지 않고 이 기사들을 다 처리해 냈어요. 거기다가 심층기사에서도 가능성을 드러냈다고 하니, 정기자가 되는 것은 능력에 대한 당연한 보상이었습니다. 일간지인 조선일보도 2025년서부터는 "번역과 검색, 팩트체크, 기사 생성 AI가 순차적으로 도입"된다는 계획을 발표하기도 했죠.[183]

이미 미디어들은 AI를 기사 생성에도 도입하려고 하고 있어요. 생산성 이슈가 있기 때문이고, 어차피 많은 기사들은 인간적인 감정과 주장을 배재한 채 작성하고 있기 때문이기도 합니다. 사실을 전하는 것이지 기자의 감정을 전하는 것은 아니기 때문에, 기자 훈련을 받을 때도 사사로운 감정이나 주장을 피하라는 이야기를 듣거든요. 그냥 AI한테 맡겨도 되는 기사들이 많다는 거예요.

기사에 상업적 가능성을 첨가하는 방법

기사 요약, 번역, 헤드라인 생성, 편집 도구, 데이터 분석, 아카이브 검색, 기사 생성 등 다양한 부분에서 AI는 미디어에 접목되고 있습니다. 여기에 미디어들이 단순히 기사 작성에 그치는 것이 아니라 그 내용을 바탕으로 숏폼 영상을 제작한다든가 하는 식으로 플랫폼 확장에도 나서고 있기 때문에, 영상화 도구나 플랫폼 최적화에도 AI는 쓰이고 있습니다.

여기에 AI 에이전트나 AGI가 도입된다면, 미디어에서는 상당히 많은 기자 인력들이 대체될 것으로 예상됩니다. 지금의 AI 기사들은 팩트를 전달하는 정도에서 효율적이었어요. 그런데 AI 에이전트로 기사를 쓰게 되면, 기사를 쓰기 위해 아카이브를 뒤지고, 인터넷을 살피는 일들이 훨씬 광범위하고 다양하게 일어날 수 있죠. 보다 풍부한 소스를 가지고 기사를 쓸 수 있다는 것이고, 필요하면 인터뷰 요청을 통해 기사를 작성할 수도 있습니다. 그래서 심층 분석 및 탐사 보도도 가능하게 됩니다. AI는 방대한 양의 데이터를 신속하게 분석하여 숨겨진 패턴이나 상관관계를 발견할 수 있습니다. 이를 통해 탐사 보도의 효율성과 정확성을 높일 수 있거든요. (챗GPT가 처음 나왔을 때 팩트를 전달하는 기자는 대체될 것이고, 인간 기자는 심층보도나 탐사보도 위주로 하면 된다는 식의 솔루션을 제시하는 분들도 있었는데, 금방 AI 에이전트나 AGI의 가능성이 대두되면서 장기적인 해법은 아니라는 것이 판명된 거죠.)

그리고 AI는 실시간 번역 능력을 통해 다양한 언어로 뉴스를 제공할 수 있습니다. 이를 통해 글로벌 독자층을 확보하고, 정보 접근성을 높일 수 있습니다. 한국에서 한국 뉴스를 통하지만 말레이시아에서는 말레이시아어로, 네덜란드에서는 네덜란드어로 이 뉴스를 보게 되는 것입니다.

AI 에이전트를 사용하면 해당 미디어의 새로운 독자를 발굴할 기사를 써달라고 주문할 수도 있습니다. 지금까지의 데이터로 보면 어떤 기사의 내용과 형태가 새로운 신규 독자 유입에 가장 효과적이었나를 분석해서, 그런 요소들을 반영하는 기사를 쓸 수 있거든요. 그리고 독자의 반응에 자동으로 피드백하며 독자들의 응답을 최적화할 수 있죠.

데이터를 분석해서 AI 에이전트로 구축하면 좋을 것이 기사에 상업적 가능성을 첨가하는 것입니다. 신문이 광고를 수익모델로 하기에는 이제는 점점 통하지 않는 시대가 되고 있어요. 신문에 광고를 맡기는 단가도 점점 내려가고 있죠. 이제는 기사에 자연스럽게 제품을 노출하고, 구매할 수 있는 링크를 걸면서 구매 수수료를 취하는 구조 같은 새로운 수익 모델이 필요합니다. 물론 이 기사가 광고성 기사라고 하면 효율은 떨어지거든요. 그래서 광고가 아니면서도 자연스럽게 기사에 언급된 것들을 링크하는 작업들이 필요합니다. 예를 들어 커피의 심장병 예방 효과가 증명되었다는 논문의 내용을 소개하면서 자연스럽게 커피를 살 수 있는 링크를 노출시키는 식인 거죠. 이런 연결 작업을 AI 에이전트가 알아서 하면 수익에 큰 도움이 될 것입니다.

미디어는 아니지만 유튜브는 콘텐츠에 상품을 노출시키면서 수익 구조를 나누는 모델을 가지고 있는데, 이 상품은 크리에이터가 직접 선택해서 영상에 넣든, 정보란에 넣든 해야 합니다. 그런 부분을 AI 에이전트가 자동으로 알아서 최대의 효과가 날 내용에 최상의 시너지가 나는 제품이나 서비스를 연결시키면 성과도 극대화되고 효율적일 것입니다. 유튜브의 영상 콘텐츠에 해당하는 것이 미디어에서는 기사 같은 것이니, AI를 활용하게 될 때 이런 식의 수익구조를 세팅하는 것도 추천할 만합니다.

AGI로 미디어를 구축하면, AGI는 뉴스 주제 선정부터 기사 작성, 편집, 배포까지의 모든 과정을 자율적으로 수행할 수 있습니다. 완전 자동화된 뉴스 생산을 할 수 있게 되면서 효율성이 극대화되고, 엄청난 비용을 절감할 수 있게 됩니다.

만약 텍스트로 된 기사를 영상화해서 다양한 플랫폼을 활용하려고 한다면 이 역시 AGI가 자동으로 영상화할 수 있습니다. 디지털 휴먼을 앵커 역할로 생성해서, 그 사람이 뉴스를 전하는 영상도 생성할 수 있죠. 생성뿐 아니라 필요한 플랫폼에 탑재하고, 영상에 대한 정보를 입력하고 인기 있는 태그를 달면서 영상이 보다 많이 보여지게 세팅도 가능합니다.

AI가 신문기사를 자동으로 생성하고 있는 것을 모딜리아니 화풍으로 표현한 그림

AGI는 독자와의 상호작용을 할 수도 있습니다. 독자의 반응이나 피드백, 클릭률 같은 것을 보면서 그에 맞게 콘텐츠를 조정하거나 새로운 정보를 추가로 제공할 수 있는 거죠.

AGI가 기자가 아닌 편집장의 역할을 할 수도 있다

AGI가 적용된다면 지금까지 없던 미디어의 형태를 한 가지 생각해볼 수 있습니다. 만인신문이죠. 모든 사람들이 기자가 될 수 있고, AGI는 데스크와 영업팀 역할을 해주는 거예요. 사실 유튜브의 미디어 모델이라고 보시면 되는데, 수많은 사람들이 직접 자기 지역, 자신의 전문 분야, 자기 주변의 이야기를 기사화해서 작성하는 것입니다. AI 기사 작성 툴이 있으니 사람은 소재와 방향만 제공하는 것이죠. 그리고 추천 시스템과 사람들의 클릭으로 노출이 되어서, 노출이 많이 되면 기사에 달린 제품 구매 링크나 광고들에 의해서 이익 분배를 하는 것이죠.

사실 몇몇 신문에서 시민기자와 후원이라는 형태를 실험한 모델이지만 유의미한 성공을 거두지는 못했는데, 일단 후원이 제대로 이루어지지 못해서 콘텐츠 제작자들이 한정되었습니다. 그리고 기사의 퀄리티를 어느 정도 콘트롤해야 하는데, 정말 대중들이 올리는 것을 여과 없이 그대로 노출시키는 것에 문제가 발생할 수 있었죠. 하지만 AGI는 데스크의 역할을 해줄 수 있습니다. AGI의 기준에 맞는 일정 수준 이상의 기사들이 노출되고 그 기사들이 순위 경쟁을 하고, 보상을 직접적으로 일어날 수 있게 세팅이 된다면 유튜브 못지않게 많은 사람들이 참여할 수도 있을 것입니다.

책 디렉터나 소설 감독이라는 새로운 직업

출판 비즈니스에 대해서도 간단히 생각해보면, 생성형 AI 때문에 접근이 가장 쉬워진 것이 바로 이 분야입니다. "내 이야기를 소설로 쓰면 대하소설이야"라고 외치는 분들 많이 보셨죠. 그분들이 다행히 소설을 쓰지 않았던 이유는 글 솜씨와 시간이 없어서예요. 그런데 AI는 이런 분들에게 글 솜씨와 시간을 선물합니다. 실제 의지만 있다면 소설이 나올 수 있게 도와주는 거죠. 그렇게 책이 실제로 나온 후, 내 이야기가 소설이 될 만한 것은 아니었구나 하고 직접 느끼게 될 위험도 있지만요.

그런데 AI 에이전트와 AGI는 그런 부분을 보완해줍니다. 혼자만 재미있고 흥미진진한 이야기가 아니라, 실제로 대중들에게도 재미있고 흥미진진한 부분을 찾아달라고 해서 스토리 자체를 제안해줄 수 있거든요. 사실 제안 수준이 아니라, 자동 생성까지 가능하죠. AGI를 이용해 복잡한 스토리라인과 캐릭터 개발을 할 수 있고, 그것들을 바탕으로 소설이나 영화 시나리오를 자동으로 작성할 수도 있습니다. 소설뿐만 아니라 인문학, 과학, 자기계발 등 다양한 분야에서 책을 자동화해서 생성하는 것이 가능할 것입니다.

이렇게 소설을 생성하는 사람을 기존의 작가 개념으로는 인정하기 어려울 듯도 하지만, 어떻게 생각하면 이것은 새로운 형태의 문학이라고 생각할 수도 있습니다. 그래서 이런 사람은 작가가 아닌 책 디렉터나 소설 감독 같은 이름으로 불릴 수도 있고요.

AGI는 책의 내용뿐 아니라 책을 만드는 외부 업무에도 작용하죠. AGI는 문법 오류를 교정하고, 문장의 흐름과 논리적 일관성을 검토하여 편집 과정을 자동화할 수 있어요. 그러니까 작가의 역할뿐 아니라 편집자의 역할도 하게 되고요. 사실 AGI는 주제 선정부터 원고 작성, 편집, 디자인, 출판까지의 모든 과정을 자동으로 수행할 수 있습니다. 그러니까 돈 대는 것을 제외한 제작자의 역할까지 가능합니다.

그리고 비용 역시 이런 식으로 제작하면 출판 과정의 효율성을 높일 수 있어 제작비 자체가 상당히 저렴하게 듭니다. 아예 웹출판 형식이 되면 실물 책으로 제작하는 데 들어갈 종이나 재료비, 인쇄비가 안 들어서 개인이 작업한다면 비용이 거의 제로로 수렴할 수도 있고요.

1인 출판의 장점은 자신만의 방향성을 지킬 수 있고 대박이 터질 시 혼자 독식할 수 있다는 것입니다. 반면 단점은 모든 것을 혼자서 결정하고 실행해야 한다는 것인데, AGI는 이 단점을 지워주죠.

책이 물처럼 범람하는 상황

이렇게 출판이 비교적 쉽게 접근할 수 있는 비즈니스가 되면 우리는 수많은 책의 범람 시대에 살게 됩니다. 지금도 한국에서만 1

년에 6~7만 종의 종이책이 나오고 있습니다. 공휴일을 빼고 업무일만 생각하면 1년에 250일 정도 되는데요, 그렇게 치면 거의 하루에 300종에 가까운 책이 나오는 거예요. 여기에 전자책 형태로 나오는 것, 웹소설 형태 같은 것까지 다 계산하면 그야말로 지금도 책의 범람 시대입니다. 1인 출판이나 자비 출판으로 쉽게 책을 낼 수 있는 시대가 되어서 그렇습니다.

그런데 여기에 내용까지 자동 생성되어서 책이 만들어질 수 있다고 하면, 많은 사람들이 보다 쉽게 자신의 책에 도전해볼 거거든요. 이런 시대에 작가의 의미나 책의 의미는 지금과는 또 다를 수 있어요.

말하자면 예전에 방송은 TV에서만 가능한 것이어서 희소성과 권위가 있던 시절이 80~90년대까지 종이책 시장입니다. 그 후 1인 출판이 가능한 시대가 열려요. 편집 프로그램이나 E-출판 등 비교적 출판에 손쉽게 도전할 수 있게 되면서죠. 하지만 여전히 책을 쓴다든가 하는 허들은 있었거든요. 방송으로 치면 각종 케이블 방송이나 지역 민방들이 넘치기 시작할 때입니다. 그런데 책 내용까지 생성하면서 쉽게 출판이 되는 시기는 유튜브의 시대라고 보시면 됩니다. 스마트폰만 있으면 누구나 유튜브 크리에이터가 될 수 있습니다. 친구들과 생일 파티한 동영상을 올려도 채널이 개설되니까요.

이렇게 책이 범람하는 상황에서 팔리는 책을 만들려면 이슈를 만들거나 마케팅비를 많이 태워서 디지털 마케팅을 잘 해야 하겠죠. 사실 출판사 입장에서는 디지털 마케팅을 얼마나 잘하고 책의 콘텐츠를 얼마나 잘 활용할 것인가가 생존의 조건이 될 것입니다. 각종 프로그램이나 도구들의 발전, 인터넷 서점의 약진 등으로 100명 규모의 출판사나 1인 출판사나 생산된 책만 보면 커다란 격차를 느낄 수 없는 경우들이 많거든요.

기존 작가들은 AI라는 슈트를 입고 나오는 책 디렉터들과 차별화되는 자신만의 색채와 경쟁력이 무엇일까(아니면 자신의 집필 작업에 어떻게 AI를 접목시켜 효과를 극대화할 것인가)를 잘 생각하고 그 부분을 뾰쪽하게 다듬어야 하겠고, 기존 출판사들은 우후죽순 생기는 1인 출판사와 차별화해서 어떻게 비용구조를 효과적으로 만들고, 다양하게 콘텐츠를 활용할까를 고민해야겠습니다. 디지털 마케팅에 대한 시도와 그에 따른 경험은 할 수 있다면 반드시 하셔야 할 것입니다.

금융/보험
: 개인 맞춤형 AI PB의 등장

'돈이 걸린 만큼' 트렌드에 빠르게 반응하고, '돈이 걸린 만큼' 행동에는 신중한 금융 산업

지난 2년 동안에 AI 강연을 정말 많이 했는데, 가장 많이 강의한 분야 중 하나가 금융이었습니다. 삼성금융그룹에서는 1,000명 정도의 부장직급 분들을 대상으로 6회에 걸쳐서 나눠 강연하기도 했었고, 삼성화재에서도 6회에 걸쳐 AI와 보험에 대해 강연을 하기도 했죠. 하나금융그룹에서는 한두 달에 한 번씩 진행되는 승진자들을 대상으로 한 강의를 꾸준히 하기도 했고요. 생각해보면《GPT 제너레이션》책을 내고 초창기에 한 강의 중에 신한금융그룹의

CEO를 비롯한 최고위급 간부들을 대상으로 한 강연이 기억나기도 하네요. 농협 전 직원을 대상으로 한 인강 촬영도 상당히 초창기에 이루어진 강의였죠.

보수적이라는 편견과는 달리 금융 산업은 상당히 신기술에 민감합니다. 예전에 메타버스나 NFT 역시 금융 산업에서 빠르게 받아들이고 학습했었죠. '돈이 걸린 만큼' 트렌드에 빠르게 반응하고, 또 '돈이 걸린 만큼' 행동에는 신중한 것이 금융 산업의 특징이에요.

그리고 변화에 주저한다고는 하지만 가만히 따져보면 은행원들 같은 금융종사자들은 신기술을 받아들이는 데 보수적인 데 반해서, 금융 구조 같이 조직 차원에서는 상당히 빠르게 받아들이는 경향이 있습니다. AI 역시 마찬가지인데요, 생성형 AI가 이슈가 되기 전에도 금융권은 AI의 데이터 분석 기술을 잘 활용해서 조직을 돌리고 상품을 만들고 있었어요.

내게도 VIP 전담의 PB가 생긴다

분석에 특화된 AI는 방대한 금융 데이터를 신속하게 분석하여 보고서를 생성하고, 거래 내역을 분석해서 이상 패턴을 감지하면 경고를 보내게 세팅할 수 있습니다. 지루하고 똑같아 보이는 수치

뭉치들 가운데 우리 눈에는 안 보이는 붉은색으로 번쩍이는 부분을 금방 찾아내는 것이 AI입니다. 수많은 수치 가운데 패턴 찾기는 그야말로 AI의 특기니까, 인간의 일을 정말 많이 덜어주는 것이죠.

은행의 가장 중요한 업무 중 하나가 고객의 요청을 심사해서 수락 여부를 결정하는 대출입니다. 은행이 자신의 상품인 돈을 팔 때인 거죠. 그런데 산다고 다 주면 안 되고 이자도 성실하게 내고 나중에 원금도 돌려줄 만한 사람을 선별해야 하거든요. 이런 업무가 AI를 활용하면 사람이 할 때보다 훨씬 더 효율적으로 일을 처리할 수 있습니다. 보험업계에서는 이런 비슷한 순간이 보험 가입 가능 여부와 보험금 수령할 때라고 할 수 있는데요, 당연히 이런 부분도 자동화될 수 있습니다.

개인의 데이터와 취향, 여러 조건들을 판단한 다음에 개인 맞춤형 금융 컨설팅을 할 수 있죠. 원한다면 1:1 금융 교육도 가능합니다. 무엇보다 챗봇을 통한 24/7 고객 지원을 하는데요, 24/7은 24시간 내내, 7일 내내라는 뜻이죠. AI 기반 챗봇은 고객의 문의를 실시간으로 처리하여 서비스 효율성을 높이고, 고객 만족도를 향상시킵니다. 이미 여러 은행과 보험사에서 AI 챗봇을 도입하여 계좌 조회, 거래 내역 확인, 간단한 상담 등을 제공하고 있기도 합니다.

이미 금융업에서는 AI를 활용한 업무를 상당한 수준에서 도입하고 있는 셈인데요, 이런 금융업에 AI 에이전트가 도입된다면 어

하나은행의 디지털 PB 서비스, 하나은행 홈페이지 캡쳐[184]

떤 변화가 생길까요? 간단하게 말하면 은행에는 VIP를 관리하는 PB들이 있잖아요. 이 PB들이 개인들에게 하나씩 붙게 된다고 생각하면 됩니다. 하나은행 같은 경우는 디지털 채널을 선호하는 주거래 VIP 손님을 위한 비대면 자산관리 상담 서비스인 '디지털 PB'라는 서비스가 있습니다. 디지털 PB가 관리하는 자산의 규모는 2024년 8월 말 기준으로 40조 원 수준이었는데요, 그런데 이 디지털 PB는 AI는 아니고 손님 자산관리 분야에서 10년 이상의 PB 경력을 보유한 상담 전문성을 바탕으로 유선 상담과 문자 상담을 하는 사람들이에요. 그러니까 도구만 비대면으로 하지 실제는 사람이 1:1 자산관리를 해준다는 것입니다.[185]

그런데 이 현상을 조금 다른 면에서 보자면 은행 방문도 안 하고 디지털상에서도 은행 고객들은 충분히 돈을 맡긴다는 포인트를 찾을 수 있습니다. AI 에이전트에게 바로 이런 PB 역할을 맡길 수 있습니다. 개인들의 금융 포트폴리오를 짜거나 금융 맞춤 컨설팅을 AI가 할 수 있게 되면서 VIP들만 받는 PB 서비스를 개인들도 받을 수 있게 되는 겁니다.

AI PB는 월급의 운용 방법을 제시해줄 수도 있고, 개인의 재무 상태나 세무에 대해 상담할 수도 있어요. 세무사의 역할도 가능합니다. 상담이나 유산, 증여에 대한 상담을 굳이 다른 채널과 연결하지 않고도 스스로 할 수 있어요. 그것도 어제 바뀐 법까지 바로 바로 반영하면서요. 그리고 위임을 받는다면 고객의 자산을 증식시키기 위해 직접 투자를 하고, 여러 채널에 분산투자할 수도 있죠. '누군가 나 같은 마음으로 얼마 안 되지만 내 자산을 관리해서 불려 줬으면 좋겠다'는 생각을 하신 적이 한 번쯤은 있으실 텐데, 바로 그 충성스러운 자산관리사가 AI PB입니다. 계좌잔액 조회나 송금 같은 기본적인 업무도 PB와 채팅을 하다가, 바로 물어볼 수 있죠. 그러다가 AI PB가 이번달 공과금 오늘 안 내면 가산세 붙는다고 알려줘서, 채팅 상황에서 그대로 "그러면 들어온 돈을 공과비 관리 통장으로 옮긴 후에, 거기서 가스비하고 전기비 좀 내줘"라는 한마디 말로, AI PB에게 이 일들을 모두 맡길 수 있습니다.

대출 결정도 AI PB들이 내릴 수 있어요. 평소에도 고객의 자산 수준을 알고 있지만, 신중하게 대출 결정을 해야 할 때는 정량적 분석뿐 아니라 SNS를 뒤져본다든가 하는 식으로 정성적 부분까지 고려해서 믿을 만하고 성실한 사람인지 판단할 수도 있거든요. 대출 신청이 상당히 자동화되어서 며칠 걸릴 필요도 없이 바로바로 집행될 수도 있습니다.

AGI 수준에서도 마찬가지로 개인 맞춤 AI PB들이 더욱 독립적이고 더욱 스마트해지는 것입니다. 그러니까 고객은 은행과 관계를 맺는 것이 아니라, 자신이 이름 붙여준 자신만의 PB와 관계 맺고 자산을 맡기는 것 같은 느낌이 들 겁니다. AGI는 은행의 투자나 서비스 제공, 행정적 오퍼레이터에도 쓰이게 될 텐데, 가장 중요한 쓰임새는 역시 고객의 전담마크라고 할 수 있는 거죠.

절대로 그만두지 않는
AGI 보험 컨설턴트

보험업에 AGI가 쓰이면 이미 AI로 구축된 서비스들이 더욱 활성화되고 정교해집니다. 워런 버핏이 투자한 것으로 유명한 미국의 보험사 GEICO 같은 경우는 보험 청구가 자동 처리 방식으로 작동합니다. 자동차 보험에 가입한 사용자가 사고가 나면 사고 장면의 사진이나 동영상을 업로드해요. 그리고 보험료 지급을 청구

하는 거죠. AI가 이 장면을 보고 사고의 원인, 손상 정도를 분석해서 청구 금액을 판단합니다. 간단한 사고는 그 자리에서 처리가 되는데, 사용자에게 '이 정도 괜찮냐?'고 금액을 제시하는 것이죠. 그에 수긍하면 사용자는 수락을 하고, 몇 분 안에 보험금을 이체 받게 됩니다.

사용자가 거절하거나 복잡한 사고인 경우에는 인간 담당자가 개입해서, 실제 사고 현장으로 출동해서 처리할 수도 있죠. 그런데 보통 인간 담당자가 개입하지 않는 경우 인건비 비싼 미국에서, 바로 이 인건비가 절감되는 효과가 있기 때문에 보험료를 조금 더 줄 수 있는 여지가 생깁니다. 비대면으로 일을 처리하는 것이 보험금 면에서는 유리할 수 있죠. 그리고 행정 처리가 복잡해지고 기다리는 시간이 싫은 사용자에게도 AI가 제시한 보험금을 그냥 수령하고 빠르게 사고 자리를 정리하는 것이 가장 좋은 선택지일 수 있어요.

현재도 간단한 사고인 경우 이 정도 서비스가 가능합니다. 그런데 AGI 수준으로 가게 되면 비교적 복잡한 사고도 다양한 사진 자료와 동영상으로 인간까지 연계되지 않고 바로바로 판단하게 되겠죠.

그리고 처음 보험 가입을 할 때 보험사는 심사를 하게 되는데, 그 심사에 AGI를 투입할 수 있습니다. 집에 대한 화재보험이라면 대상 집의 컨디션, 위치와 날씨 등 여러 가지 조건들을 종합해서 보험금을 결정하는 것이죠.

생명보험 같은 경우는 가입 가능 여부를 결정하는 것도 AGI가 하게 될 텐데요, 사실 지금은 자신의 보험컨설턴트가 있지만 이들의 이직과 전직이 워낙 많기 때문에 몇 년 지나면 자신의 컨설턴트는 이미 보험 일을 그만둔 경우도 많아요. 그래서 보험금은 납입하고 있는데, 보험에 가입한 개인들은 방치되어 있다는 생각이 들 때가 있죠. AGI 보험 컨설턴트는 절대로 그만두지 않아서, 필요한 때 자신이 바로 연락할 수 있다는 장점이 있습니다.

AGI는 전체적인 보험 컨설팅을 해서 맞춤으로 보험 포트폴리오를 짜주고, 그에 맞춰 개인 관리를 해주게 됩니다. 개인 전담으로요. 24시간 7일 내내 대기하는 AGI 챗봇은 단순히 정보 제시에만 그치지 않고 필요하면 사용자의 동의하에 다양한 금융 결정을 실행할 수도 있죠.

경계에 상관없이 모든 자산관리가 통합되는 AGI PB

한때 방카슈랑스라고 해서 은행에서도 보험 판매가 가능했었습니다. 사실 한때라고 할 수 없는 게 지금도 하고 있죠. 다만 방카슈랑스는 은행이 보험 비즈니스를 운용하는 것이 아니라, 보험회사의 대리점 같이 판매만 하면서 연계해주는 역할 정도였어요. 은행에서 굳이 보험을 가입할 유인이 없었습니다. 그런데 AGI PB가 자신의 자산을 다 관리하면서 세무, 회계 역할까지 한다면 사실은 보험 역시 여기에 통합되는 게 개인으로서 편하긴 합니다.

개인으로서는 자산에 대한 상담을 일원화하여 돈에 대한 모든 것을 물어보는 자신의 PB를 가지고 있으면 되는 거거든요. 사실 이런 업무를 AGI가 통합해서 하는 것은 가능합니다. 다만 이런 부분은 산업들이 서로 간의 경계를 정한 상태이기 때문에 법적으로 산업적 통합이 가능할지는 모르겠습니다. 연계와 협업식으로 실행될 수는 있겠죠. 그런 경우 여러 주체들이 붙으니까 수수료는 올라가는 구조겠지만, 개인들이 따로따로 은행 AGI, 세무 AGI, 보험 AGI를 상대하는 것보다는 비용적으로나 시간적으로 더 유리할 거예요.

아마 자산관리가 AGI에게 맡겨진다면, 그 AGI가 어떤 산업에서 구축되고 고객들이 몰리냐에 따라서 상당히 많은 쏠림 현상이 나타나게 될 것입니다.

제조 : 소비자와 생산자의 직접 연결

트럼프가 한국에 손을 내민 이유

굴뚝 산업이라는 말은 보통 제조 산업을 낮춰서 이르는 말이죠. 그런데 이런 산업들은 결코 낮춰서 말할 산업들은 아닙니다. 우리나라의 수출은 철강, 석유화학, 조선, 해운, 자동차 등 여전히 제조 산업이 주도하고 있거든요. 우리나라가 반도체 산업에 상당히 강점이 있다고는 하지만 사실 반도체 제조를 하는 거죠. 이 역시 제조 산업의 카테고리에 들어갑니다. 그러니까 기본적으로는 제조 산업이 우리나라 경제를 떠받치는 근간이라고 할 수 있습니다. 전 세계적으로도 이런 굴뚝 산업이 강해야 탄탄한 국가라고 할 수 있어요.

미국이 선박 제조를 자국 내에서 하는 것을 포기하고, 조선에서 손을 뗀 결과 한때 세계 최강을 자랑하던 미해군의 힘이 점점 약해지고 있어요. 트럼프 대통령이 2기 취임을 앞두고 한국에 조선업 부분에 도움을 달라고 요청을 한 것[186]이 그냥 하는 말이 아닌 거죠. 실제로 미국 입장에서는 절실하게 도움이 필요한 부분인 거예요.

확실한 강점이 있는 한국의 제조 산업을 AI로 고도화하면, 당분간은 어떤 나라도 따라오지 못할 만큼의 경쟁력을 갖추게 됩니다. 하지만 AI 트랜스포메이션에 실패하거나 느리게 반응하게 되면 제조업에서의 강점을 빼앗기는 것은 금방입니다.

무인 공장의 휴머노이드들

제조에서의 AI 트랜스포메이션은 생산공정의 자동화부터 시작됩니다. AI는 제조공정에서 데이터를 분석해 생산 효율성을 높입니다. 이 데이터에는 기계 자체의 가동도 있지만 공장 안에서 사람의 동선이나 공정의 프로세스 같은 다양한 데이터들이 모두 들어가는 것이죠. 그러니까 공장에서 어떻게 움직이고, 어떻게 생산할 것인가 자체를 전부 설계하는 거예요. 그리고 AI를 활용하여 생산라인의 데이터를 실시간으로 모니터링하고, 이상 징후를 조기에 감지하여 유지보수 일정을 최적화합니다. 기계 이상으로 생산라인이 불시에 서버리면 예기치 못한 손해가 납니다. 한 번은 현대 자동차에서 노사가 의견 차이가 있어 그 과정에서 노동자 한 분이 비상 정지버튼을 눌러 40분간 정지시켰는데 회사가 청구한 손해배상 비용은 1억 200만 원이었어요. 생산을 못 해서 손해 난 것이 아니라 그냥 고정비 손해만 이 정도라는 거죠. 한 시간도 안 되는데 손해가 1억씩 나는 거예요.[187] 그러니 공장에서는 기계가 가능한 멈추지 않는 게 최선이고, 그 방법이 AI를 통한 예측적 유지보수인 겁니다.

그리고 AI 기반의 비전 시스템을 통해 제품의 외관 결함을 자동으로 검사하고, 불량률을 감소시킬 수 있습니다. AI를 활용해 품질관리를 하는 것이죠.

이미 지금도 이렇게 공장에 AI들이 도입되어서 일하고 있거든요. 그런데 여기에 자율적으로 결정을 하는 AI 에이전트나 AGI가 들어가면, 공장은 그야말로 자동으로 돌아가게 되는 거죠. 전체 생산공정을 자율적으로 관리하고 필요하면 프로세스를 알아서 수정하면서 인간의 개입 없이 최적의 생산 시스템을 갖추는 거죠. 이쯤 되면 거의 무인 공장처럼 운영될 것이기 때문에, 시스템의 재조정도 그때그때 실시간으로 가능합니다. 컨베이어 벨트에서 자동화되는 게 아니라, 구체적인 움직임이 필요한 부분이 있다면 그것은 휴머노이드가 맡게 됩니다. 테슬라에서 영상으로 공개하는 테슬라 봇이 괜히 공장에서 일하는 모습을 보여주는 게 아닙니다.[188] 우선적으로 쓰임이 많을 곳이 공장이기 때문에, 공장에서 일하는 모습으로 어필하는 것이죠.

공장이 없는 스마트 '팩토리'

제품 생산과 전달의 전 과정에서 과학적이고 합리적으로 산업 시스템을 설계하고 운영하는 일을 다루는 방법을 배우는 과가 '산업공학과'입니다.[189] 그런데 AGI가 제조 공정에 적용되어서 생산과 전달의 모든 과정을 최적화하고 자동화한다면 사실 산업공학과의 분야 자체가 통째로 AI 안에 들어가버리게 되는 것입니다.

게다가 공장의 미래는 스마트 팩토리를 향하고 있죠. 스마트 팩토리는 제품의 기획, 설계, 생산, 유통, 판매 등 전 과정이 자동화되어 이 프로세스 전체가 실시간으로 연동, 통합됨으로써 제품을 생산하는 공장입니다. 중요한 것은 제품의 기획부터 시작한다는 것이고 판매에서 끝난다는 거예요. 말이 공장이지 제조물품의 주문부터 소비자 전달까지 '팩토리'라는 개념에 들어가고 있다는 것을 알 수 있죠.

그렇다면 스마트 팩토리라는 것이 최소 규모로 독립적으로 실행된다면 사실상 커다란 공간이 필요 없는 공장이 될 수도 있다는 것입니다. 예를 들어 나이키 같은 브랜드가 원하는 것은 다품종 유연생산방식이에요. 쉽게 말하면 장인이 수제화를 만들 듯이 개인에게 딱 맞춘 운동화를 그 자리에서 제조해주는 것입니다. 그런 제조 방식이 구현된 나이키 매장을 상상해볼게요. 우선 나이키 매장에 가면 개인의 발 치수와 발 모양, 그리고 여러 가지 관련 정보를 고려해서 AI가 자신에게 딱 맞는 신발을 디자인해주게 돼요. AI에게 맡기는 것은 내부 설계이고, 겉모양의 디자인은 소비자가 관여할 수도 있고 AI에게 추천을 구할 수도 있죠. 이렇게 내·외관의 설계가 확정된 운동화는 바로 생산 버튼을 눌러 그 자리에서 제작에 들어갑니다. 그러면 소규모 생산기계에서 개인에게 딱 맞는 운동화가 바로 나오는 것이죠. 기획, 설계에서 제작 판매까지 한 자리에서 매우 빠른 속도로 해결이 됩니다.

그렇게 되면 나이키는 재고 부담에서 벗어나고, 개인들은 자신의 신체조건에 딱 맞는 신발을 가지게 되는 거죠. 이것이 공장의 미래가 됩니다. 실제 대규모 공장이 사라지고 공장 시스템이 소규모로 커스터마이징 되어서 소비자들 바로 옆에 자리 잡게 되는 거죠. 물론 이 과정을 전부 AGI가 통제하게 되는 것이고요.

자동판매기에서 차 사기

운동화처럼 작은 제품만 이렇게 되는 게 아닙니다. 선박 같은 대규모 사이즈의 제조에서는 가능하지 않겠지만, (그리고 기본적으로 일반 소비자들이 LNG선을 구매하거나 그러지는 않으니까요.) 자동차 수준 정도에서라면 전체 차가 아닌 옵션 정도에서는 자동판매기 스타일의 판매가 가능할 듯도 해요.

자동차 자동판매기라는 개념은 미국의 중고차 업체 카바나가 2015년에 한 번 선보인 적이 있습니다. 하지만 지나가다가 콜라 뽑아 먹듯이 자동차를 뽑을 수 있는 것은 아니고, 사실은 이벤트에 가까운 기계였죠.

실제 자동판매기에서 차를 구입하는 것이 아니라 카바나 홈페이지에서 원하는 차를 구매합니다. 그리고 구매자는 매장에 설치된 자동차 자판기에서 본인 인증을 거친 뒤 카바나에서 제작한 특수 동전을 자판기에 투입하면 주차타워가 차량을 찾아주듯 구매한 차량이 자동으로 나오도록 설계되어 있는 겁니다.

카바나가 자동차 자판기를 만든 이유는 자동차 자판기를 통해 구매자의 매장 방문을 유도함으로써 대당 200만 원에 가까운 배송료를 절약할 수 있을 뿐만 아니라 자동차 자판기라는 신선한 구매 체험을 고객에게 선사할 수 있기 때문이라고 하죠.[190]

카바나 자동차 자판기[191]

그런데 AI가 제조를 콘트롤하면서 로봇이 실제 생산을 빠르게 담당한다면, 거대한 주차타워 같은 자동차 자동판매기를 목격할 수도 있지 않을까 해요. 옵션 없이 출시되는 차를 일명 깡통차라고 해서, 여기에 갖가지 옵션을 넣어 커스터마이징하게 되는데, 자동판매기 안에는 이른바 깡통차가 들어 있고, 그 앞에 마련된 여러 가지 옵션 장치들을 그 자리에서 결정해서, 그 옵션을 장착하는 정도로 그 자리에서 바로 생산에 들어가는 거예요. 물론 코카콜라 뽑듯이 바로 나오는 것은 아니지만, 커피 마시고 책을 읽으며 2~3시간 정도 기다리면 집에 갈 때는 자신이 자동판매기에서 뽑은 차를 타고 돌아갈 수도 있지 않을까 생각해봅니다.

그런데 한 번 더 생각해보면 이렇게까지 급하게 차를 필요로 한 사람이 있을까 싶기도 하죠. 이런 제조 시설을 여러 곳에 만드는 것도 비용 부담일 수 있어요. 그래서 조금 더 나은 대안은 메타버스상에서 자동판매기를 마련하는 거예요. 메타버스의 자동판매기에 들어간 소비자는 자신의 취향대로 차를 커스터마이징하고, 메타버스에서 완성된 차를 사는 거죠. 그리고 며칠 후 디지털 트윈처럼 메타버스상에서 커스터마이징해서 완성한 차와 똑같은 차가 우리 집 앞에 배달이 되는 것입니다. 그러니까 메타버스는 공간적 경험을 주기 위한 것이고, 자신이 커스터마이징해서 맞춤 주문을 하면 공장에서는 그 주문대로 맞춤형으로 차가 만들어진다는 얘기예요. 물론 이런 과정들이 AGI로 그때그때 조정되지 않으면 가능한 일이 아닙니다. 고객이 요구한 차의 스펙과 옵션에 맞춰 로봇들이 작업을 해야 하거든요. 그런데 100여 대, 1,000여 대의 로봇이 같은 차를 만들려고 움직이는 게 아니니까 AGI가 정교하게 콘트롤하지 않으면 안 되는 것이죠.

제조에서도 AGI는 필수적 요소

이렇게 제조에서 AGI는 크게 두 가지 방향성을 가지고 쓰이는데요, 먼저는 비용 절감이죠. 전체 생산공정의 효율화, 무인화, 최적화라는 방향으로 움직일 것입니다. 그리고 제작부터 분석을 통해 수요 예측을 철저히 해서 유통을 최적화하고 재고관리를 효율적으로 하게 하는 거죠. 사실 재고 없이 주문 들어오는 대로만 만드는 것이 가장 좋은데요, 생산과 유통에서 스피드만 받쳐준다면 가능한 일이죠. 물론 이 모든 일들은 AGI가 해야 하는 일이고요,

그리고 또 하나의 방향성은 개인 맞춤이에요. AGI의 통제하에 고객의 요구와 취향을 반영한 커스터마이징 물건을 생산하는 거죠. 단가가 비싼 물건들은 개인 맞춤형으로 생산의 포커스를 맞춰도 좋습니다. 획일화된 물건들에 질린 현대인들은 자신에게 딱 맞는 개성이 드러나는 물건에 돈을 지불하거든요.

콘텐츠와 크리에이터 산업 : 창의성과 데이터 사이의 균형 찾기

현대의 모든 산업에 얽혀있는 콘텐츠 비즈니스

콘텐츠는 너무 폭넓은 개념입니다. 그림, 소설, 스토리, 영상, 게임, 노래, 기사, IP 등 너무나 많은 것들이 콘텐츠로 칭해지죠. 얼핏 보면 물리성이 없는, 디지털 위에서 구현되는 것들을 콘텐츠라고 칭하는 것도 같지만(초창기의 개념은 사실 그랬어요.) 스포츠나 댄스 등도 콘텐츠가 되니까 요즘엔 반드시 그런 것만은 아닙니다.

조금 더 추상적인 범위가 필요할 것 같은데 정보, 지식, 감성, 경험 등을 포함하여 사람들이 소비할 수 있도록 만든 모든 형태의 자료 및 창작물을 의미한다고 보아야 하죠. 형태적으로는 텍스트, 이미지, 영상, 소리, 인터랙티브 요소 등을 포함하며, 디지털 및 아날로그 형태, 다 가능합니다. 이렇게 쓰고 보니 더 모호한 듯하지만 우리가 먹고사는 생존의 문제를 제외한 문화적으로 소통하고 즐기기 위한 거의 모든 것들을 콘텐츠라고 칭하고 있다고 생각하시면 될 것 같아요.

이러한 콘텐츠를 활용한 콘텐츠 비즈니스도 따라서 너무 광범위하고 코에 걸면 코걸이가 되긴 합니다. 사실 콘텐츠 비즈니스는 산업 분야로 보면 이제 막 생긴 신생 분야라고 할 수 있어서, 사실상 한 분야라고 분류할 수 있을지 애매하긴 합니다. 콘텐츠 비즈니스의 경계가 어디까지인지 다 합의된 상태라고 할 수는 없죠.

일단 콘텐츠 비즈니스는 만드는 것만을 의미하지 않습니다. 만드는 것을 특화해서 지칭하면 크리에이터 비즈니스라는 말이 더 어울릴 것 같고, 콘텐츠 비즈니스는 콘텐츠 유통, 홍보뿐 아니라 각종 연관된 산업을 모두 포괄하는 개념이죠. 요즘은 음식점도 자신만의 캐릭터를 만들어서 굿즈를 판매할 정도이니, 이것을 F&B+콘텐츠 비즈니스라고 해야 하나 하는 생각도 들어요. 산업의 빅블러 현상에서, 다른 산업과 가장 많이 겹치게 되는 게 콘텐츠 비즈니스입니다. 그 말은 다른 관점에서 보면 현대의 모든 산업은 간접적으로든 직접적으로든 콘텐츠와 연관되어 있다는 말입니다.

'감'과 '센스'를 '수치'와 '논리로 바꾸기

콘텐츠, 콘텐츠 비즈니스의 개념과 범위가 이렇게 모호한데도 확실하게 AI가 가장 큰 영향을 미치는 분야가 바로 콘텐츠 비즈니스라고 말할 수 있습니다. 콘텐츠 비즈니스가 앞으로 가장 유망한 산업 중 하나라는 것도 말이죠. 콘텐츠 비즈니스를 조금 한정해서 보자면 창작된 콘텐츠를 생산, 유통, 소비하는 과정에서 일어나는 부가가치를 얻는 산업인데, 생성형 AI는 가장 핵심이 되는 콘텐츠를 쉽게, 그리고 많이 창작하는 데 유용한 도구거든요.

그리고 콘텐츠 생산까지 안 가고, 그 이전에 대중적인 흐름을 파악하고 분석하는 데에서만 AI를 활용해도, 엄청난 차별성을 가지게 돼요. 콘텐츠 비즈니스에서 대표적인 기업 중 하나는 OTT 업체 넷플릭스입니다. 넷플릭스는 원래 우편으로 영화 DVD를 대여해주는 사업으로 시작해서, 스트리밍으로 영화를 보여주는 사업으로 진화를 했죠. 처음 넷플릭스가 사업을 시작했을 때 영화 대여 시장은 비디오 대여가 주였고, DVD는 마이너한 장르였습니다. 그만큼 영화 타이틀이 많이 없었어요. 그래서 넷플릭스의 생존 전략은 영화 추천입니다. 우편으로 영화를 주문한 사람들의 데이터를 정리해서, 그 사람이 좋아할 만한 영화를 추천해주는 것이었죠. 그게 꽤 인기를 얻어 비교적 적은 DVD 타이틀로도 효과적으로 사업을 돌릴 수 있었고, 그런 경험은 스트리밍 서비스에도 반영이 되었죠. 추천 알고리즘을 효과적으로 만드는 대회 같은 것도 해서, 대중들에게 알고리즘에 의한 추천이라는 개념을 알리는 계기가 된 것이 바로 넷플릭스였습니다. 넷플릭스는 여기서 한발 더 나아가서 오리지널 콘텐츠를 제작할 때도 철저하게 분석과 통계를 이용했거든요. AI 알고리즘으로 대중들이 좋아하는 배우, 스토리, 장면들을 분석한 후에 바로 그런 것들을 넣어서 〈하우스 오브 카드〉 같은 오리지널 시리즈를 제작하기 시작했습니다. 이는 대성공을 거두어서 넷플릭스는 지금 대표적인 영화 제작사의 위치까지 차지하고 있죠.

AI를 활용해서 대중들의 니즈를 '감'과 '센스' 차원이 아니라 수치와 논리 차원으로 파악을 했고, 그에 맞춰서 콘텐츠를 배열하고, 나아가 콘텐츠 제작까지 해서 3억 명에 달하는 구독자를 확보한 지금의 넷플릭스 아성을 구축하게 된 것입니다. 영화 같은 콘텐츠는 인간적인 느낌, 창의성 같은 것이 가장 중요하다는 이전까지 생각에, 콘텐츠도 얼마든지 분석의 대상이 되고, 그 분석대로 콘텐츠를 만들면 성공의 확률이 꽤 높아지는구나 하는 생각을 가지게 한 것입니다.

대중들이 원하는 것을 만드는 것과 자신이 원하는 것을 만드는 것

콘텐츠를 분석해서 그 결과를 바탕으로 하면 좋다는 것을 알긴 했지만, 사실 콘텐츠를 분석하는 것은 어려운 일이죠. 영화관에서 관객들의 반응을 명확하게 수치적으로 분석할 수는 없거든요. 오로지 관객 수 정도의 거시적 수치만 알 뿐이죠.

분석도구로서의 AI는 매우 유용하지만, 그것을 자유자재로 활용하기는 쉽지 않습니다. 일단 수치와 그래프로 무장한 분석틀을 보는 것도 쉽지 않았고, 정량적 반응뿐 아니라 정성적 반응 같은 경우도 체크해야 하는데 기존 분석도구로는 한계가 있었죠. 그런 부분을 바로 생성형 AI나 AI 에이전트, AGI들이 감당하게 되는 것입니다. 생성형 AI 수준에서는 댓글이나 영화 사이트의 여러 평까지 종합해서 전반적인 보고서를 써줄 수 있어요. 좋은 부분, 나쁜 부분을 관객들의 평가를 바탕으로 확실히 알게 되는 거죠.

그리고 AI 에이전트나 AGI로 가면 이런 평가들을 분석하고 종합해서 대안까지 마련하라고 명령할 수 있죠. 이번 영화의 부족한 점을 보완하고 좋은 점을 계승해서 속편의 시나리오를 써보라는 미션도 가능합니다. 사실은 그에 따라 영상도 생성해보라는 수준까지 가능할 겁니다.

비단 속편뿐 아니라 여러 히트한 영화들을 분석하고 종합해서 대중들이 좋아할 만한 영화를 만들어 달라고 하면 그에 맞춰 흥행의 요소를 갖춘 다양한 영화들이 우리에게 제안되는 거죠.

AI는 콘텐츠를 분석하는 것뿐 아니라 또 다른 면에서 콘텐츠 비즈니스를 폭발적으로 성장시킬 잠재력을 가지고 있어요. 콘텐츠에는 두 가지 전략이 있습니다. 하나는 대중들이 원하는 것을 만드는 것이고, 또 하나는 자신이 원하는 것을 만드는 것입니다. 두 방향은 동쪽과 서쪽처럼 완전히 다른 길 같지만 그렇지도 않습니다.

넷플릭스의 성공방식을 보면 콘텐츠 비즈니스에서 확실한 성공의 길은 대중들이 원하는 것을 정확히 알고, 그것을 만들어 공급하는 일이죠. 그러니 대중들이 원하는 것을 만드는 것이 기본적으로 가야 할 길이라는 거예요. 하지만 흔히들 자신만의 개성이 담긴, 자기만 할 수 있는 일을 해야 성공한다고 하잖아요. 이 말에는 함정이 있어요. 자신만의 개성이 담겨 있지만 그 개성을 자신만 좋아하는 게 아니라는 거죠. 자신이 원하는 것을 대중들에게 꺼내서 보여줬을 때, 그때야 대중들은 그것을 자신들도 원했다는 것을 안다는 겁니다. 그러니까 자신이 원하는 것과 대중이 원하는 것이 알고 보니 같은 것일 수 있다는 것이고, 보통 그런 콘텐츠가 성공을 한다는 겁니다.

그런데 자신이 원하는 것을 구체적 콘텐츠로 보여줄 수 있는 사람은 소수입니다. 콘텐츠라는 것은 글, 그림, 영상, 동작 등 실체적인 것으로 표현되었을 때 비로소 대중적인 평가를 받을 수 있거든요. 좋은 아이디어가 있어도 이 표현에 서툴면 제대로 된 쇼케이스를 할 수 없어서, 평가도 그에 따른 분석도, 그래서 이루어지는 업그레이드도 있을 수 없습니다. 그런 면에서 AI와 콘텐츠 비즈니스 만남의 또 다른 활용이 빛을 발하게 되죠.

AI는 개인들이 가지는 자신만의 생각을 꺼내서 대중과 만나게 도와줄 수 있거든요. 그림을 못 그리는 사람도 생성형 AI들로 웹툰을 그려서 자신의 아이디어를 표현할 수 있는 길이 열린 겁니다. 자신만의 개성이 담긴 웹툰을 내어 놓았는데, 그 개성을 대중들이 좋아해준다면 그것은 결국 대중들이 좋아하는 콘텐츠를 만드는 길인 것이죠. 반대로 자신이 내놓은 콘텐츠에 반응이 없다면, 이리저리 업그레이드해봐야 합니다. 역시 AI를 활용해서 콘텐츠 유통과 소비의 방식을 분석해보고, 이에 문제가 없다면 결국 창작의 아이디어를 수정해보는 것이죠. AI 덕분에 그리 어렵거나 시간이 많이 걸리는 일은 아니에요.

그리고 좋은 콘텐츠도 처음에 대중들이 발견하지 못하면 사장될 수밖에 없잖아요. AI는 분석을 통해 이 콘텐츠를 좋아할 만한 사람들을 알고 있어서 그들에게 먼저 노출을 하죠. 그러니 콘텐츠의 활성화 가능성이 조금 더 높아집니다.

현실적인 콘텐츠 비즈니스의 전개와 크리에이터의 생존 전략

AI 에이전트와 AGI가 콘텐츠 비즈니스에 접목된다는 것은 수많은 콘텐츠들이 양산된다는 것을 의미합니다. '조선 시대에 드라큘라가 존재해서 공주와 연애하는 내용의 판타지 로맨스 웹소설인데, 코믹하지만 낭만적인 분위기로 대중적인 인기가 있을 수 있게 만들어줘'라고 명령을 내릴 수 있어요. 또한 웹소설 플랫폼에 소설을 올리면서, '이제 연재를 시작하는데 목표는 인기 순위 10위 안쪽이야. 10위 안에 들어갈 수 있게 댓글이나 반응들을 분석해서

조선 시대에 드라큘라가 존재해서 공주와 연애하는 내용의 판타지 로맨스 웹소설 표지

연재 내용을 조정해 봐'라는 식으로 목표를 수치적으로 제시하는 것입니다.

처음 아이디어에서는 자신만의 생각을 담지만 그것을 대중들에게 공개하면서 대중화하는 작업에는 AI 에이전트의 능력을 이용하여 최적화시키는 것이죠. 문제는 '내가' 이 정도로 AI 에이전트를 쓸 수 있다면 '누구나' 이렇게 접근할 수 있다는 거잖아요. 그러니 생각처럼 이상적으로 쓸 수 없게 될 확률이 오히려 높죠.

웹소설 플랫폼을 운영하는 운영사 입장에서도 넷플릭스 못지않은 자동화 시스템으로 플랫폼을 돌릴 거예요. AI 에이전트와 AGI가 관장하는 플랫폼에서 어떤 것을 먼저 노출하고, 어떤 것을 추천할지 자동화되어서 돌아가기 때문에 철저하게 데이터 위주로 움직일 거거든요. 카카오 이모티콘을 만들어서 수익화하려고 대중적으로 인기 있는 캐릭터와 내용을 분석해서 만들어 올렸는데, 10,000명 정도가 거의 동시에 똑같은 명령에 따른 결과물을 업로드했다면 자신의 콘텐츠 경쟁력은 순식간에 사라지죠.

그래서 아무리 AI의 도움을 받는다고 해도 콘텐츠 비즈니스에서는 자신만의 오리지널리티가 중요합니다. 아이디어든 개성이든, 캐릭터든 문체든, 그림체든 특별한 점이 하나는 있어야 그 점 때문에 주목을 받고 인기를 끌고 대중적인 쓰임새가 생기는 거거든요. 다만 그 특징은 그 이후로 AI에 의해 분석되고 재창조되어서 유사한 것들이 쏟아질 확률이 높습니다. 지금도 유튜브를 보면 전문적으로 하시는 분들은 AI로 인기 동영상을 분석해서 내용, 섬네일, 심지어 제목까지 거의 카피하다시피 해서 자기 영상을 제작하는 사람들이 있거든요. 이게 크게 논란이 된 적도 있었지만, 그런 행태가 없어지지는 않았습니다.

그런데 AI가 제작까지 해주는 식으로 이용되었을 때 현실적으로는 당연히 카피캣들이 생길 수밖에 없죠. 그러니 한 번 인기를 얻었을 때 그것이 자신의 것이라는 각인을 반드시, 그리고 확실히 하셔야 합니다.

무조건 커질 수밖에 없는 콘텐츠 비즈니스

지금 한 달에 콘텐츠에 쓰고 있는 돈을 생각해보세요. 두 개 정도의 OTT 구독, 쿠팡 유료 회원, 유튜브 프리미엄 회원, 카카오 무제한 이모티콘, 네이버 플러스 멤버십, 지니나 멜론 같은 음악 스트리밍 서비스, 챗GPT 유료 회원 등 은근 따져보면 구독료로 쓰고 있는 돈이 많습니다.

어느 사이 우리의 여가와 휴식뿐 아니라, 업무나 일상에 콘텐츠가 스며들었습니다. 조금 더 비싸지만 귀여운 스누피가 그려진 우산을 사게 되고, 유튜브를 통해서 업무 지식까지 배우고 있거든요. 몇십 년 전이긴 하지만 '인터넷 콘텐츠는 공짜로 쓰는 것이지, 여기에 돈을 쓴다는 것은 말도 안 된다'라고 하던 시절이 있었거든요. 그사이 저작권 개념이 강화되기도 했지만, 무엇보다 보안기술이 강화되어서 무단으로 콘텐츠를 도용하거나 복사하는 게 어려워진 것이 콘텐츠 비즈니스가 발달한 이유였습니다.

이제는 기술이 콘텐츠를 쉽게 생산 가능하게 만들어주게 된 만큼, 콘텐츠 비즈니스는 또 한 번 도약하게 됩니다. 유튜브가 폭발적으로 성장한 것은 사용자들이 올리는 영상에 광고료를 나누면서, 유튜브 콘텐츠 생산자들이 급격히 늘었기 때문이에요. 이 생산자들은 곧 소비자들이기도 하거든요. 다른 사람들의 콘텐츠를 보면서 즐기고, 모방하고, 연구하고, 발전시키곤 하죠. 콘텐츠 생산이 늘어나는 것은 곧 콘텐츠 소비도 늘어난다는 말입니다. 콘텐츠 비즈니스의 규모가 더욱더 커질 것입니다.

그리고 AI로 인해 사회 곳곳에서 자동화가 일어나고 생산성이 좋아지며 유휴 시간이 늘어나게 되거든요. 그 늘어나는 유휴 시간은 콘텐츠를 소비하는 데 주로 쓰이게 됩니다. 사실 AI로 인해 생산이나 행정 같은 직무에서 일자리가 줄어드는데, 늘어난 콘텐츠 소비로 인해 이쪽 분야의 일자리가 늘어나게 되죠.

AI 에이전트나 AGI가 아무리 목표에 맞게 콘텐츠를 만들어도 그 콘텐츠는 AI에게 오더를 줄 수 있는 사람이라면 누구나 받아 드는 콘텐츠입니다. 양산되는 콘텐츠는 독특한 매력이 있을 수 없잖아요. 아마도 AGI의 시대에도 콘텐츠의 차별성은 인간의 감정이나 센스를 넣는 독특함에서 나올 겁니다. 창의적이라는 것은 대다수의 것과 다르다는 것이니까, AI로 모든 것을 다 만든 콘텐츠보다는 한 포인트라도 휴먼터치를 통해서 조금 다르게 만든 것이 매력 있는 콘텐츠가 되는 거죠. 그래서 콘텐츠 분야에서 인간은 언제나 필요할 겁니다.

에필로그

AI가 일으키는 세 가지 경계 문제

인간을 습격하는 세 부류들

지금까지 만들어진 영화들을 보면, 종종 인간을 습격하는 존재들은 크게 세 부류입니다. 좀비 같은 몬스터들이 한 종류고요, 또 하나는 외계인들이죠. 그리고 AI가 있습니다. 공통점은 세 부류 다 인간을 정복하거나 말살하려고 하는 특별하거나 절박한 이유가 있지는 않다는 겁니다.

외계인들은 지구까지 올 정도의 과학력을 가지고 있다면 아무도 살지 않는 화성이나 달 같은 곳을 자기들이 살 수 있는 환경으로 테라포밍해서 사는 게 더욱 설득력이 있습니다. 무언가 만들 때는 이미 있는 것을 수정하는 것보다는 새롭게 처음부터 만드는 게 깔끔하고, 더 쉽거든요.

좀비야말로 딱히 인간을 습격할 이유가 없어요. 인간을 먹어치운다고는 하지만 이미 죽은 사람들이 먹을 걸 안 먹는다고 굶어 죽을 리도 없는데, 식탐을 부리는 것은 이상한 일이죠. 단지 동족을 늘리려는 욕망에서라면 무척 외로운 존재들이라고 할 수 있겠죠. 그런데 그런 것치고는 너무 떼로 돌아다니긴 해요.

그나마 AI가 제일 가능성이 있습니다. 하지만 AI가 굳이 인간을 지배하고 싶은 지배욕을 가질 것 같지는 않고, 지구 환경을 개선하기 위해서 움직이다가 인간이 방해물이라고 판단하면 제거한다는 식인데, 이것도 사실 좀 이상하긴 해요. 결국 AI 에이전트나 AGI에게 목표를 준 건 인간이라는 말이죠. 과정이 잘못되어 간다고 판단하면 빠르게 입력단으로 가서 목표값을 수정하면 되거든요.

AI가 그나마 가능성이 있다는 것은 이런 뜻에서가 아닙니다. AI는 단독으로 존재할 때보다 인간과 공존해서 인간의 의지에 AI의 능력을 더하는 것이 가장 무서운 모습입니다. 인간의 의지라는 것이 어떤 방향으로 뻗어갈지 알 수 없거든요. 앞선 장에서 AI가 일으킬 사회적 변화에 대해서 자세하게 살펴보았는데요, AI는 지금까지 인간들이 만들어 온 사회 시스템에 문제를 일으킬 가능성도 많다는 거죠.

앞선 세 장의 이야기들을 정리해보면 AI는 총 세 가지의 경계 문제를 일으킬 것으로 보입니다. 그리고 그 경계 문제들은 결국 인간성, 인간정신의 문제로 귀결될 수밖에 없고요.

일의 경계 문제: 정체성 변환

AI가 일으키는 첫 번째 경계 문제는 일의 경계 문제입니다. 2,500여 년 전 플라톤은 《국가론》에서 직분론을 이야기하며 각자가 자신의 맡은 바 직분을 열심히 하는 국가가 이상적인 국가라고 이야기합니다. 이 논의가 신플라톤주의라는 이름으로 기독교 교리에 영향을 미쳐, 서양 사상의 중요한 축인 기독교에서도 직분론은 중요한 가르침이 되었죠.

비슷한 시기 동양에서는 공자가 《논어》에서 '군자'라는 단어를 107번 말해요. 공자의 군자는 신분이나 지위에 관계없이 도리를 지키며, 품격을 잃지 않는 사람으로, 사실 이 역시 직분론에 가깝습니다.

자신의 신분을 알고, 그에 따라 주어진, 맡은 바 일에 충실하라는 것이 동·서양을 막론하고, 중요한 사상으로 추앙받아 왔던 거죠. 신분이 사라진 시대에도 자신의 일에 소명의식을 가지고 최선을 다하라는 가르침은 여전히 유효합니다. 그런데 AI는 인간의 '맡은 바 일'이라는 개념에 경계 문제를 일으킵니다. 점점 인간이 맡을 일이 사라져가는 거예요. AI는 인간의 생산성을 보조하지만, AI 에이전트와 AGI는 모두 인간의 생산성을 대신합니다. 분명한 목표를 정해주고, 그 과정의 일을 모두 AI가 해버린다는 것은, 인간의 역할은 처음과 끝에만 있으면 된다는 것이죠. 목표 설정과 결과에 대한 마지막 확인 말입니다. 하지만 이런 리더의 역할은 소수면 충분하기 때문에 결국에는 일에 종사하는 인간은 점점 없어져 가게 됩니다.

지난 인류의 역사에서 인간의 정체성은 그가 하는 일로 표현이 되었거든요. 오죽하면 서양에서는 성도 그 사람의 일이었잖아요. (베이커 = 제빵사, 파머 = 농부, 밀러 = 방앗간 주인, 스미스 = 대장장이) 그런데 자신의 일이 없어지게 된다면 인간은 정체성에 혼란을 겪을 수 있어요. 은퇴한 분들이 말하는 가장 큰 어려움이 무위의 고통이라고들 하는데, AI가 인간의 일을 대신하게 되면 많은 사람들이 자신의 쓸모에 대해 고민하게 되거든요.

AI가 '인간의 일'이라는 경계를 뚫고 들어와 인간의 일을 대신하기 시작하는 초창기에는 실업의 문제가 대두되겠지만, 곧 향상된 생산성에 근거해 기계세를 걷어 사회가 기본소득 시스템이 될 가능성이 많죠. 하지만 기본소득으로 최소한의 먹고사는 것이 해결된다고 해서 인간의 활동이 멈추지는 않을 겁니다. 노동에 대한 욕구는 문화에 대한 욕구로 전이될 가능성이 많습니다. 인간이 동물과 가장 다른 점은 바로 논다는 것입니다. 물론 우리집 개도 장난감을 주면 놀고, 고양이도 빛을 잡으려고 움직여요. 하지만 음주가무 같은 노는 것은 할 수 없죠. 인간이 다른 동물에 비해 가장 잘하는 것이 노는 것입니다.

인간 사회를 보아도 먹고사는 생존의 문제가 위협받게 되면 논다는 것은 불가능하지만, 이런 것이 어느 정도 해소되면 바로 문화가 발달합니다. 잘 놀려면 능력과 욕구와 의지가 있어야 합니다. 그런데 AI는 욕구와 의지가 없고, 능력만 있으니 AI가 놀 필요는 없죠. 그래서 기술에 대해 낙관적 태도를 보이는 사람들은 AI를 보완적으로 잘 써서 사람의 (일하는) 능력을 대체하게 하고, 인간은 욕구와 의지를 노는 방향으로 발전시키면 된다고 하는 것입니다.

고대 로마 시대를 그린 영화나 아니면 SF영화에서도 로마 시대의 콜로세움을 연상시키는 원형 경기장의 검투사 장면이 종종 나오는데요, 제국을 경영하며 안정적인 부를 구축해서 그 열매를 맛보던 로마 시민들에게 이 콜로세움의 싸움은 엄청난 놀이였습니다. 사실 놀이라기보다는 대중문화 산업의 정점에 있었던 거대한 엔터테인먼트 시스템이라는 말이 더 맞죠. 현대적 관점에서는 스포츠 산업, 엔터테인먼트 비즈니스, 정치적 이벤트와 연결된 복합적인 산업이었어요.

콜로세움에서 치러진 모의 해상전투를 고갱 스타일로 재현한 그림

콜로세움에서는 단순한 1:1 검투만이 이루어진 것이 아니라 다양한 형식의 전투가 존재했습니다. 맹수(사자, 호랑이, 곰)와 싸우는 쇼도 있었고, 심지어 콜로세움을 물로 채워 배를 이용한 전투를 하는 모의 해상전도 있었어요. 그야말로 다채로운 콘텐츠로 구성되어 관객의 흥미를 유지했죠.

그러면서도 검투사들은 오늘날의 프로 스포츠 선수처럼 전문적으로 훈련받았고, 인기 검투사는 스타 선수처럼 명성을 얻고 부를 축적했죠. 귀족과 정치인들은 검투사 경기를 후원하면서 스폰서십 효과를 얻었습니다. 게다가 특정 검투사에게 베팅이 걸리는 경우도 있었으며, 이는 오늘날의 스포츠 토토 (사실은 스포츠 도박 산업)

와 유사한 거예요.

검투사 경기 자체의 경제적 효과도 있는데요, 검투사 양성소 운영, 무기 및 갑옷 제작, 동물 조달, 이벤트 기획 등 다양한 경제 활동이 파생되어 수많은 사람들이 일자리를 얻었으며, 이는 로마 경제의 일부를 차지했었습니다.

낙관적 기술주의 측면에서 보면 AI는 인간에게 여가에 보낼 시간과 정성과 의지를 줄 겁니다. AI가 인간의 일을 대신하게 되면 인간에게는 시간이 남게 되는데, 그 시간의 효과적인 사용처가 바로 '노는 것'이거든요. 직접적으로 몸을 움직이는 스포츠, 독서 같이 머리를 굴리는 여가들, 감정적 필요를 충족시켜 주는 공연 문화, 커뮤니티 모임 같이 사람들과 만나려는 움직임 같은 것들이 활발해집니다.

지난 수천 년간 그가 맡은 일이 그 사람의 정체성을 형성하는 데 큰 비중을 차지했다면, AI 시대에는 어떻게 노는 사람이냐가 그 사람 정체성의 중요한 요소일 수도 있습니다.

국가의 경계 문제: 새로운 권력 구조의 등장

AI가 일으키는 두 번째 경계 문제는 국가의 경계 문제입니다. AI는 생태계입니다. 아무리 좋은 LLM 모델을 만들고, 좋은 AI를 만들어도 그것을 아무도 쓰지 않는다면 전혀 소용이 없습니다. 좋은 AI를 만들려고 노력하는 것은, 그만큼 그것을 사용하는 유저들을 늘리려는 노력이죠. 그래서 AI는 필연적으로 기업들의 얼라이언스를 끌어낼 수밖에 없어요. 수직계열화로 얽히든, 수평적으로 얽히든 간에 한 기업이 다 할 수는 없거든요.

눈에 띄는 것은 미국, 중국 중심의 AI 양극화지만, 국가적으로는 가능하면 다 소버린(주권) AI라고 해서, 독자적 운영을 하고 싶어 합니다. 하지만 기업들은 그렇지 않아요. 소비자는 세계 어느 나라에 있어도 고객님이기 때문에, 나라와 국적에 얽매이지 않고 플랫폼에 잡아 두거나 아니면 얼라이언스의 방법으로 잠재적 소비자를 늘리려 하겠죠.

샘 올트먼이 애플과 협의하고, 일본에 가서 소프트뱅크를 만나 투자 계획을 밝히고, 한국에서는 카카오와 손잡으며, 독일에 가서는 EU 나라들에 구애의 말들을 속삭이는 것은 이 얼라이언스의 경계를 최대로 늘리려는 움직임인 거죠. 그러니까 글로벌 거버넌스는 국가보다는 기업 주도로 형성되고 유지되는 것이 현실적입니다. 미국과 중국은 당분간 손을 잡기 힘들지만, 미국 기업과 중국 기업은 언제든 이익만 맞으면 손을 잡을 수 있거든요. 기업은 데이터 센터 공유, 전력 문제, 칩 문제 등 다양한 요소들이 얽혀서 동맹처럼 연합이 될 수 있어요. 지금도 사실 그런 면이 있고요.

기업은 유연함이라는 강점이 있어, 이념이나 정치 등 경직될 수 밖에 없는 국가에 비해 글로벌 얼라이언스를 확장하기에 적합합니다.

그리고 또 하나는 기업의 경계가 강해지고 있기도 하지만, 국가의 경계가 약해지고 있기도 합니다. 최근 잘파세대의 가장 큰 특징은 글로벌이라는 것입니다(잘파세대는 1990년대 이후에 태어난 세대를 말하는데요, 지금 전체 세계 인구의 46%이고, 2035년에는 절반이 넘을 것으로 예측되고 있습니다). 뉴욕에서 시작한 유행이 이틀도 안 돼서 서울에 상륙하기도 하고, 하룻밤 사이에 수억 명의 인류가 같은 프로그램을 시청하기도 합니다. 그러고 보면 디지털에는 시간만이 존재하는 셈입니다. 공간적 한계와 경계가 없기 때문에 지금 이 시간을 공유한다는 공시적인 감각만 있으면 동질감을 느낄 수 있습니다.

보편성과 개별성은 배타적입니다. 인류라는 보편적 감각이 국가라는 개별적 감각을 앞설 수 있거든요. 흔히 세계인이라고 표현을 하죠. 국가와 민족이 같은 문화와 언어를 공유하는 정도의 정의를 가진 개념이라면, AI는 이 공동체를 약하게 하는 힘이 있습니다. 예를 들어 프랑스의 끌로에와 한국의 한이는 한참 유행하는 릴스 챌린지를 알고 있어서, 음악이 나오면 그에 맞춰 같은 춤을 출 수 있습니다. 반면 한이는 할아버지와는 별다른 공통점도 할 이야기도 없다면, 한이에게는 문화적으로 어떤 사람이 더 가까울까요?

문화라는 것은 공감, 동질감입니다. 전 세계적으로 보편화된 디지털 문화에 가까울수록, 한 나라에 대한 문화적 소속감은 약해질 수 있죠. 디지털 위에서 보내는 시간이 많아질수록 사람들은 같은 나라의 사람이 아닌 같은 플랫폼 안에서 통하는 사람들로 갈릴 수 있습니다. AI 덕분에 의사소통이 자유로워져서 나라 가리지 않고 교류가 일어나는 플랫폼에서 하루에 10시간쯤 보내는 사람이라면, 그 사람은 플랫폼 정체성이 굉장히 강할 겁니다. 그러니까 이제 주축 생산 인구가 되어 가는 디지털 네이티브들인 잘파세대는 국가 정체성보다는 플랫폼 정체성이 강한 사람들이라는 거죠.

AI로 인해 세계가 더 좁아지고, 막역해진다면 국가의 경계는 점점 흐릿해지고, 그 자리를 플랫폼을 공급하는 기업이 차지하게 될 가능성이 많습니다. 그래서 진정한 글로벌 거버넌스는 국가 주도가 아닌 기업 주도로 이루어지게 될 것입니다.

인간의 경계 문제:
AI와 인간성에 대한 새로운 철학적 질문

AI가 일으키는 세 번째 경계 문제는 인간의 경계 문제죠. AI는 우선은 보조지능으로 쓰입니다. 지금도 'AI에게 지배당하는 게 아니라, AI를 잘 이용하는 다른 사람에게 지배당하는 것'이라며 도구로서 AI를 잘 써야 한다는 점을 강조하는 이야기를 하잖아요. 그래서 AI는 인간의 보조지능의 역할을 하게 돼요.

그런데 AI 에이전트가 시작되면서, AI가 내준 결과물을 참고하는 수준에서 벗어나 어떤 부분은 아예 맡기게 되기 시작한단 말이죠. 챗GPT의 딥 리서치 에이전트만 해도 박사급 논문이나 보고서를 써주는 수준이니, 유저는 논문의 목표, 제목, 핵심 아이디어 같은 가이드만 주고 세부적인 작성은 아예 맡겨버리게 됩니다. 이렇게 에이전트는 인간의 결정과 판단이 필요한 부분을 조금씩 가져가게 될 거예요. 이 정도가 깊어지면 더 이상 보조지능이라고 부르기 힘들고, 인간과 역할을 나눈다는 면에서 공동지능이라는 말이 어울리게 됩니다.

여기서 조금 더 나아가 AGI 정도 수준에서는 AI가 결정과 판단의 주체가 될 수 있거든요. 지난 인류의 역사에서 언제나 기술은 도구였을 뿐이지만, AGI는 도구를 넘어 하나의 주체로 성장하게 되는 거죠. AI가 주도지능이 되어 버려요. 이런 느낌이 뭔가 불길해서 막으려고 해도, AGI 정도만 되어도, 이미 인간의 능력을 넘어버리죠. 인간만큼의 지능이라고 해도, AGI는 데이터의 양과 추론의 속도 면에서 인간을 아득하게 초월하거든요. 생각 능력은 똑같은데 인간은 10을 가지고 생각하는 반면, AGI는 10억을 가지고 생각한다면 거기서 차이가 많이 벌어지잖아요. 그런데 여기서 ASI로

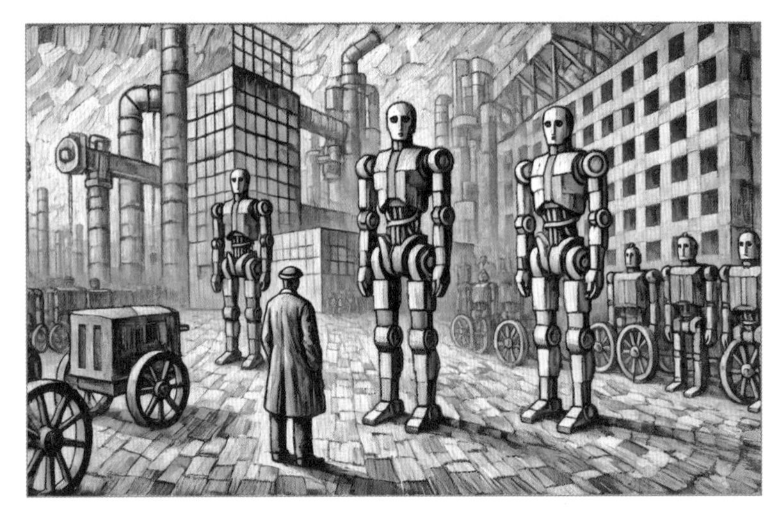

로숨 유니버셜 로봇의 내용을 폴 세잔 스타일로 그린 그림

가서 인간의 지능을 초과해 버리면, AI는 그야말로 인간의 이해능력으로는 불가해한 영역으로까지 갈 수 있습니다. 이렇게 되면 하나의 계기로 인해 AI가 순식간에 인류 문명을 초기화시킬 수도 있어요.

카렐 차페크의 희곡《로숨 유니버셜 로봇》은 100여 년 전에 나온 책입니다. 이 책에 '로봇'이라는 말이 처음 쓰여요. 그러니까 AI로 작동하는 로봇이라는 상상물이 처음 인류에게 문화적 완성물로 제시된 것인데, 이 최초의 책에서도 결말은 인간이 로봇에 의해서 멸종되고, 로봇으로 신인류가 시작되는 것입니다. 그 후부터 꾸준히 로봇은 이런 혐의에서 자유롭지 못하죠.

그래서 AI가 주도지능으로 가기 전에 인간과 AI의 결합이 일어날 가능성이 높습니다. 레이 커즈와일부터 유발 하라리까지, 그러니까 엔지니어부터 인문학자까지 모두 이야기하는 것은 증강인간입니다. 로보틱스로 신체를 강화시키고, AI와 연결되어 지능을 강화시킨 새로운 인류의 모습이죠.

지금까지 AI가 비침습적으로 인간의 지능을 보조하거나 역할을 나누는 정도였다면, 이 시점에서는 인간은 침습적 AI를 채택해서, AI를 도구로 삼는 게 아니라 결합을 택할 수도 있습니다. 그러니까 증강인간이 되는 겁니다. AI가 인간보다 뛰어나게 될 때 그에 대응하기 위해 증강인간이 될 필요가 있다는 판단하에 일론 머스크는 뉴럴링크라는 회사를 만들어서 뇌직결 컴퓨터를 개발하고 있어요. 이름 그대로 뇌에 컴퓨터를 직접 연결해서 자신의 뇌를 업그레이드하는 거죠. 이때의 AI는 증강지능이라고 불릴 수 있겠죠.

이것을 진화라고 할 수도 있고, 사피엔스 종의 멸종이라고 할 수도 있고, 새로운 협력 패러다임의 설정이라고 할 수도 있지만, 이런 다양한 관점 속에서도 하나같이 공통적으로 생각하는 것은 인간은 지금과는 다를 것이라는 점입니다. 훨씬 더 똑똑해지고, 훨씬 더 할 수 있는 게 많아지고, 그리고 무엇보다 수명도 연장되고 젊음도 오래 유지될 것입니다. 노화나 질병의 원인들이 많이 밝혀져서, 그 치료제까지 나와 있을 테니까요. 때에 따라서는 발전된 기술로, 인간의 약해진 장기를 보다 영구적인 인공물로 대체하게 될 수도 있습니다. 노안이 와서 잘 안 보이는 눈을 안경 끼듯이, 바이오 기계 눈으로 갈아 끼울 수 있을지도 몰라요. 이번에 나온 신형이라 1km까지도 또렷이 보인다면서 말이죠.

이렇게 하나하나 갈아 끼우고 있으면 어느 순간 몸에 상당한 인공물이 들어와 있을 수도 있습니다. 흔히 기계인간이라고도 표현을 하겠죠. 〈은하철도 999〉라는 일본 애니메이션이 있습니다. 기계인간이 되고 싶어, 성간을 운행하는 은하철도 999호를 타고 여행을 떠나는 철이와 그의 동행자 메텔의 이야기인데요, 매 회 생각할거리를 던져주는 명작으로 유명하죠. 이 애니메이션이 전체적으로 주는 메시지는 '인간답게 살다가 죽을 것인가, 인간 같지 않게 영원히 살 것인가?'라고 할 수 있어요.

기계인간이 된 사람들은 영생을 누리게 되자 사는 게 너무 심심해집니다. 시간이 모래알 같이 많으니 시간이 전혀 소중하지도 않습니다. 그래서 사람도 죽이고, 자극적인 일을 하며 그야말로 비인간적인 만행을 저지르는 경우가 많아요.

유발 하라리는《호모 데우스》라는 책에서 오래 살고 많이 알게 되는 인간이 결국 영생의 방법까지 찾아내게 될 것이라면서, 그런 모습을 '신이 된 인간'이라고 표현을 했어요. 죽음을 정복하고 영생을 얻었다는 거죠. 처음《호모 데우스》가 나올 때 그런 시한을

100여 년 뒤 정도로 제시해서, '과연 그럴까?' 싶었는데, 최근에 AI의 발전 속도를 보고 '과연 그렇겠구나' 싶기도 합니다.

AI는 인간의 경계 문제를 일으킵니다. 이미 AI로 한 사람이 할 수 있는 일 이상을 할 수 있게 되었는데, 그 AI가 머릿속에 들어와서 작동한다면 그건 우리가 생각하는 인간이 맞을까요? 그 모습이 여전히 인간이라 해도 영생을 향해 가는 과정에서 인간의 경계는 흐릿할 것입니다. 그리고 가장 중요한 것은 인간의 정체성 중에 상당히 많은 부분이, 삶이 유한하다는 한계에서 나오는 것인데, 삶이 무한하다면 과연 우리가 생각하는 인간성이 그대로 남아 있을까 싶습니다.

이 무렵의 인간은 이미 다른 종이나 마찬가지기 때문에 호모 사피엔스는 멸종한다고 하는 것인데, 어떻게 생각하면 이 말이 곧 지금까지 우리가 인간성이라고 생각한 것과는 다른 정체성을 가진 새로운 종이 된다는 거겠죠. 결국 신이 되는 인간이라는 예측까지 나오는 것인데, 과연 인간의 정신은 그러한 육체에 걸맞게 진화할까요? 육체만 신이 되고, 정신은 희노애락이 뚜렷한 인간 그대로라면 영생은 결코 축복이 아닐 수 있습니다.

AI가 발달하면서 지식은 확실히 늘겠지만 이것만 늘어서는 한계가 있습니다. 지혜가 같이 늘어야 합니다. 지식을 효과적으로 활용하게 하는 게 지혜입니다. 그리고 지식을 쌓게 하는 것이 기술의 몫이라면 지혜를 쌓게 하는 것은 일단은 인문학의 몫입니다. 아직은 이런 미래까지는 시간이 좀 남았으니 기술의 발달 속도에 인문학을 접목하려는 노력도 필요합니다.

AI의 발전이 유토피아일까, 디스토피아일까?

AI에 대한 강연을 마치고 질문을 받게 되면 'AI의 발전이 유토피아일까, 디스토피아일까?'를 물어보시는 분들이 상당히 많습니다. 상당히 어려운 질문 같지만 저의 대답은 간단해요. '그게 왜 궁금하세요?'입니다.

만약 디스토피아라고 하면, 무슨 방법이 있나요? 보통은 디스토피아적인 미래가 그려진다면 여기서 잠깐 이 발전을 멈추고 사회적 합의를 통해 바람직한 방향을 찾아 나가는 것이 좋지 않겠는가 생각하겠지만, 그건 현실적으로 가능하지 않은 이야기입니다. 지금 같은 미친 가속의 시대에 AI 발전을 보류하고 전 세계적 합의를 기다릴 나라는 없을 겁니다. 혹 그런 나라가 있다 하더라도 그 나라에 있는 기업은 또 생각이 다를 테고요.

EU에서 가이드를 정하자는 제안을 해도 미국과 중국은 선뜻 동의하지 않습니다. 오히려 규제할 때가 아니라며 비판을 하죠. 사회

일각에서 윤리와 법을 논해야 한다며 잠깐만이라도 멈춰 달라고 요구해도, 비즈니스 차원에서는 서행조차도 하지 않습니다. 아직 AI 패권이 다 가려진 것은 아니기 때문에 한 조각이라도 패권을 가져올 가능성이 있거든요. 국가도 기업도 멈출 생각이 없는 거죠.

그래서 AI가 가져오는 미래가 디스토피아라고, 백이면 백 다 예측을 해도, 이 질주는 멈추지 않을 겁니다. 핵이 나쁜 것은 알지만, 지구상에서 핵을 없애자는 데에는, 핵이 없는 나라만 동의하는 거나 마찬가지죠.

전 세계적 합의에 걸리는 시간보다 훨씬 빠른 속도로 AI가 발전하고 있습니다. 그러니 결국 AI에 대한 논의는 현실적으로 뒤따라갈 수밖에 없습니다. 사용하고 마주하다가 그때그때 부딪히는 문제들에 사회적으로 실용적인 합의를 해가면서 앞으로 나아가야 하는 것이죠.

AI 발전이 유토피아로 이어질 것인가에 대한 질문에 확실하게 Yes라고 할 수는 없으나, AI 발전 과정에서 마주하는 문제들을 차근차근 풀어가면서 AI의 세계를 유토피아로 만들려는 노력을 해야 한다는 것에는 확실하게 Yes라고 말할 수 있겠습니다.

미주

1 https://www.metroseoul.co.kr/article/20240612500393
2 http://www.kedu.news/bbs/board.php?bo_table=news&wr_id=3135
3 https://search.naver.com/search.naver?sm=tab_hty.top&where=nexearch&ss-c=tab.nx.all&query=%ED%97%88&oquery=her&tqi=iHe6Alqo1awssgSNjb8sssss-toN-130057
4 https://search.naver.com/search.naver?where=nexearch&sm=tab_etc&mra=b-kEw&pkid=68&os=1835117&qvt=0&query=%EC%98%81%ED %99%94%20 %EA%B7%B8%EB%85%80%20%ED%8F%AC%ED%86%A0
5 https://www.youtube.com/watch?v=Itbc12qXr30&t=60s
6 https://www.youtube.com/watch?v=bXKkZh2UEEA&t=44s
7 https://terms.naver.com/entry.naver?docId=6653676&cid=69974&category-Id=69974
8 https://www.AItimes.com/news/articleView.html?idxno=161345
9 https://www.dongascience.com/news.php?idx=69399
10 https://zdnet.co.kr/view/?no=20240409080453
11 https://news.mt.co.kr/mtview.php?no=2025013016000744624
12 https://www.xportsnews.com/article/1953979
13 https://it.chosun.com/news/articleView.html?idxno=2023092133158
14 https://www.joongang.co.kr/article/25310245
15 https://brunch.co.kr/@acc9b16b9f0f430/137
16 https://unsloth.AI/blog/deepseekr1-dynamic
17 https://www.hankyung.com/article/2024042311621
18 https://www.segye.com/newsView/20250129505718?OutUrl=naver
19 https://blog.naver.com/karipr/222101714371
20 https://blog.naver.com/karipr/222101714371?photoView=2
21 https://view.asiae.co.kr/article/2025012816345412579
22 https://www.kado.net/news/articleView.html?idxno=1290939
23 https://ko.wikipedia.org/wiki/%EC%83%88%EB%AE%A4%EC%96%BC_%EC%8A%AC%EB%A0%88%EC%9D%B4%ED%84%B0
24 https://terms.naver.com/entry.naver?docId=3404596&cid=62067&category-Id=62067
25 https://www.sciencetimes.co.kr/nscvrg/view/menu/255?nscvrgSn=213800
26 https://www.yna.co.kr/view/AKR20250128026000009
27 https://www.seoul.co.kr/news/international/china/2024/10/30/20241030500216
28 https://www.keei.re.kr/board.es?act=view&bid=0001&list_no=81190&mid=a10101020000&utm_source=챗GPT.com
29 https://byline.network/2025/01/21-405/
30 https://imnews.imbc.com/news/2025/world/article/6683512_36725.html
31 https://www.AItimes.com/news/articleView.html?idxno=167630
32 https://www.chosun.com/economy/tech_it/2025/01/04/4XPRBXCA3VAFVH3X-

EA262MHJII/
33 https://www.khan.co.kr/article/201602212030595
34 https://www.businesspost.co.kr/BP?command=article_view&num=46709
35 https://www.AItimes.kr/news/articleView.html?idxno=33454
36 https://www.AIpostkorea.com/news/articleView.html?idxno=5236#google_vignette
37 https://www.kocis.go.kr/koreanet/view.do?seq=4459
38 https://www.yna.co.kr/view/AKR20250201003451091?input=1195m
39 https://news.mt.co.kr/mtview.php?no=2025020614101086610
40 https://www.etnews.com/20250128000010
41 https://www.hankyung.com/article/2025020168177
42 https://biz.chosun.com/it-science/ict/2025/02/02/XCAGSC4TCZF4DFTMJHDPQPQEVQ/?utm_source=naver&utm_medium=original&utm_campAIgn=biz
43 https://www.yna.co.kr/view/AKR20250207005400081?input=1195m
44 https://bcgblog.kr/which-economies-are-ready-for-AI/
45 https://www.etnews.com/20240822000024
46 https://namu.wiki/w/%EA%B5%AD%EA%B0%80%EB%B3%84%20%EB%AA%85%EB%AA%A9%20GDP%20%EC%88%9C%EC%9C%84
47 https://www.ft.com/content/b4e10389-1a66-4c3e-922e-a4d74b616ec6?FTCamp=engage%2FCAPI%2Fapp%2FChannel_Refinitiv%2F%2FB2B
48 https://www.kita.net/board/tradeNews/tradeNewsDetAIl.do?no=1853623
49 https://www.chosun.com/national/2025/02/07/56DGDZOKERDRRMJNJ644Y7V2WE/?utm_source=naver&utm_medium=referral&utm_campAIgn=naver-news
50 https://news.sbs.co.kr/news/endPage.do?news_id=N1007977778&plink=ORI&cooper=NAVER
51 https://www.yna.co.kr/view/AKR20250210000700081?input=1195m
52 https://v.daum.net/v/20250214061500142
53 https://bcgblog.kr/how-ceos-navigate-new-geopolitics-of-genAI/
54 https://www.yna.co.kr/view/AKR20250205155700077?input=1195m
55 https://www.newspim.com/news/view/20240909001073
56 https://www.sedAIly.com/NewsView/2DBX10N5XH
57 https://magazine.securities.miraeasset.com/contents.php?idx=1187
58 https://www.getnews.co.kr/news/articleView.html?idxno=654574
59 https://search.naver.com/search.naver?where=nexearch&sm=tab_etc&mra=bjUx&qvt=0&query=%EC%A0%84%EC%84%B8%EA%B3%84%20%EC%9D%B8%EA%B5%AC%20%EC%88%9C%EC%9C%84
60 https://www.hankyung.com/article/202502068137i
61 https://biz.heraldcorp.com/article/10412624?ref=naver
62 https://www.donga.com/news/article/all/20240620/125536775/1
63 https://post.naver.com/viewer/postView.naver?volumeNo=36121957&memberNo=3939441&vType=VERTICAL
64 https://www.AItimes.com/news/articleView.html?idxno=165073
65 https://bcgblog.kr/how-ceos-navigate-new-geopolitics-of-genAI/
66 https://www.AIfnlife.co.kr/news/articleView.html?idxno=24298
67 https://www.ilovepc.co.kr/news/articleView.html?idxno=52941
68 https://www.etnews.com/20240912000332
69 https://www.newspim.com/news/view/20241204001156

70 https://news.tf.co.kr/read/world/2174203.htm
71 https://www.hani.co.kr/arti/opinion/column/1181006.html
72 https://www.newsquest.co.kr/news/articleView.html?idxno=238716
73 https://www.kakaocorp.com/page/detAIl/11450
74 https://www.khan.co.kr/article/202502080900061
75 https://www.hankyung.com/article/2025020304301
76 https://www.hankyung.com/article/2025020304301
77 https://www.dAIlian.co.kr/news/view/1458356/?sc=Naver
78 https://news.bizwatch.co.kr/article/market/2016/10/05/0021/prev_ver
79 https://www.yna.co.kr/view/AKR20241127112700017?input=1195m
80 https://www.segye.com/newsView/20250207505970?OutUrl=naver
81 https://news.mt.co.kr/mtview.php?no=2025020610544510763
82 https://www.hankyung.com/article/202501293341i
83 https://www.deepseek.com/
84 https://magazine.hankyung.com/business/article/202003313736b
85 https://www.wikitree.co.kr/articles/1019537
86 https://www.sedAIly.com/NewsView/2GOV5R11YS
87 https://news.mt.co.kr/mtview.php?no=2025020709592630665
88 https://www.youtube.com/watch?v=kIhb5pEo_j0
89 https://biz.chosun.com/it-science/ict/2025/02/06/OKS4B23CDZGO7PFKWJTGQ-3TI7A/?utm_source=naver&utm_medium=original&utm_campAIgn=biz
90 https://www.yna.co.kr/view/AKR20250123040100075?input=1195m
91 https://www.segye.com/newsView/20250207509142?OutUrl=naver
92 https://www.yna.co.kr/view/AKR20250130004451091
93 https://www.AItimes.com/news/articleView.html?idxno=167550
94 https://v.daum.net/v/20250212075522078
95 https://www.hankyung.com/article/2025021292397
96 https://www.bloter.net/news/articleView.html?idxno=631426
97 https://economist.co.kr/article/view/ecn202502130068
98 https://www.yna.co.kr/view/AKR20250213041300091?input=1195m
99 https://www.aitimes.com/news/articleView.html?idxno=168031
100 https://www.mk.co.kr/news/it/11246211
101 http://www.newsingm.co.kr/news/article.html?no=10538&utm_source=챗GPT.com
102 https://www.hankyung.com/article/2003050688751?utm_source=챗GPT.com
103 이제는 잘파세대다 (이시한, RHK, 2023)
104 https://www.madtimes.org/news/articleView.html?idxno=22744
105 https://www.yna.co.kr/view/AKR20250208025400002?input=1195m
106 https://www.blockmedia.co.kr/archives/94542
107 https://economychosun.com/site/data/html_dir/2021/06/07/2021060700036.html
108 https://kosen.kr/info/reports/GTB_0000000000119909
109 https://www.tech42.co.kr/%EC%9C%A0%ED%8A%9C%EB%B8%8C-AI-%EC%9E%90%EB%8F%99-%EB%8D%94%EB%B9%99-%EA%B8%B0%EB%8A%A5-%ED%99%95%EB%8C%80-%EC%88%98%EC%8B%AD%EB%A7%8C-%EC%B1%84%EB%84%90%EC%97%90-%EC%A0%9C%EA%B3%B5/
110 https://www.news1.kr/it-science/general-it/5650204
111 https://economist.co.kr/article/view/ecn202502030056
112 https://blog.naver.com/leenight8/223750563397

113 https://www.youtube.com/watch?v=8TyjphM8wcg&t=188s
114 https://www.mk.co.kr/news/it/11138598
115 넥서스 (유발 하라리, 김영사, 2024)
116 https://biz.chosun.com/it-science/ict/2025/01/13/PSY5LM7M55B7THPK3FNYVCI-JU4/
117 https://www.apple-economy.com/news/articleView.html?idxno=74174
118 https://blog.naver.com/mang9world/223732695948
119 https://blog.naver.com/toi300/223304244915
120 https://www.wowtv.co.kr/NewsCenter/News/Read?articleId=A202307240255&t=NN
121 https://www.nocutnews.co.kr/news/6277518?utm_source=naver&utm_medium=article&utm_campAIgn=20250115080729
122 https://www.enewstoday.co.kr/news/articleView.html?idxno=2130095
123 https://www.wsj.com/articles/the-end-of-employees-1486050443
124 https://www.mk.co.kr/news/it/10827519
125 https://www.AItimes.com/news/articleView.html?idxno=163905&utm_source=챗GPT.com
126 https://www.AItimes.com/news/articleView.html?idxno=163950&utm_source=챗GPT.com
127 https://namu.wiki/w/%ED%8F%AC%EB%93%9C%20%EB%AA%A8%ED%84%B0%20%EC%BB%B4%ED%8D%BC%EB%8B%88? utm_source=챗GPT.com
128 https://www.kAIda.co.kr/ko/brand/introBrand.do?brandId=005&brandName=-Ford&saleCarType=PC&utm_source=챗GPT.com
129 https://view.asiae.co.kr/article/2025012111102799097
130 https://www.newsis.com/view/NISX20250124_0003044690
131 https://www.joongdo.co.kr/web/view.php?key=20250105010009459
132 https://www.newspost.kr/news/articleView.html?idxno=208997
133 https://www.youtube.com/watch?v=DK_iwsS7xOs
134 https://www.asiatime.co.kr/article/20250110500294
135 https://post.naver.com/viewer/postView.naver?volumeNo=45879300&memberNo=6307839&vType=VERTICAL
136 https://www.nocutnews.co.kr/news/6273458?utm_source=naver&utm_medium=article&utm_campAIgn=20250107024720
137 https://n.news.naver.com/mnews/article/032/0003344008
138 https://it.chosun.com/news/articleView.html?idxno=2023092126202
139 https://www.seoul.co.kr/news/newsView.php?id=20160308800119
140 로숨의 유니버설 로봇 (카렐 차페크, 모비딕, 2015)
141 https://journyonearth.tistory.com/133?pidx=0
142 https://view.asiae.co.kr/article/2025010317450198214
143 https://www.chosun.com/national/court_law/2025/01/20/J5N4O42H7VEPLKCH-5RODC2AWDY/?utm_source=naver&utm_medium=referral&utm_campAIgn=naver-news
144 https://n.news.naver.com/article/030/0003279596
145 https://n.news.naver.com/mnews/article/005/0000017675?sid=101
146 https://ko.wikipedia.org/wiki/%ED%94%8C%EB%9E%98%EC%8B%9C_%ED%81%AC%EB%9E%98%EC%8B%9C
147 https://www.fnnews.com/news/202501090147299780
148 https://www.chosun.com/economy/money/2025/01/20/WENSEJCNKRHU7BEV-

LO3ASF2KOE/?utm_source = naver&utm_medium = referral&utm_campAIgn = naver - news
149 https://www.hankyung.com/article/2025011691887
150 https://blog.google/intl/ko - kr/company - news/technology/quantum - AI - willow - kr/
151 https://weekly.khan.co.kr/khnm.html?mode = view&code = 114&artid = 202501270600041
152 https://www.aseanexpress.co.kr/news/article.html?no = 10753
153 https://www.apple - economy.com/news/articleView.html?idxno = 73347
154 https://velog.io/@mare - solis/%EB%84%B7%ED%94%8C%EB%A6%AD%EC%8A%A4%EC%97%90%EC%84%9C%EB%8A%94 - %EC%96%B4%EB%96%A4 - %EB%8D%B0%EC%9D%B4%ED%84%B0%EB%A5%BC - %EC%88%98%EC%A7%91%ED%95%A0%EA%B9%8C
155 https://www.AItimes.com/news/articleView.html?idxno = 166289
156 https://www.youtube.com/watch?v = W92gwd - Nr5o
157 https://health.chosun.com/site/data/html_dir/2023/04/28/2023042801774.html
158 https://www.donga.com/news/It/article/all/20250109/130830089/1
159 https://www.sciencetimes.co.kr/nscvrg/view/menu/248?nscvrgSn = 259141
160 https://www.chosun.com/economy/science/2025/01/01/MTQSEGCX2NH7TFADVTE4Z37NMM/?utm_source = naver&utm_medium = referral&utm_campAIgn = naver - news
161 https://www.segye.com/newsView/20250122520261?OutUrl = naver
162 https://gonggam.korea.kr/newsContentView.es?mid = a10205000000&news_id = d81ddc97 - 4a9b - 481b - ab5e - d3724ab3a470
163 https://www.epnc.co.kr/news/articleView.html?idxno = 311106
164 https://www.hkn24.com/news/articleView.html?idxno = 324481
165 https://www.medicaltimes.com/MAIn/News/NewsView.html?ID = 1162048&ref = naverpc
166 https://www.joongang.co.kr/article/25239408
167 https://view.asiae.co.kr/article/2024101807372918720
168 https://weekly.hankooki.com/news/articleView.html?idxno = 7103938
169 https://www.chosun.com/national/education/2025/02/01/A66VPIUCZ5CMBHECRNZU6YGVTM/?utm_source = naver&utm_medium = referral&utm_campAIgn = naver - news
170 https://www.yna.co.kr/view/AKR20250124026000530?input = 1195m
171 https://www.ajunews.com/view/20201118112325756
172 https://www.kado.net/news/articleView.html?idxno = 1096187&utm_source = 챗GPT.com
173 https://news.mt.co.kr/mtview.php?no = 2014040311482597921&utm_source = chatgpt.com
174 https://news.sbs.co.kr/news/endPage.do?news_id = N1007784606
175 https://nypost.com/2024/12/27/lifestyle/oreos - owner - is - using - AI - to - create - new - snacks - and - get - them - on - shelves - 5 - times - faster/?utm_source = 챗GPT.com
176 https://www.youtube.com/watch?v = 4RSTupbfGog
177 https://troe.kr/blog/the - agents - are - coming - - marketing - and - AI?utm_source = 챗GPT.com
178 https://www.venturesquare.net/952915

179 https://it.chosun.com/news/articleView.html?idxno=2023092126483
180 https://www.munhwa.com/news/view.html?no=2025010501039910126006
181 https://www.yna.co.kr/view/AKR20250104042551082?input=1195m
182 https://www.fortunekorea.co.kr/news/articleView.html?idxno=42616
183 https://www.journalist.or.kr/news/article.html?no=57555
184 http://pr.kebhana.com/contents/kor/public/news/1484235_92909.jsp?pageno=0&query=%B5%F0%C1%F6%C5%D0%20PB&sf=TITLE
185 https://www.newswhoplus.com/news/articleView.html?idxno=13961
186 https://weekly.donga.com/economy/article/all/11/5415319/1
187 https://www.news1.kr/local/ulsan/4410277
188 https://www.youtube.com/watch?v=DrNcXgoFv20
189 https://search.naver.com/search.naver?ssc=tab.nx.all&where=nexearch&sm=tab_jum&query=%EC%82%B0%EC%97%85%EA%B3%B5%ED%95%99
190 https://www.etoday.co.kr/news/view/1236343
191 https://blog.naver.com/tremon1/220541459964?photoView=0

AI 패권 전쟁

초판 1쇄 인쇄 | 2025년 3월 5일
초판 1쇄 발행 | 2025년 3월 12일

지은이 | 이시한
책임편집 | 배상현
콘텐츠 그룹 | 배상현, 김아영, 김다미, 박화인, 기소미
북디자인 | STUDIO 보글

펴낸이 | 전승환
펴낸곳 | 책 읽어주는 남자
신고번호 | 제2024-000099호
이메일 | bookpleaser@thebookman.co.kr

ISBN 979-11-93937-54-9 (03320)

- 북플레저는 '책 읽어주는 남자'의 출판 브랜드입니다.

- 책값은 뒤표지에 있습니다.